Ramosita M. Ghad
Oct. '87
Connetquot H.S.

EN BREVE

**A Concise Review of
Spanish Grammar**

EN BREVE

A Concise Review of Spanish Grammar

SEYMOUR RESNICK and WILLIAM GIULIANO
Queens College of the City University of New York

With the Collaboration of
PHYLLIS M. GOLDING
Queens College of CUNY

HOLT, RINEHART AND WINSTON

New York   Chicago   San Francisco   Philadelphia   Montreal   Toronto
London   Sydney   Tokyo   Mexico City   Rio de Janeiro   Madrid

Publisher: Rita Pérez
Acquisitions Editor: Karen Misler
Design Supervisor: Renee Davis
Production Manager: Lula Schwartz
Project Editor: Marina Barrios
Text Design: Barbara Bert

Library of Congress Cataloging in Publication Data
Resnick, Seymour
    En breve : a concise review of Spanish grammar.
    Includes index.
    1. Spanish language—Grammar—1950–   I. Giuliano,
William, P.   II. Golding, Phyllis M.   III. Title.
PC4112.G57   468.2′421   81-7155
ISBN 0-03-059356-5   AACR2

CBS COLLEGE PUBLISHING
Holt, Rinehart and Winston
The Dryden Press
Saunders College Publishing

CONTENTS

PREFACE

Many Spanish review grammars now available for intermediate level college classes contain extensive reading and/or conversational material. As a result, instructors do not have the opportunity to include plays, stories, poetry, or conversational selections of their own choice, suitable to the aims of the course and the needs of the class. In *EN BREVE* we have limited ourselves to a clear and concise explanation of grammar with varied functional exercises. At the rate of two hours per lesson, the twelve grammar lessons may be covered in 24 class hours, leaving time for the instructor to select supplementary material.

The features of *EN BREVE* are as follows:

1. Each grammar section is immediately followed by one or two drills which allow the students to check their comprehension of the grammatical principle involved. Answers to these Section exercises are supplied in Section A of the Appendix, so that self-study may be done effectively to save class time. Instructors may wish to check answers when they feel it is necessary.

2. At the end of each grammar lesson are a group of Class exercises, without answers, which correspond to the Roman numerals of the grammar sections. Thus, a student who finds difficulty with an exercise can quickly refer to the section involved and restudy it. At the end of this group are comprehensive exercises based on the entire lesson.

3. A Review exercise on the previous lesson is included at the end of every chapter. In addition, after Lessons 6 and 12 there are comprehensive review sections covering the preceding six lessons.

4. Verbs are given special attention in *EN BREVE*. Formation and use of tenses are treated systematically in the first eight lessons, the indicative in Lessons 1 to 5, and the subjunctive in Lessons 6 to 8. Other grammatical principles are also included in these lessons.

5. Each lesson contains a section on Idioms and Word Study with corresponding exercises to build vocabulary.

6. A conscious effort has been made to repeat idioms and difficult grammatical structures throughout the text for reinforcement.

7. In order to enliven the study of grammar, numerous proverbs and selections from many poems and songs have been used to illustrate grammatical points. Most of the poems and songs used here are popular favorites,

known by heart by many speakers of Spanish. More complete versions of 16 of the songs appear in Appendix C. It is suggested that the student learn some of the poems, songs, and proverbs both for esthetic pleasure and as an aid in remembering vocabulary and grammatical constructions. We have chosen some of our favorite selections and hope they will appeal to both teacher and student. Each teacher, of course, may have individual preferences to supplement or replace the selections used in this text.

8. Appendices include a discussion of important deceptive cognates, a brief review of stress and syllabication, and tables of regular, irregular, and stem-changing verbs.

The authors wish to express their appreciation to Dr. Daniel de Guzmán for his helpful suggestions during the preparation of the manuscript and to Karen Misler and Marina Barrios of Holt, Rinehart and Winston for their invaluable assistance in preparing the text for publication.

S. R.
W. G.
P. M. G.

EN BREVE

**A Concise Review of
Spanish Grammar**

LESSON

Gender of Nouns
Plural of Nouns
Idioms and Word Study
The Present Tense

I. GENDER OF NOUNS

A. Spanish nouns are either masculine or feminine.
Most nouns ending in **-a** or denoting female beings are feminine.
Most nouns ending in **-o** or denoting male beings are masculine.

el libro	*the book*	la mesa	*the table*
el hijo	*the son*	la hija	*the daughter*
el hombre	*the man*	la mujer	*the woman*
el rey	*the king*	la reina	*the queen*

B. Nouns ending in **-ción, -sión, -dad, -tad, -tud, -umbre** are feminine:

la canción	*the song*	la expresión	*the expression*
la ciudad	*the city*	la multitud	*the multitude*
la libertad	*the liberty*	la costumbre	*the custom*

NOTE: **La persona,** *the person,* and **la víctima,** *the victim,* are feminine even when referring to a male:

Es una buena persona.	*He (or she) is a fine person.*
La víctima está ahora en el hospital.	*The victim (he or she) is now in the hospital.*

C. Nouns ending in **-ista** may be either masculine or feminine.

el artista *or* la artista	*the artist*
el pianista *or* la pianista	*the pianist*
el socialista *or* la socialista	*the socialist*

D. Days of the week are masculine, and are not capitalized.

el lunes	*(on) Monday*
el martes	*(on) Tuesday*

E. Names of rivers, oceans, seas, and mountains are generally masculine.

el Amazonas *the Amazon*	el Mediterráneo *the Mediterranean*
el Atlántico *the Atlantic*	los Andes *the Andes*

F. The letters of the alphabet are feminine.

la a, la be, la ce, la o, *etc.*

G. Many masculine nouns ending in **-o** have a feminine equivalent in **-a**.

el hermano *the brother*	la hermana *the sister*
el sobrino *the nephew*	la sobrina *the niece*
el suegro *the father-in-law*	la suegra *the mother-in-law*

H. There are many nouns whose gender cannot be determined by their ending.

el origen *the origin*	la sal *the salt*
el mes *the month*	la gente *the people*
el timbre *the bell, stamp*	la flor *the flower*
el tren *the train*	la tribu *the tribe*
el lápiz *the pencil*	la luz *the light*

I. A number of nouns ending in **-ma, -pa, -ta** are masculine.

el clima *the climate*	el tema *the theme, topic*
el drama *the drama*	el mapa *the map*

el idioma   *the language*   el planeta   *the planet*
el poema   *the poem*   el problema   *the problem*

But many words with these endings are feminine:

la broma   *the joke*   la trampa   *the trick, trap*
la cama   *the bed*   la plata   *the silver*
la plataforma   *the platform*   la trompeta   *the trumpet*

J.   The following nouns ending in **-o** are feminine:

la mano   *the hand*   la moto (la motocicleta)   *the*
la foto (la fotografía)   *the*   *motorcycle*
   photo   la radio   *the radio*

NOTE: **El día,** *the day,* is masculine.

K.   Before a feminine singular noun beginning with stressed **a-** or **ha,** **el** or **un** is used.

La mejor salsa, el hambre.   *Hunger is the best sauce.*
   (Proverb)
Gato escaldado del agua fría   *A scalded cat runs away from*
   huye. *(Proverb)*   *cold water.*
Han contaminado las aguas   *They have contaminated the*
   puras del lago.   *pure waters of the lake.*
Es un alma perdida.   *He is a lost soul.*
Tengo un hambre atroz.   *I am famished. (I have a fierce*
                                    hunger.)

L.   Some nouns are used in the masculine or feminine but with different meanings.

el capital   *the capital*   la capital   *the capital (city)*
   (money)
el corte   *the cut (of cloth or*   la corte   *the court (of law)*
   with a knife)
el cura   *the priest*   la cura   *the cure*
el frente   *the front (battle)*   la frente   *the forehead*
el guía   *the guide (male)*   la guía   *the guidebook or the*
                                    guide (female)
el orden   *the order*   la orden   *the order*
   (arrangement)   *(command)*
el Papa   *the Pope*   la papa   *the potato (in*
                                    Spanish America)
el pez   *the fish*   la pez   *the tar*

EXERCISE 1.

Place the appropriate definite article before the following nouns.*

1. _____ juventud   2. _____ tema   3. _____ educación
4. _____ cabeza   5. _____ artista (fem.)   6. _____ inmortalidad
7. _____ mano   8. _____ día   9. _____ cumbre   10. _____
Misisipí (river)   11. _____ sobrina   12. _____ tren   13. _____
artista (masc.)   14. _____ flor   15. _____ martes   16. _____ b
17. _____ libertad   18. _____ agente (policeman)   19. _____
mapa   20. _____ cura (priest)

II.   PLURAL OF NOUNS

A.   In general, the plural of nouns is formed by adding **-s** to words ending in a vowel and **-es** to words ending in a consonant.

el pie   *the foot*   los pies   *the feet*
la puerta   *the door*   las puertas   *the doors*
el mineral   *the mineral*   los minerales   *the minerals*
la flor   *the flower*   las flores   *the flowers*

B.   Nouns ending in **-z**, change the **z** to **c** before adding **-es**.

el lápiz   *the pencil*   los lápices   *the pencils*
la voz   *the voice*   las voces   *the voices*
una vez   *once*   dos veces   *twice*

C.   Nouns ending in an unstressed syllable ending in **-s** remain the same in the plural.

el martes   *Tuesday*   los martes   *Tuesdays*
la crisis   *the crisis*   las crisis   *the crises*
el paraguas   *the umbrella*   los paraguas   *the umbrellas*

D.   Nouns ending in an accented vowel plus **-n** or **-s** lose the written accent in the plural.

inglés, ingleses   *English*   jardín, jardines   *garden(s)*

Conversely, nouns ending in an unstressed vowel plus **-n** require a written accent in the plural to maintain the original stress.

examen   exámenes   *exam(s)*
origen   orígenes   *origin(s)*
joven   jóvenes   *young man or woman (young men or women)*

* Answers to the exercises in the grammar sections will be found in the back of the book beginning on page 233. Students are advised to study the grammar thoroughly before attempting to write the answers. If they find the exercises difficult, they should restudy the grammar.

NOTE: Two nouns shift their stress in the plural:

carácter   caracteres   *character(s)*
régimen   regímenes   *regime(s), diet(s)*

E.   Family names generally remain unchanged in the plural:

los García   *the Garcías*
los Fernández   *the Fernandezes*
los Blanco   *the Blancos*

F.   With names designating relationship or rank, the masculine plural
may include individuals of both sexes.

los hermanos   *the brothers **or** the brother(s) and sister(s)*
los hijos   *the sons **or** the children*
los padres   *the fathers **or** the father(s) and mother(s)*
los reyes   *the kings **or** the king(s) and queen(s)*

G.   Some nouns are singular in English, but in Spanish may be singular or plural, depending on the meaning.

el consejo	*the piece of advice*	los consejos	*the advice*
el mueble	*the piece of furniture*	los muebles	*the furniture*
el negocio	*the business deal*	los negocios	*business*
la noticia	*the piece of news*	las noticias	*the news*

Perdí mucho dinero en este negocio porque seguí su consejo.
I lost a lot of money on this deal because I followed his advice.

Los consejos que dio Don Quijote a Sancho Panza eran excelentes.
The advice that Don Quijote gave to Sancho Panza was excellent.

Hoy recibí una buena noticia.
Today I received a good piece of news.

Prefiero escuchar las noticias en la radio.
I prefer to listen to the news on the radio.

NOTE: The collective noun *the people* governs a plural verb in English, while **la gente** in Spanish takes the singular form.

The romantic Argentinian song, *Isabelita*, includes the verses:

La calle palpita,
la gente se agita,
al verla pasar.

The street palpitates,
the people become excited,
on seeing her pass by.

EXERCISE 2.

Write the plural of the following:

1. la crisis 2. la mujer 3. el comedor 4. la luz 5. el jueves 6. el idioma
7. el café 8. la lumbre 9. el corazón 10. el portugués 11. la pared
12. el paraguas 13. el poeta 14. el rey 15. el examen 16. la ciudad
17. el sofá 18. la noticia

III. IDIOMS AND WORD STUDY

A.

tener (mucha) hambre	to be (very) hungry
tener (mucha) sed	to be (very) thirsty
tener (mucho) calor	to be (very) warm
Él tiene calor.	He is warm.
tener frío	to be cold
Tenemos frío.	We are cold.
tener miedo	to be afraid
tener sueño	to be sleepy
tener (mucha) suerte	to be (very) lucky
tener prisa	to be in a hurry
tener razón	to be right
no tener razón	to be wrong
tener (cinco) años	to be (five) years old
¿Cuántos años tiene Vd.?	How old are you?
tener que (estudiar)	to have to (study), must (study)

B. Saber and conocer

Saber means to know a thing, a fact; before a verb it means to know how to. **Conocer** means to know or be acquainted with a person, place or thing.

Sé que tiene miedo.	I know that he is afraid.
Sabemos cuál es la capital de México.	We know what the capital of Mexico is.
¿Conocen Uds. esta ciudad?	Are you acquainted with this city?
No conozco esta canción.	I don't know this song.
No conozco personalmente al gobernador pero sé cómo se llama y que sabe hablar español.	I do not know the governor personally but I know what his name is and that he knows how to speak Spanish.

C. The Verb Gustar

Gustar (to please) is usually translated in English as to like. The English subject (I like, you like, etc.) becomes the indirect object in Spanish **(me, te, le, nos, os, les)*** and the English object becomes the subject.

I like these books should be changed mentally to *These books are pleasing to me*, **Estos libros me gustan** (or **Me gustan estos libros**, since the verb usually precedes the subject in this construction).

Nos gusta la película.	*We like the film.*
¿Por qué no te gusta?	*Why don't you like it?*

Normally, only the third person singular or the third person plural **(gusta, gustan)** is used. The other forms are rather infrequently used.

¿Te gusto?	*Do you like me?*
Sí, me gustas muchísimo.	*Yes, I like you very much.*

If the subject of **gustar** is an infinitive, the singular form **(gusta)** is used.

Nos gusta estudiar los idiomas extranjeros.	*We like to study foreign languages.*
No les gusta trabajar demasiado.	*They don't like to work too hard.*

Following are examples of the **gustar** construction in two old-time favorite songs:

Me gustan todas, me gustan todas,	*I like them (fem.) all, I like them all,*
me gustan todas en general;	*I like them all in general;*
pero esa rubia, pero esa rubia,	*But that blonde, but that blonde,*
pero esa rubia me gusta más.	*But that blonde I like best.*
Me gusta la leche,	*I like milk,*
me gusta el café,	*I like coffee,*
pero más me gustan	*But I like best*
los ojos de usté (usted).	*Your eyes.*

A few other verbs follow the **gustar** construction. Among the most common are **faltar**, *to need, lack*; **importar**, *to matter*; **encantar**, *to charm, delight*.

No me importan las notas.	*I don't care about grades. (Grades don't matter to me.)*
Me encanta su manera de hablar.	*I am delighted by his way of speaking. (His way of speaking delights me.)*

* See Lesson V, Section II, for a complete treatment of object pronouns.

No me falta nada.   *I don't need anything.*
            (Nothing is lacking to me.)

From a popular version of the refrain of *La cucaracha*, the marching song of Pancho Villa's men in the Mexican revolution of 1910–1917:

La cucaracha, la cucaracha,	*The cockroach, the cockroach,*
ya no puede caminar,	*it can't go (walk) any more,*
porque no tiene, porque le falta	*because it does not have,*
	because it lacks
marijuana que fumar.	*marijuana to smoke.*

EXERCISE 3.

A. ¿Sí o no?

1. Cuando tengo frío, tomo helado. 2. Si tengo hambre, como. 3. Si digo que es malo estudiar, tengo razón. 4. Cuando tenemos sed, bebemos agua. 5. En el verano tenemos calor. 6. Tenemos que comer para vivir. 7. Conozco bien la calle donde vivo. 8. Es mejor bailar si tenemos sueño. 9. Si veo un león en el bosque, tengo miedo. 10. Sé que un hombre que tiene setenta años es viejo. 11. Corro cuando tengo prisa. 12. Tengo suerte si gano mil dólares en la lotería.

B. Translate the words in parentheses with the proper form of *saber* or *conocer*:

1. El profesor siempre pregunta: *(Who knows?)* 2. No estudia y por eso *(he doesn't know anything)*. 3. *(I am acquainted with)* **El sombrero de tres picos** pero *(I don't know)* quién escribió la novela. 4. Les gusta la música pero *(they don't know how to dance)*. 5. *(I don't know)* a su prima pero quiero *(to make her acquaintance)*.

C. Replace the subject in italics with the word indicated and change the verb if necessary:

  1. Nos gusta *nuestra profesora*.
     a. el nuevo coche b. jugar al tenis c. estas corbatas d. los deportes e. el verano
  2. Me gustan *los bailes latinos*.
     a. la comida mexicana b. la clase de matemáticas c. bailar contigo d. tus ideas e. el té con limón.

D. Use the proper form of *gustar*:

1. No nos _____ estudiar. 2. Al profesor le _____ las novelas de Galdós. 3. Me _____ recibir cartas pero no me _____ contestarlas. 4. Aunque no

les _____ a Vds. estas costumbres, me _____
mucho a mí.

IV.   THE PRESENT TENSE

A.   Spanish verbs are grouped in three conjugations according to
their endings: **-ar, -er, -ir**. Models of the present tense of regular
verbs follow.

<table>
<tr><td colspan="2" align="center">**tomar**   *to take*</td></tr>
<tr><td>yo tomo</td><td>*I take (I am taking, I do take)*</td></tr>
<tr><td>tú tomas</td><td>*you (fam.) take*</td></tr>
<tr><td>él, ella, usted toma</td><td>*he, she, you (pol.), it takes*</td></tr>
<tr><td>nosotros (nosotras) tomamos</td><td>*we take*</td></tr>
<tr><td>vosotros (vosotras) tomáis</td><td>*you (fam. pl.) take*</td></tr>
<tr><td>ellos, ellas, ustedes toman</td><td>*they, you (pol. pl.) take*</td></tr>
</table>

comer *to eat*	**escribir** *to write*
como	escribo
comes	escribes
come	escribe
comemos	escribimos
coméis	escribís
comen	escriben

B.   The subject pronouns, except **usted** and **ustedes** (abbreviated **Ud.,
Uds.,** or **Vd., Vds.**), are usually omitted unless needed for clarity
or emphasis.

Creo que sí.	*I think so.*
Vd. tiene razón.	*You are right.*
Tú dices que sí, y él dice que no, y nosotros no sabemos qué hacer.	*You say yes, and he says no, and we do not know what to do.*

English **you** has four possible equivalents in Spanish: the polite
forms **usted** and **ustedes,** which take the third person forms of the
verb, and the familiar **tú** and **vosotros,** used in addressing close
friends, most relatives, children, animals, and in prayer. The **tú**
form is very important and of high frequency. The **vosotros** form,
however, is not used in Spanish America, where it is replaced by
ustedes. It should not be completely neglected, however, since it
is used in Spain.

The **vosotros** form is also used a great deal in poetry.

The following is the opening stanza of a witty poem in defense
of women written about 300 years ago. The author was the brilliant Mexican nun Sor Juana Inés de la Cruz (1651–1695).

Hombres necios que acusáis	*You foolish men, who accuse*
a la mujer sin razón,	*women without reason,*
sin ver que sois la ocasión	*without seeing that you are the cause*
de lo mismo que culpáis . . .	*of the very thing you blame . . .*

Compound subjects with **yo** take the first person plural form of the verb; with **tú** the second person plural form is used in Spain and the third person plural in Spanish America.

María y yo tenemos hambre.	*María and I are hungry.*
Tú y ella habláis (hablan) muy bien.	*You and she speak very well.*

C. Special uses of the present tense.

1. As in English, the present may imply immediate or future time.

Salimos para España el jueves.	*We are leaving for Spain on Thursday.*
Bueno, tomo café.	*O.K., I'll take coffee.*
Si lo encuentro, lo mato.	*If I find him, I'll kill him.*

2. To express an idea that began in the past and continues into the present, Spanish uses the third person singular of the verb **hacer** *(to make) + period of time +* **que** *+ main verb in the present tense.*

Hace tres años que vivo aquí.	*I have lived (or I have been living) here for three years. (literally: it makes three years that I live here.)*
¿Cuánto tiempo hace que estudias francés?	*How long have you been studying French?*

The preposition **desde** *(since)* is used in a similar construction as in the following examples:

¿Desde cuándo estudias francés?	*Since when have you been studying French?*
Estudio francés desde septiembre.	*I have been studying French since September.*

D. Stem-changing (radical-changing) verbs

A number of verbs have a change in the vowel **e** or **o** of the stem.

1. The change of **e** to **ie** or **o** to **ue** takes place in all persons of the singular and in the third person plural of all three conjugations. Note that these changes occur in the stressed syllables.

pensar	**volver**	**sentir**	**dormir**
to think	*to return*	*to feel*	*to sleep*
pienso	vuelvo	siento	duermo
piensas	vuelves	sientes	duermes
piensa	vuelve	siente	duerme
pensamos	volvemos	sentimos	dormimos
pensáis	volvéis	sentís	dormís
piensan	vuelven	sienten	duermen

Other common stem-changing verbs are:

e>ie	**o>ue**
atravesar *to cross*	acordarse *to remember*
calentar *to heat*	acostar *to put to bed*
comenzar *to begin*	almorzar *to have lunch*
confesar *to confess*	aprobar *to approve*
defender *to defend*	colgar *to hang*
despertar *to awaken*	contar *to count*
divertir *to amuse*	costar *to cost*
empezar *to begin*	encontrar *to meet*
encender *to light*	llover *to rain*
entender *to understand*	morir *to die*
herir *to wound*	mostrar *to show*
mentir *to lie*	mover *to move*
negar *to deny*	poder* *to be able*
nevar *to snow*	probar *to try*
perder *to lose*	recordar *to remember*
preferir *to prefer*	rogar *to beg (ask)*
querer* *to want, love*	soler *to be accustomed to*
referir *to refer, tell*	sonar *to ring, sound*
sentar *to seat*	soñar *to dream*
sentir *to feel, regret*	volar *to fly*
sugerir *to suggest*	
temblar *to tremble*	
tropezar *to stumble*	

Compounds of the above verbs, such as **devolver, envolver, demostrar, consentir, resonar,** etc., follow the same pattern.

NOTE: The verb **jugar**, *to play*, changes **u** to **ue**: juego, juegas, juega, jugamos, jugáis, juegan.

---

* **Querer** and **poder** are irregular in a few other tenses.

The following *copla* contains four examples of stem-changing verbs, two **o>ue** in line one, and two **e>ie** in line two:

Si duermo, sueño contigo,	*If I sleep, I dream of you,*
si despierto, pienso en ti.	*If I awake, I think of you.*
Dime tú, compañerita (-o),	*Tell me, my darling,*
si te pasa lo que a mí.	*If the same happens to you as to me.*

---

2. Third conjugation **(-ir)** verbs *only* may have another type of stem change: **e>i**.

pedir *to ask for, request*

pido	pedimos
pides	pedís
pide	piden

Other common verbs in this category are:

corregir *to correct*	repetir *to repeat*
elegir *to elect, select*	seguir *to follow, continue*
reñir *to scold, quarrel*	servir *to serve*
	vestir(se) *to dress*

Compounds of the above verbs, such as **conseguir**, *to obtain;* **despedir**, *to send away, dismiss;* **impedir**, *to prevent,* etc., follow the same pattern.

NOTE: Vocabularies generally indicate the type of stem change in parentheses: **encontrar (ue), perder (ie), sentir (ie), pedir (i).**

E.   Orthographic-changing verbs

In order to retain the original sound of the stem in its infinitive form, some verbs of the second and third conjugations change their spelling in the first person singular. The remaining forms are regular.

If the stem of the infinitive ends in a consonant + **cer** or **cir**, **c>z**.

If the infinitive ends in **-ger** or **-gir**, **g>j**.

If the infinitive ends in **-guir**, **gu>g**.

ven**cer**	*to conquer, win*	**venzo**, vences, vence, vencemos, vencéis, vencen
tor**cer** (ue)	*to twist*	**tuerzo**, tuerces, etc.
co**ger**	*to catch, take*	**cojo**, coges, coge, cogemos, cogéis, cogen
reco**ger**	*to gather, pick up*	**recojo**, recoges, etc.
corre**gir** (i)	*to correct*	**corrijo**, corriges, etc.

diri**gir**	*to direct*	**dirijo**, diriges, etc.
se**guir** (i)	*to follow*	**sigo**, sigues, sigue, seguimos, seguís, siguen
conse**guir** (i)	*to obtain*	**consigo,** consigues, etc.

F. There are a number of verbs of high frequency which have some irregularity in the present tense.

1.   Many are irregular only in the first person singular and of these the irregularity is often a **-go** ending.

hacer	*to do*	ha**go**, haces, hace, hacemos, hacéis, hacen
poner	*to put*	pon**go**, pones, pone, ponemos, ponéis, ponen
salir	*to leave*	sal**go**, sales, sale, salimos, salís, salen
valer	*to be worth*	val**go**, vales, vale, valemos, valéis, valen

2.   These two verbs have an **i** before the **-go** ending:

traer	*to bring*	tra**i**go, traes, trae, traemos, traéis, traen
caer	*to fall*	ca**i**go, caes, cae, caemos, caéis, caen

3.   **Oír** has the above change and also has some forms with a **y** and some with a written accent.

oír	*to hear*	oigo, o**y**es, o**y**e, oímos, oís, o**y**en

4.   **Tener, venir** and **decir** have a **-go** in the first person and then behave like stem-changing verbs.

decir	*to say*	di**go**, dices, dice, decimos, decís, dicen
tener	*to have*	ten**go**, tienes, tiene, tenemos, tenéis, tienen
venir	*to come*	ven**go**, vienes, viene, venimos, venís, vienen

5.   Except for the initial letter, **dar** and **ir** follow the same pattern.

dar	*to give*	**doy**, das, da, damos, dais, dan
ir	*to go*	**voy**, vas, va, vamos, vais, van

6.   **Caber, saber** and **ver** are also irregular only in the first person singular.

caber	*to fit*	**quepo**, cabes, cabe, cabemos, cabéis, caben
saber	*to know*	**sé**, sabes, sabe, sabemos, sabéis, saben
ver	*to see*	**veo**, ves, ve, vemos, veis, ven

7.   The very important verbs **ser** and **estar** are irregular in their own fashion.

estar	*to be*	**estoy**, estás, está, estamos, estáis, están
ser	*to be*	**soy**, eres, es, somos, sois, son

8. The auxiliary verb **haber**, *to have,* is used to form the compound tenses and will be treated in Lesson IV, Section VI. It is irregular in the present tense.

haber   *to have*   he, has, ha, hemos, habéis, han

9. Verbs ending in **-uir** (except **-guir**) insert a **y** before the ending in all forms of the singular and in the third person plural.

construir   *to construct*

construyo	construimos
construyes	construís
construye	construyen

Other verbs following this pattern:

destruir	*to destroy*
distribuir	*to distribute*
huir	*to flee*
incluir	*to include*

10. A number of verbs ending in **-ecer**, **-ocer**, **-ucir** have **-zco** as the ending of the first person singular.

merecer	*to deserve*	mere**zco**, mereces, merece, merecemos, merecéis, merecen
conocer	*to know*	cono**zco**, conoces, conoce, conocemos, conocéis, conocen
conducir	*to lead, drive*	condu**zco**, conduces, conduce, conducimos, conducís, conducen

Other verbs of this type:

aborrecer	*to hate*	ofrecer	*to offer*
agradecer	*to thank*	padecer	*to suffer*
aparecer	*to appear*	parecer	*to seem*
carecer	*to lack*	permanecer	*to remain*
establecer	*to establish*	pertenecer	*to belong*
favorecer	*to favor*	producir	*to produce*
obedecer	*to obey*	reconocer	*to recognize*
		traducir	*to translate*

G. Certain verbs ending in **-iar** stress the **i** in all forms of the singular and in the third person plural.

enviar   *to send*

envío	enviamos
envías	enviáis
envía	envían

Other common verbs that follow the above pattern are **confiar**, *to confide;* **fiarse**, *to trust;* and **guiar**, *to guide.*

NOTE: Many verbs ending in **-iar** are regular **-ar** verbs and do not stress the **i**: **cambiar**, *to change;* **copiar**, *to copy;* **estudiar**, *to study;* **limpiar**, *to clean;* **odiar**, *to hate,* etc.

H. All verbs ending in **-uar** (except **-guar**) stress the **u** in all forms of the singular and in the third person plural.

continuar   *to continue*

continúo	continuamos
continúas	continuáis
continúa	continúan

Other verbs of this type are **acentuar**, *to emphasize;* and **graduarse**, *to graduate.*

EXERCISE 4.

A. Repeat the following sentences, replacing the subjects as indicated and making any other necessary changes.

1. *Juan* vende el coche.
    a. nosotros   b. ellos   c. vosotros   d. tú   e. yo
2. *Nosotros* esperamos verla.
    a. Pedro   b. tú   c. yo   d. María y Elena   e. vosotros
3. *Mi hermano* vuelve a casa temprano.
    a. nosotros   b. yo   c. ellos   d. vosotros   e. tú
4. *Nosotros* no cerramos nunca la ventana.
    a. vosotros   b. tú   c. Vds.   d. yo   e. ella
5. *El camarero* sirve bien la comida.
    a. yo   b. Vd.   c. vosotros   d. mi hermano y yo   e. tú
6. *Yo* prefiero saberlo.
    a. tú   b. vosotros   c. Juan y Ana   d. la gente   e. nosotros

B. Write the appropriate form of the present tense of the following verbs.

1. ellos (traducir, estar, pensar, ir, tener, salir)   2. yo (traer, saber, coger, conocer, seguir, venir)   3. nosotros (merecer, decir, ser, caer, conseguir, vencer)   4. él (querer, poder, oír, decir, valer, seguir)   5. yo (salir, dar, ser, vencer, poner, hacer)   6. tú (oír, ser, estar, dormir, decir, venir)   7. Vds. (enviar, acostar, continuar, construir, coger)

C. Translate.

1. Hace dos años que espero casarme contigo.   2. Hace tres horas que comemos y ahora me duele el estómago.   3. Desde el mes pasado viven en Buenos Aires.   4. Estoy enamorado de ti desde el primer día que te conocí. 5. Hace un año que no fuman.

D.   Translate.

1. We have been studying French for four years.   2. They have been sleeping for ten hours.   3. Since when have you been playing **(tocar)** the piano?   4. They have been in Ecuador for two months.   5. I have been waiting here since two o'clock.

CLASS EXERCISES*

I.   A. Substitute the words indicated, with the appropriate definite article, for the italicized noun.

  1.   *El profesor* tiene prisa.
       a. cura   b. actriz   c. pianista (*male*)   d. Papa   e. gente
  2.   ¿Dónde está *la sal*?   *(error)*
       a. foto   b. mapa   c. muchedumbre   d. modelo (*female*)   e. paraguas
  3.   No me gusta *el clima.*
       a. fútbol   b. tema   c. altitud   d. agua   e. Mediterráneo

B. Fill in the blanks with one of the following nouns with the appropriate article: ladrón, frente, día, corte, mano, idioma, poeta, Amazonas, viernes, capital.

1. El criminal y el juez están en _____ .   2. María viene a visitarme _____ .   3. Durante _____ me gusta trabajar.   4. Tiene cinco dedos en _____ .   5. Los soldados están en _____ .   6. Es difícil hablar _____ de un país extranjero.   7. ¿Cuál es _____ de España?   8. _____ escribe muchos poemas.   9. _____ debe tener miedo cuando roba.   10. _____ está en el Brasil.

II.   Change the italicized articles and nouns to the plural. If necessary, also change the verb.

  EXAMPLE: Escribimos *la lección.*   *Escribimos las lecciones.*
       La cruz es roja.   *Las cruces son rojas.*

1. No tenemos clase *el miércoles.*   2. Vamos a leer *el drama.*   3. Tenemos que vencer *la crisis.*   4. Cortan la leña con *el hacha.*   5. ¿Cuántos hombres hay en *la tribu?*   6. *El artista* llegó tarde.   7. *El juez* ya está en la corte. 8. Quieren comprar *el tocadiscos.*   9. El capitán dio *la orden* para el ataque.   10. Están en *el jardín.*

* The numbers of these exercises correspond to the number of the grammar section in which the grammar point involved is explained. This is true up to the last number in the grammar section. Beyond that the exercises include all the grammar studied in the lesson. This procedure will be followed in all lessons. If the student finds any exercise difficult, he/she is advised to restudy the section concerned together with the exercise in the section and the answers in the back of the book.

III.   A. Complete the sentences using an idiom with *tener* studied in this lesson.

1. Como porque _____   2. Me pongo el abrigo cuando _____   3.   Mi   padre   toma   un   taxi   cuando _____   4. Vamos a la playa cuando _____
5. Si queremos aprender bien el español, _____   6. Los profesores creen que ellos siempre _____   7. Digo que tengo veinte años cuando me preguntan _____   8. Tomo agua cuando _____   9. Cuando veo un perro muy grande _____   10. Nos acostamos cuando _____

B. Use the proper form of *saber* or *conocer*.

1. Es importante _____ nadar.   2. Mi compañero es muy popular   y   _____   a   todo   el   mundo.   3.   ¿Quién _____ la respuesta?   4. Yo _____ quién es pero no la _____ personalmente.   5.   Nosotros _____ donde viven.

C. Answer the following questions.

1. ¿Te gusta ir a la universidad? ¿Por qué?   2. ¿Qué clase te gusta más? ¿Por qué?   3. ¿Te gusta más mirar la televisión o ir al cine? ¿Por qué?   4. ¿Te gustan los deportes? ¿Cuál te gusta más?   5. ¿Les gusta a tus padres cuando hablas mucho por teléfono? ¿Por qué?

IV.   A. Fill in the blanks with the proper form of the present tense of the verb indicated:

1. Yo no (conocer) _____ su idioma.   2. Mi amigo nunca (devolver) _____ el dinero que me debe.   3. Los jóvenes no (decir) _____ eso.   4. ¿A qué hora (venir) _____ tú a mi casa?   5. Yo no (recoger) _____ las flores de mi jardín.   6. Los Rivera (preferir) _____ quedarse aquí.   7. El ama de casa (despedir) _____ a la criada.   8. Los chicos (huir) _____ cuando (jugar) _____ y (romper) _____ una ventana.   9. Yo no (saber) _____ qué hacer.   10. Nosotros (ser) _____ socialistas.   11. ¿(Estar) _____ cansadas   vosotras?   12.   Yo   no   (oír) _____ nada.

B.   Fill in the blanks with the correct form of the verb indicated and find out what happened.

ANA: ¿Qué (ir) _____ a hacer tú el verano que (venir) _____ ?
DAVID: Yo (pensar) _____ hacer un viaje a Venezuela.
ANA: ¿(Saber) _____ tú hablar español?
DAVID: No, pero tú (saber) _____ hablarlo. ¿(Poder) _____ enseñármelo?

ANA: Con mucho gusto. También yo (ir) _____ a enseñarte los bailes hispanos si (querer) _____ . Así tú (divertirse) _____ _____ más con las venezolanas.

[(Pasar) _____ seis meses.]

DAVID: Yo (salir) _____ para Venezuela el mes que (venir) _____ .

ANA: Buen viaje.

DAVID: Pero no me (gustar) _____ ir solo.

ANA: Pues . . .

DAVID: ¿(Querer) _____ tú venir conmigo? Nosotros (ir) _____ a divertirnos mucho.

ANA: ¡¡¡David!!!

DAVID: ¡Ana! ¡Claro que nosotros (ir) _____ a casarnos antes!

ANA: ¡Oh, David . . . !

C. Answer the following questions in Spanish as if they were directed to you personally. Note that some require a *nosotros* verb in the answer.

1. ¿Qué tienen que hacer Vds. esta noche?   2. ¿A quién piden Vds. dinero?
3. ¿Dónde duerme Vd. mejor—en casa o en la clase?   4. ¿Con qué coge Vd. el lápiz?   5. ¿Entendéis al profesor cuando habla?   6. ¿Qué hacen Vds. en la clase de español?   7. ¿Qué idioma habláis en casa?   8. ¡Hablo bien el español?   9. ¿Conoces la ciudad de Guadalajara?   10. ¿Quién tiene razón siempre? ¿Por qué?

V.   Translate.

1. I am leaving for Peru on Tuesday.   2. Aren't you sleepy?   3. I have been translating this lesson for three hours.   4. John and I say that Carlos cannot be right.   5. I always bring flowers to Dolores but she prefers candy.   6. I love (querer) my father and mother-in-law a great deal; they live in a foreign country.   7. I don't fit in the car because I am too fat; you must buy me a Cadillac.   8. When I go out of the house my dog follows me.   9. They say that you can learn a foreign language (idioma) with a record player while you sleep.   10. The thieves are in a hurry to (para) leave the court, but the judge impedes their departure (salida).

VI.   Ask a fellow student the questions indicated. Keep the conversation going as long as possible.

1. Ask if he/she is sleepy now.   2. How he/she is feeling (sentirse).   3. If he/she is thinking of getting married now.   4. If he/she has any problems.
5. If he/she is hungry now.   6. How old he/she is.   7. Which days of the week you have a Spanish class.   8. How many fingers he/she has on one hand.   9. If his/her father loves his/her father and mother-in-law.   10. How long he/she has been studying Spanish.   11. If he/she understands English.   12. If he/she is acquainted with Buenos Aires.

VII.   Read the following dialogue and answer the questions below.

PADRE: Esta noche te quiero en casa a la una.
ELENA: Pero papá, es muy temprano. José y yo vamos al baile primero, luego a tomar algo en un café, después . . . no sé qué vamos a hacer después.
PADRE: Eso es. Temo el «después». Te quiero en casa antes del «después».

1. ¿A qué hora dice el padre que Elena tiene que estar en casa?   2. ¿Por qué dice ella que es muy temprano?   3. ¿Qué puede hacer ella después?   4. ¿Quién tiene razón, el padre o la hija? ¿Por qué?

VIII.   Answer the questions below relating to the drawing.

1. ¿Qué beben los padres?   2. ¿Qué hace el niño sentado?   3. ¿Qué hay en la pared?   4. ¿Qué busca el perro?   5. ¿Qué hay en la mesa?   6. ¿Quién es la muchacha?   7. ¿Qué lleva la criada en la bandeja?   8. ¿Por qué deja caer la bandeja?   9. ¿Qué más se ve en el dibujo?

criada maid; **bandeja** tray; **dejar caer** drop; **ratoncito** mouse; **cafetera** coffee pot; **taza** cup

VOCABULARY

At the end of each lesson, a Spanish-English vocabulary covers the words used in the exercises of the lesson. Some very simple words and certain words and expressions which have been specifically treated in the lesson are not included here. The vocabularies at the end of the book should be consulted if necessary.

abrigo coat
acostarse(ue) to go to bed
actriz *f.* actress
ama de casa housewife

baile *m.* dance
bosque *m.* forest

camarero waiter
casarse to get married
comedor *m.* dining room
cruz *f.* cross
cumbre *f.* peak

dedo finger
despedir (i) to discharge, fire
devolver (ue) to return
dibujo drawing
dirección direction, address
doler (ue) to ache, pain

enamorado in love
estómago stomach
exigir to demand, require
extranjero foreign, foreigner

flor *f.* flower
fumar to smoke

hacha axe
helado ice cream

idioma *m.* language

juez *m.* or *f.* judge
juventud *f.* youth

ladrón *m.* thief
legumbre *f.* vegetable
lumbre *f.* light

mejor better, best
muchedumbre *f.* crowd

novio boyfriend, fiancé

paraguas *m.* umbrella
playa beach

quedarse to remain

romper to break

sal *f.* salt
soldado soldier
sortija ring

tema *m.* theme, topic
tocadiscos *m.* record player, phonograph
tribu *f.* tribe

LESSON **2**

The Definite Article
The Neuter Article
The Indefinite Article
Idioms and Word Study
The Imperfect Tense
The Preterite Tense

I.   THE DEFINITE ARTICLE

A.   The definite article has four forms in Spanish.

el libro (masculine singular)   *the book*
los libros (masculine plural)   *the books*
la casa (feminine singular)   *the house*
las casas (feminine plural)   *the houses*

B.   Uses of the Definite Article

The definite article is used in Spanish but not in English in the following instances:

1. With nouns used in a general sense, and also with abstract nouns.

Me gustan los animales.	*I like animals.*
Los españoles comen tarde.	*Spaniards dine late.*
Las rubias se divierten más.	*Blondes have more fun.*
La leche es necesaria para la salud.	*Milk is necessary for health.*
El tiempo vuela. *(Proverb)*	*Time flies.*

La vida es sueño is the title of the famous play by Pedro Calderón de la Barca (1600–1681). A dramatic soliloquy at the end of Act II finishes with these oft-quoted lines:

¿Qué es la vida? Un frenesí.	*What is life? A frenzy.*
¿Qué es la vida? Una ilusión,	*What is life? An illusion,*
una sombra, una ficción,	*a shadow, a fiction,*
y el mayor bien es pequeño;	*and the greatest good is small;*
que toda la vida es sueño,	*for all life is a dream,*
y los sueños sueños son.	*and dreams themselves are dreams.*

2. With days of the week and with seasons of the year. Note that the word *on* is not translated with days of the week.

Vamos a tener un examen el jueves.	*We are going to have an exam on Thursday.*
Van a la iglesia los domingos.	*They go to church on Sundays.*
La primavera es mi estación favorita.	*Spring is my favorite season.*
No me gusta el invierno.	*I do not like winter.*

The article is omitted after **ser** with days of the week:

Hoy es lunes.	*Today is Monday.*

The article may be omitted after **en** with seasons:

Estamos en (el) otoño.	*We are in autumn.*

3. With modified expressions of time.

El año pasado fuimos a España.	*Last year we went to Spain.*
Visitaré a mi tía la semana que viene.	*I shall visit my aunt next week.*

4. With titles (except **don*** and **doña**; **Santo, Santa,** and **San**), when speaking *about a person.*

La señora López no está aquí. Mrs. López is not here.
El general Gómez es su tío. General Gómez is his uncle.
Santa Teresa y San Juan fueron Saint Teresa and Saint John
escritores místicos del siglo were mystic writers of the
XVI. sixteenth century.

In direct address the article is not used.

¿Cómo está Ud., señorita How are you, Miss García?
García?

The following popular *copla* contains a good illustration of how **don** is used.

Cuando tenía dinero When I had money
me llamaban don Tomás; they used to call me don
  Tomás;

y ahora que no lo tengo, and now that I do not have it,
me llaman Tomás no más. they call me Tomás, that's all.

5. With names of languages.

El español es importante. Spanish is important.
Les gusta más el francés que el They like French better than
alemán. German.

The article is omitted immediately after **hablar** and is also often omitted after the verbs **aprender, enseñar, entender, escribir, estudiar, leer** and **saber**.

Hablan italiano y portugués. They speak Italian and
  Portuguese.
Habla bien (el) inglés. He speaks English well.
Estamos aprendiendo (el) We are learning Spanish.
español.

The article is omitted after **en**, and generally after **de**.

Está escrito en ruso. It is written in Russian.
Una clase de inglés An English class
El profesor de latín The Latin teacher

---

* **Don** and **doña** are titles of respect used before a first name.

6. The definite article, rather than the possessive adjective, is usually used with parts of the body and articles of clothing when used as the object of a verb.

Se lava las manos.   *He is washing his hands.*
Se puso el abrigo.   *He put on his coat.*

BUT: Sus manos están muy sucias. *His hands are very dirty.*

7. In telling time. (See Lesson XII, Section II for a more complete treatment.)

| Es la una. | *It is one o'clock.* | A la una | *At one o'clock* |
| Son las dos. | *It is two o'clock.* | A las dos | *At two o'clock* |

8. Before units of weight and measure, while English uses the indefinite article.

treinta pesos el kilo   *thirty pesos a kilo*
ochenta centavos la docena   *eighty cents a dozen*

9. Before the names of certain countries, although recent usage has been to omit the article in many cases.

la Argentina	el Japón
el Brasil	el Paraguay
el Canadá	el Perú
el Ecuador	el Uruguay
El Salvador*	los Estados Unidos

Hay problemas de inflación en (la) Argentina y en (el) Brasil.   *There are problems of inflation in Argentina and Brasil.*

The article is used with geographic names when modified.

la España medieval   *medieval Spain*
la América del Sur   *South America*

Several cities use the definite article.

La Habana es la capital de Cuba.   *Havana is the capital of Cuba.*
La Coruña está en Galicia.   *La Coruña is in Galicia.*

10. Before the words **escuela** and **iglesia**.

Voy a la escuela todos los días.   *I go to school every day.*
Estaban en la iglesia muy temprano.   *They were in church very early.*

* The article in El Salvador is part of the name of the country.

C. The prepositions **a** and **de** combine with the masculine singular article **el** to form **al** and **del**. These are the only contractions in the Spanish language.

El hijo del alcalde fue al   The mayor's son went to the
    supermercado del pueblo.   town's supermarket.

EXERCISE 1.

Insert the definite article, if necessary:

1. Hoy es _____ domingo.   2. _____ honor vale mucho.   3. Tenemos que calentar _____ agua fría.   4. ¿Cómo está Vd., _____ Sr. García?   5. Vamos al cine _____ sábado.   6. _____ español es fácil.   7. _____ señorita Morales es inteligente.   8. _____ hambre es una cosa horrible.   9. Hablan _____ francés.   10. Escribimos en _____ español.   11. Me pongo _____ sombrero.   12. Es _____ una.   13. Estamos estudiando _____ España antigua.   14. Compro el azúcar a diez pesos _____ kilo.   15. _____ Brasil es más grande que los Estados Unidos.

II.   THE NEUTER ARTICLE

The neuter article **lo** is used:

A.   Before a masculine singular adjective or past participle which then has the force of an abstract noun.

Lo importante viene ahora.   The important part (what is
                                      important) comes now.

Hay que distinguir entre lo   One must distinguish between
    bueno y lo malo.   (the) good and (the) bad
                                      (what is good and what is
                                      bad).

★ [A lo hecho, pecho. (Proverb)]   To what has been done, brave
                                      heart. (No use crying over
                                      spilt milk.)

B.   Before an adjective with the meaning of how (**lo** + adj. + **que**).

No se dan cuenta de lo   They do not realize how
    hermosas que son las   beautiful the cities of that
    ciudades de ese país.   country are.
Me sorprende saber lo ricos   I am surprised to learn how
    que son.   rich they are.

This type of sentence may also be expressed by using **qué** instead of **lo . . . que**.

No se dan cuenta de qué hermosas son las ciudades de ese país.
Me sorprende saber qué ricos son.

C. Before adverbs with the meaning of *how* (**lo** + *adv.* + **que**).

Ud. no sabe lo bien que lo hacen.	*You don't know how well they do it.*
Se fijaban en lo despacio que andaba la vieja.	*They were noticing how slowly the old woman was walking.*

fijar

As with adjectives in the above section, **qué** may be substituted for **lo . . . que**.

Vd. no sabe qué bien lo hacen.
Se fijaban en qué despacio andaba la vieja.

D. In many prepositional phrases.

a lo lejos	*in the distance*
a lo menos, por lo menos	*at least*
lo más pronto posible	*as soon as possible*
lo de menos	*of least importance*
lo de siempre	*the same as always*
por lo visto	*evidently*

Por lo menos vino lo más pronto posible.	*At least he came as soon as possible.*

EXERCISE 2.

Translate the English portion of the following sentences.

1. Recuerdo *how tall she was.* (two ways)   2. Ahora viene *the best part.*
3. Le encanta *the mysterious.*   4. No te puedes imaginar *how well he plays* el piano. (two ways)   5. Venga a verme *as soon as possible.*   6. *What is beautiful* es eterno.

III.   THE INDEFINITE ARTICLE

A. The indefinite articles are **un** and **una**.

un niño   *a boy*   una niña   *a girl*

The plural forms, **unos** and **unas**, are usually omitted, but may be used in the sense of *some, a few.*

Compré (unos) libros y cuadernos.	*I bought some books and notebooks.*

Unos, **unas** may also mean *about, approximately.*

Está a unos veinte kilómetros de aquí.	*It is about twenty kilometers from here.*

B. The indefinite article is generally omitted in Spanish:

1. Before an unmodified noun indicating profession, nationality, religion or political affiliation, after the verb **ser**.

No es médico, sino dentista.   He is not a doctor, but a
                                       dentist.

Es americano.   He is (an) American.
Es católica.   She is (a) Catholic.
Es republicano ahora, pero por   He is a republican now, but for
    muchos años fue socialista.   many years he was a
                                         socialist.

BUT: Es un abogado muy bueno.   He is a very good lawyer.

2. Often after a negative word.

No tiene pluma.   He does not have a pen.
Salió sin abrigo.   He went out without an
                                       overcoat.

Los jóvenes nunca llevan   Young people never wear a
    sombrero.   hat.

3. Sometimes, even when the sentence is not negative, if the word *a* is not considered essential.

Tiene lápiz, pero no quiere   He has a pencil, but he does
    escribir la tarea.   not want to write the
                                     homework.

Prefiere escribir con pluma.   He prefers to write with a pen.

BUT: When *a* means *one*, and *some* means *several*, the indefinite article is used.

Tengo un coche, no dos.   I have one car, not two.
Compré unos libros de   I bought some Spanish books.
    español.

4. Before certain common adjectives.

cierto caballero   a certain gentleman
otra vez   another time, again
tal cosa   such a thing
Mañana será otro día.   Tomorrow is (will be) another
    (Proverb)   day.
De tal palo, tal astilla.   From such a stick, such a
    (Proverb)   splinter. (Like father, like
                                     son, **or** A chip off the old
                                       block.)

C. **Un** rather than **una** is generally used before a feminine singular noun beginning with *stressed* **a** or **ha**.

un ama de casa   *a housewife*
un hacha afilada   *a sharp axe*

EXERCISE 3.

Insert the indefinite article, if necessary.

1. Mi hermano es _____ abogado. 2. No tengo _____ fósforos. 3. No quiero salir con _____ otro chico. 4. Ese hombre es _____ escritor muy conocido. 5. Le gusta salir sin _____ corbata. 6. Vendió _____ silla y _____ lámpara. 7. ¿Le gustaría tomar _____ vaso de cerveza? 8. Tengo _____ libros para Ud.

IV. IDIOMS AND WORD STUDY

A. Weather expressions

¿Qué tiempo hace?	*How is the weather?*
Hace (mucho) calor.	*It is (very) warm.*
Hace fresco.	*It is cool.*
Hace (mucho) frío.	*It is (very) cold.*
Hace buen (mal) tiempo.	*The weather is good (bad).*
Hace viento.	*It is windy.*
Hace (hay) sol.	*It is sunny.*
Hay luna.	*The moon is out.*
Está despejado.	*It is clear.*
Está nublado.	*It is cloudy.*
Llovizna.	*It is drizzling.*
Llueve. (*from* llover)	*It rains, it is raining.*
Nieva. (*from* nevar)	*It snows, it is snowing.*

B. *To leave*

salir	*to leave (go out), depart*
dejar	*to leave (behind), abandon*
El profesor distraído dejó su pasaporte en casa cuando salió para el aeropuerto.	*The absent-minded professor left his passport at home when he left for the airport.*

EXERCISE 4.

Fill in the blanks with one of the expressions or words above:

1. En el invierno hace viento, nieva y _____ . 2. Tengo calor cuando _____ . 3. Por la noche cuando _____ se ve mejor. 4. Los barcos de vela casi vuelan cuando _____ .

5. Por la noche no _____ . 6. Cuando _____
las montañas están blancas. 7. Si _____ , necesito un paraguas. 8. ¿A qué hora _____ el tren de las nueve? 9. Yo
_____ para España mañana. 10. ¿Por qué
_____ solo a tu hermano?

V. THE IMPERFECT TENSE

A. The imperfect tense is formed as follows: Verbs of the first conjugation drop the infinitive ending **(-ar)** and add: **-aba, -abas,
-aba, -ábamos, -abais, -aban**.

comprar *to buy*

compraba	*I bought (used to buy, was buying, would buy)**
comprabas	*you bought*
compraba	*he (she, you) bought*
comprábamos	*we bought*
comprabais	*you bought*
compraban	*they (you) bought*

B. Verbs of the second and third conjugations drop the infinitive
ending (**-er** and **-ir**) and add: **-ía, -ías, -ía, -íamos, -íais, -ían**.

comer *to eat* comía, comías, comía, comíamos, comíais, comían
vivir *to live* vivía, vivías, vivía, vivíamos, vivíais, vivían

C. There are only three verbs that are irregular in the formation of
the imperfect.

ir *to go* iba, ibas, iba, íbamos, ibais, iban
{ **ser** *to be* era, eras, era, éramos, erais, eran
ver *to see* veía, veías, veía, veíamos, veíais, veían

D. Uses of the imperfect tense.

1. The imperfect tense describes what *was happening* or *used
to happen* in the past. It is used for background or descriptions
of persons or things as well as for habitual or customary actions.
It expresses an action or state *which existed at the time spoken
about* without reference to the beginning or end of the action or
state.

El verano pasado me levantaba   *Last summer I used to get up*
    tarde porque no trabajaba.   *late because I was not*
                        working.

---

* *Would* in the sense of *used to* requires the imperfect. In English *would* is also used to form
the conditional. See Lesson III, Section VI.

Íbamos a la playa todos los días porque hacía calor.	We went (used to go) to the beach every day because it was warm.
Cuando éramos jóvenes vivíamos en México.	When we were young we lived in Mexico.
Nuestra casa era muy grande.	Our house was very big.

The *copla* about **don Tomás**, which was used earlier in this lesson, contains two examples of the imperfect tense in its first two lines:

Cuando tenía dinero me llamaban don Tomás . . .	When I had money they used to call me don Tomás . . .

The popular Mexican song *Allá en el rancho grande* has several imperfect tense forms in its opening stanza:

Allá en el rancho grande, allá donde vivía, había una rancherita que alegre me decía, que alegre me decía . . .	There on the big ranch, there where I used to live, there was a cute ranch girl who happily used to say to me, who happily used to say to me . . .

2. The imperfect tense is used for an action or condition that was in progress when another action took place (preterite).

Iban al centro cuando vieron a Juan.	They were going downtown when they saw John.
Mientras hablaban los soldados estalló la bomba.	While the soldiers were talking the bomb exploded.

3. The imperfect tense is also used for telling time in the past.

¿Qué hora era?	What time was it?
Era la una; eran las dos.	It was one o'clock; it was two o'clock.

4. The past progressive in English (*was* or *were* plus present participle) has an exact equivalent in Spanish, the imperfect of **estar** plus the present participle (See Lesson V, Section VI). It is often used instead of the regular imperfect to emphasize the action in progress. The progressive is, however, less frequent in Spanish than in English.

Llovía (estaba lloviendo) cuando salí.	It was raining when I left.

5. The imperfect is used for physical description or possession.

La casa tenía muchas ventanas.	*The house had many windows.*
Juan era muy alto.	*Juan was very tall.*
El jardín estaba rodeado de árboles.	*The garden was surrounded by trees.*

6. You will remember from Lesson I, Section IV, C.2, that to express an action that began in the past and continues into the present, Spanish uses the following construction: **Hace** + *period of time* + **que** + *verb in present.*

Hace dos horas que estudio esta lección.	*I have been studying this lesson for two hours.*

7. To express an action that began in the past and continued up to another point of time in the past when something else happened, Spanish uses the following formula in the imperfect tense: **Hacía** + *period of time* + **que** + *verb in the imperfect:*

Hacía dos horas que estudiaba cuando entraron mis amigos.	*I had been studying for two hours when my friends came in.*
Hacía tres años que vivíamos aquí cuando decidimos comprar muebles.	*We had been living here for three years when we decided to buy furniture.*

EXERCISE 5.

A. Change the following verbs to the imperfect tense.

1. nosotros: tomamos, comemos, vivimos, hacemos, queremos 2. yo: saco, cojo, comienzo, hago, soy 3. Vd.: encuentra, vuelve, siente, pide, pone 4. tú: dices, pagas, lees, empiezas, te vistes 5. vosotros: sabéis, robáis, preferís, habláis, podéis 6. ellas: riñen, se divierten, empiezan, tienen, van

B. Translate.

1. Hacía muchos años que yo no veía a mi amiga Consuelo. 2. Hacía cuatro horas que comíamos cuando me puse enfermo. 3. Hacía un año que vivíamos en Buenos Aires cuando tuvimos que regresar a los Estados Unidos. 4. ¿Cuánto tiempo hacía que esperabas el tren?

VI. THE PRETERITE TENSE

A. Regular verbs of the first conjugation form the preterite tense by dropping the infinitive ending **(-ar)** and adding: **-é, -aste, -ó, -amos, -asteis, -aron**.

hablar *to speak*

hablé	*I spoke, I did speak*	hablamos	*we spoke*
hablaste	*you spoke*	hablasteis	*you spoke*
habló	*he, she, you spoke*	hablaron	*they, you spoke*

Second and third conjugation verbs drop the infinitive ending (**-er, -ir**) and add **-í, -iste, -ió, -imos, -isteis, -ieron**.*

vender   *to sell*   vendí, vendiste, vendió, vendimos, vendisteis, vendieron

abrir   *to open*   abrí, abriste, abrió, abrimos, abristeis, abrieron

B.   Radical (Stem)-Changing Verbs

First (**-ar**) and second (**-er**) conjugation verbs do not have a stem change in the preterite tense. Only *third* (**-ir**) conjugation verbs have a stem change from **e** to **i**, but only in the *third* person singular and the *third* person plural.

sentir   sentí, sentiste, sintió, sentimos, sentisteis, sintieron
servir   serví, serviste, sirvió, servimos, servisteis, sirvieron

Two verbs, **dormir** and **morir**, change the **o** to **u** in the third persons singular and plural.

dormir   dormí, dormiste, durmió, dormimos, dormisteis, durmieron

morir   morí, moriste, murió, morimos, moristeis, murieron

In vocabularies, stem changes of third conjugation verbs are indicated as follows: **sentir (ie, i); pedir (i, i); morir (ue, u)**.

C.   Orthographic-Changing Verbs

1.   In order to preserve the original sound of the final consonant of the stem, the following spelling changes occur in the *first* person singular of *first* conjugation verbs only:

c to qu		g to gu		z to c	
sacar		**pagar**		**comenzar**	
saqué	sacamos	pagué	pagamos	comencé	comenzamos
sacaste	sacasteis	pagaste	pagasteis	comenzaste	comenzasteis
sacó	sacaron	pagó	pagaron	comenzó	comenzaron

2.   Second conjugation verbs whose stem ends with a vowel change the **i** of the third person singular ending (**-ió**) and the third person plural ending (**-ieron**) to a **y**. They also take a written

---

* The accent is no longer used in monosyllabic verb forms: **vi, vio**.

accent on the **i** of all the other forms (first and second persons singular and plural).

leer   leí, leíste, leyó, leímos, leísteis, leyeron

Other verbs of this type are **caer, creer, poseer**.
The third conjugation verb **oír** also follows the above pattern.

oír   oí, oíste, oyó, oímos, oísteis, oyeron

3.   Third conjugation verbs ending in **-uir** (except for verbs ending in **-guir**) change the **i** of the third persons singular and plural to **y**, as with second conjugation verbs.

construir   *to build*   construí, construiste, construyó, construimos, construisteis, construyeron

Other verbs of this type are: **atribuir, concluir, constituir, contribuir, destruir, disminuir, distribuir, excluir, huir, incluir, influir, instruir**.

D.   There are a number of common verbs that have an irregular stem in the preterite and take a special set of endings: **-e, -iste, -o, -imos, -isteis, -ieron**.

Notice that there are no written accents on any of the above endings. Study the following verbs:

andar	*to go*	anduve, anduviste, anduvo, anduvimos, anduvisteis, anduvieron
caber	*to fit*	cupe, cupiste, cupo, cupimos, cupisteis, cupieron
estar	*to be*	estuve, estuviste, estuvo, estuvimos, estuvisteis, estuvieron
haber*	*to have*	hube, hubiste, hubo, hubimos, hubisteis, hubieron
poder	*to be able*	pude, pudiste, pudo, pudimos, pudisteis, pudieron
poner	*to put*	puse, pusiste, puso, pusimos, pusisteis, pusieron
saber	*to know*	supe, supiste, supo, supimos, supisteis, supieron
tener	*to have*	tuve, tuviste, tuvo, tuvimos, tuvisteis, tuvieron
hacer**	*to do, make*	hice, hiciste, hizo, hicimos, hicisteis, hicieron

* Remember that **haber** is the auxiliary verb used in forming compound tenses (See Lesson IV, Sec. VI) and should not be confused with **tener. Hemos comido—***We have eaten.*

** Note the change of **c** to **z** to preserve the original sound of the infinitive.

querer *to want, love* quise, quisiste, quiso, quisimos, quisisteis, quisieron

venir *to come* vine, viniste, vino, vinimos, vinisteis, vinieron

Verbs whose irregular preterite stem ends in **j** drop the **i** of the third person plural ending.

decir *to say, tell* dije, dijiste, dijo, dijimos, dijisteis, dijeron

traer *to bring* traje, trajiste, trajo, trajimos, trajisteis, trajeron

Verbs whose infinitive ends in **-ucir** take the following endings: **-uje, -ujiste, -ujo, -ujimos, -ujisteis, -ujeron.**

traducir *to translate* traduje, tradujiste, tradujo, tradujimos, tradujisteis, tradujeron

Other verbs that follow the above patterns: **atraer**, *to attract;* **conducir**, *to conduct, drive;* **detener**, *to stop;* **disponer**, *to dispose;* **maldecir**, *to curse;* **producir**, *to produce;* **reducir**, *to reduce.*

E. The verbs **ir** and **ser** have the same forms in the preterite.

fui *I went* **or** *I was*	fuimos *we went* **or** *we were*
fuiste *you went* **or** *you were*	fuisteis *you went* **or** *you were*
fue *he, she, it, you went* **or** *he, she, it was, you were*	fueron *they, you went* **or** *they, you were*

F. The first conjugation verb **dar** takes the endings of the second and third conjugation verbs in the preterite.

dar *to give* di, diste, dio, dimos, disteis, dieron

G. A small number of second and third conjugation verbs whose stem ends in **ll** or **ñ** drop the **i** of the third person endings **-ió** and **-ieron**.

zambullir *to dive* zambulló, zambulleron

gruñir *to grumble* gruñó, gruñeron

Other verbs of this type: **bullir** *to boil;* **reñir** *to scold, quarrel;* **tañer** *to ring, toll;* **teñir**, *to dye.*

EXERCISE 6A.

Write the preterite of the following verbs:

1. nosotros: tomamos, comemos, vivimos, hacemos, queremos 2. Vd.: encuentra, vuelve, siente, pide, pone 3. yo: saco, cojo, comienzo, hago,

puedo   4. tú: dices, pagas, lees, empiezas, te vistes   5. vosotros: sabéis, robáis, preferís, habláis, podéis   6. ellas: riñen, se divierten, empiezan, tienen, van

H. Uses of the preterite tense

1.   The preterite tense expresses the beginning, end, or completeness of an action or state within a certain time in the past.

Abrió la puerta, entró, encendió la luz, se sentó y comenzó a leer. Leyó por dos horas.	*He opened the door, entered, turned on the light, sat down and began to read. He read for two hours.*
Felipe II fue rey de España por cuarenta años.	*Philip II was king of Spain for forty years.*

The following popular folk poem, recounting a rapid courtship, has a preterite in each line.

El domingo la vi en misa,	*On Sunday I saw her at mass,*
el lunes le sonreí,	*on Monday I smiled at her,*
el martes me presentaron,	*on Tuesday they introduced me,*
el miércoles fui a su casa,	*on Wednesday I went to her house,*
el jueves me declaré,	*on Thursday I proposed,*
el viernes le di el anillo,	*on Friday I gave her the ring,*
y el sábado me casé.	*and on Saturday I was married.*

2.   The preterite is also used when a repeated action is considered as a single unit.

El verano pasado fuimos a la playa todos los días.	*Last summer we went to the beach every day.*
Visité a mi abuela cuatro veces el mes pasado.	*I visited my grandmother four times last month.*

I. Contrastive usage of preterite and imperfect tenses.

1.   The preterite tense is used to express what took place while another action or condition was in progress (imperfect).

Mientras comíamos, llegó Juan.	*While we were eating, Juan arrived.*
Felipe II era rey de España cuando la Armada Invencible fue vencida.	*Philip II was king of Spain when the Invincible Armada was defeated.*

Study the following sentences which further illustrate the uses of the imperfect and preterite.

Le hablaba todos los días.	*I used to speak to him every day.*
Le hablé ayer.	*I spoke to him yesterday.*
—¿Qué hacía Ud. cuando estalló el fuego? —Miraba la televisión.	*What were you doing when the fire broke out? —I was watching television.*
—¿Qué hizo Vd. cuando estalló el fuego? —Me tiré por la ventana.	*What did you do when the fire broke out? —I jumped out of the window.*

The following *décima* (ten-line stanza) from Act I of *La vida es sueño* by Calderón de la Barca contains many good examples of imperfect and preterite verbs:

Cuentan de un sabio que un día	*They tell of a wise man who one day*
tan pobre y mísero estaba,	*was so poor and wretched,*
que sólo se sustentaba	*that he sustained himself only*
de unas yerbas que cogía.	*on some herbs which he gathered.*
«¿Habrá otro»—entre sí decía—	*"Can there be another," he said to himself,*
«más pobre y triste que yo?»	*"poorer and sadder than I?"*
Y cuando el rostro volvió	*And when he turned his face,*
halló la respuesta, viendo	*he found the answer, seeing*
que iba otro sabio cogiendo	*that another wise man went along picking up*
las hojas que él arrojó.	*the leaves that he threw away.*

Many examples of the imperfect and preterite are also found in the following Chilean folk song:

A cantar a una niña yo le enseñaba,	*I was teaching a girl to sing,*
y un beso en cada nota ella me daba;	*and she gave me a kiss at each note;*
y aprendió tanto, y aprendió tanto,	*and she learned so much, and she learned so much,*
que de todo sabía, menos del canto.	*that she knew about everything, except singing.*

2. Some verbs take on a special meaning in the preterite tense.
   querer *to want*   quise   *I tried (but failed); no quise I refused*

poder	*to be able*	pude	*I managed to, I succeeded in; no pude I could not, did not succeed in*
saber	*to know*	supe	*I learned, I found out*
conocer	*to know*	conocí	*I met (made the acquaintance of)*

Sabía la verdad, y por eso no quería ir con ellos.	*He knew the truth and therefore did not want to go with them.*
Cuando supo la verdad, no quiso ir con ellos.	*When he found out the truth, he refused to go with them.*
Yo los conocía antes de ir a Madrid.	*I knew them before going to Madrid.*
Los conocí en Madrid.	*I met them in Madrid.*
Queríamos ayudarle pero no podíamos hacer nada.	*We wanted to help him, but were unable to do anything.*
Quiso abrir la puerta pero no pudo.	*He tried to open the door, but could not.*

EXERCISE 6B.

Fill in the blanks with the appropriate imperfect or preterite tense form of the infinitive in parentheses:

1. (Ser) _____ las siete.   2. La casa (tener) _____ muchas puertas.   3. Ayer (hacer) _____ mucho viento cuando nosotros (salir) _____ .   4. Anoche nosotros (conocer) _____ por primera vez a su sobrina.   5. ¿No (saber) _____ tú que él (tener) _____ tres hermanos? 6. María (ser) _____ muy alta cuando (tener) _____ doce años.   7. Hola, Pedro, ¿a qué hora (ir) _____ al cine anoche? Yo no te (ver) _____ . 8. Mi padre (comprar) _____ un coche que (ser) _____ grandísimo.   9. Ellas (querer) _____ mucho a sus tíos y siempre los (respetar) _____ .   10. El año pasado nosotras (jugar) _____ mucho al tenis, pero este año no tenemos tiempo.   11. (Hacer) _____ cuatro años que ellos (ser) _____ novios cuando se casaron.   12. ¿Por qué (dejar) _____ Luisa a su novio sin decirle nada?

CLASS EXERCISES

I.   Translate the English into Spanish.

1. ¿Adónde fue Vd., *Mrs. Romero?*   2. Como amenazaba llover, me llevé *the umbrella.*   3. En España toman *wine* con la comida.   4. *Wine* está muy caro estos días.   5. Andrés vino a casa *on Saturday.*   6. *Last week* hizo mucho frío. 7. Ayer fue *Monday.*   8. *Mr. Pérez* tenía razón.   9. *Spanish*

and French son lenguas romances.   10. Los huevos estaban a treinta pesetas *a dozen.*

II.   Fill in the blanks with one of the following expressions and translate the sentences into English: *a lo lejos, lo cansada, por lo menos, lo pintoresco, lo difícil.*

1. _____ es escribirlo.   2. No te puedes imaginar _____ que estaba Elena.   3. _____ se distinguían las montañas.   4. _____ de España es la arquitectura de las casas del sur.   5. Tiene _____ cincuenta años.

III.   Fill each blank space with one of the following words using the indefinite article when necessary: *ama, reloj, hermano, médico, profesora, kilómetros, otra, paraguas*

1. Mi padre es _____ .   2. No tengo _____ , por eso no sé qué hora es.   3. Mi madre busca _____ de casa.   4. No tengo _____ sino una hermana.   5. Vivíamos a _____ de Madrid.   6. Era _____ muy conocida.   7. Nunca sale de casa sin _____ cuando llueve.   8. Él va a llamar _____ vez.

IV.   Answer the following questions.

1. ¿Qué hace Vd. cuando llueve?   2. ¿En qué país nieva mucho?   3. ¿Cuándo tiene Vd. calor?   4. ¿Cuándo vamos a la playa?   5. ¿Qué tiempo hace hoy?   6. ¿Cuándo tenemos frío?   7. ¿Cuándo podemos ver bien de noche?   8. ¿Qué hace Vd. cuando hace mal tiempo?   9. ¿A qué hora saliste de casa esta mañana?   10. ¿Dejaste en casa tu libro de español?

V.   A.   Change the verbs to the imperfect.

1. Hay luna.   2. ¿Dónde está tu primo?   3. No puedo comprender la lección.   4. Conocemos bien al profesor.   5. Los estudiantes traen manzanas todos los días.   6. No salen bien en los exámenes.   7. Llueve mucho en Inglaterra.   8. ¿Piensas acompañarme?   9. Duermen hasta las ocho. 10. Hace dos días que no nieva.

B.   Translate.

1. They have been studying for two hours.   2. They had been studying for two hours.   3. It had been raining for three weeks.   4. She had been waiting for her letter for a month when it finally arrived.

VI.   A.   Change the verbs to the preterite tense.

1. Ayer hacía frío.   2. Elena no se sentía bien.   3. ¿Qué decían tus padres? 4. Sabíamos que no era él.   5. Ellos se divertían mucho en casa de sus abuelos.   6. Sabíamos que Vd. conocía a muchas personas importantes.

B. Complete the sentences using the correct form of the imperfect or preterite tense of the infinitive in parentheses.

1. (Ser) _____ las siete.   2. ¿Cuántos años (tener)
_____ tú cuando (venir) _____ a este país?
3. Yo (ir) _____ en mi coche cuando (chocar)
_____ con un árbol porque (pensar) _____ en
mi novia.   4. Al final del semestre el profesor me (dar) _____
una F, y yo le (mandar) _____ una carta de protesta.   5. Él
me (escribir) _____ una carta muy amable, pero no (cambiar)
_____ la nota.   6. (Hacer) _____ cinco años
que nosotros nos (conocer) _____ cuando (casarse)
_____ .   7. (Hacer) _____ cinco meses que
nosotros (estar) _____ casados cuando (divorciarse)
_____ .   8. Su marido (ser) _____ muy alto y
guapo.   9. ¿Cuántos cuartos de baño (tener) _____ tu apartamento?   10. ¿Qué tiempo (hacer) _____ cuando tú (llegar)
_____ ayer?

C. The following paragraph is suggested by the great Argentinian epic
poem, *Martín Fierro,* by José Hernández (1834–1886). Retell the story in the
past, changing the present tense of the verbs to the imperfect or preterite.
(The verbs already in the past should be changed to *se habían ido* and *había
abandonado.*)

>   Me llamo Martín Fierro y soy un gaucho payador*. Me gusta
> tocar la guitarra, cantar y estar con mi familia. Un día me agarran
> y me obligan a luchar en la frontera contra los indios. En el ejér-
> cito llevo una vida miserable. Después de tres años, no puedo
> aguantar más. Huyo y vuelvo a mi rancho. Encuentro que mis
> hijos se fueron y que mi mujer abandonó la casa para vivir con
> otro hombre. Me siento muy triste pero la perdono, porque para
> ella yo ya no existo. Ella sabe que los gauchos casi nunca vuelven
> de la frontera. No tiene dinero para vivir. Yo cambio de gaucho
> bueno a gaucho malo. Un día, otro gaucho me insulta mientras
> tomo una cerveza, y lo mato. La justicia siempre me persigue y
> tengo que huir constantemente. La vida de un gaucho es muy
> dura. No gana nada en la paz y es el primero en la guerra. Si
> aguanta la opresión es un gaucho bueno, si no aguanta es un
> gaucho malo.

VII.   Translate the following sentences.

1. In France we saw a sign that said: "Water is good for frogs."   2. Evidently,
among the French, wine is more popular than water.   3. Miss López, did
you take Mr. García to the movies last night?   4. No, he said he was busy,
but later I saw the scoundrel with another girl.   5. It was snowing when I

---

* An Argentinian *cowboy* who improvised songs.

kissed her the first time, but she left me last month.   6. Now when it snows I throw snowballs at her picture.   7. Carlos, did you know that it was midnight when you got home?   8. Last year we would go to the beach when it was hot.   9. He had been studying Spanish for three years when his company sent him to Brazil, but he couldn't speak Portuguese.   10. The best part is that it did not rain during our vacation.

VIII.   Answer the following questions in complete sentences.

1. ¿Qué es lo peor de la vida estudiantil? ¿Y lo mejor?   2. ¿Qué día prefiere Vd.—el lunes o el domingo?   3. Cuando Vd. empezó a estudiar en esta universidad, ¿cuántos años tenía?   4. ¿Qué tiempo hizo ayer?   5. ¿Qué tiempo hacía ayer cuando saliste de casa?   6. ¿Qué hora era cuando saliste?   7. ¿Estudiabas el año pasado más o menos que este año?   8. ¿Salieron Vds. bien en el último examen?   9. ¿Estudiaste mucho el semestre pasado?   10. ¿Cuántos años hacía que vivías en tu última casa?

IX.   Review of Lesson I

A.   Supply the appropriate definite article and change to the plural.

EXAMPLE: _____ poeta   *el poeta   los poetas*

1. _____ luz   2. _____ poema.   3. _____ mano   4. _____ función   5. _____ capitán   6. _____ cura *(priest)*   7. _____ bailarín 8. _____ examen   9. _____ legumbre   10. _____ miércoles   11. _____ francés   12. _____ amistad

B.   Change the following sentences to the present tense.

1. a. Paco tenía mucha hambre.   b. No me sentí bien.   c. Cogí el mapa que me señaló el maestro.   d. Debíais estudiar más.   e. Nos acostamos temprano pero no pudimos levantarnos temprano.   2. a. Los alumnos tuvieron miedo cuando entró el director *(principal)*.   b. Siempre gritaba y castigaba a los muchachos.   c. Algunos muchachos pusieron una tachuela en su silla y cuando se sentó empezó a gritar; pero no pudo castigar a nadie porque no sabía quién era el criminal.   d. Para él, el día estaba lleno de crisis. e. Empecé a odiar la escuela, pero al mismo tiempo me divertía mucho y no quería graduarme.

VOCABULARY

abogado lawyer
agarrar to seize
aguantar to tolerate, stand
amable kind, friendly
amistad *f.* friendship
anoche last night
antiguo old, ancient
anuncio announcement

bailarín *m.* dancer
baño bath
barco de vela sailboat

calentar (ie) to warm up
cambiar to change
castigar to punish
cerveza beer

cortaplumas *m. s.*   penknife

chocar   to collide

darse cuenta de   to realize
director *m.*   principal
docena   dozen

ejército   army
encantar   to charm, enchant

fósforo   match

guapo   handsome

huevo   egg
huir   to flee

kilo   kilogram (2.2 pounds)

leña   firewood
luchar   to fight

manzana   apple

marido   husband
matar   to kill
medianoche *f.*   midnight
mudarse   to move

nota   grade

paz *f.*   peace
perseguir (i, i)   to persecute, pursue
pintoresco   picturesque

reloj *m.*   watch, clock
retrato   picture

señalar   to point out
sobrino   nephew

tachuela   thumbtack

valer   to be worth
volar (ue)   to fly
volverse (ue)   to turn around, become

LESSON 3

Adjectives
Adverbs
Estar and Ser
Idioms and Word Study
The Future Tense
The Conditional Tense

I. ADJECTIVES

A. Adjectives must agree in gender and in number with the noun they modify. Most masculine adjectives end in **-o**; the feminine in **-a**.

el libro rojo	*the red book*	la flor roja	*the red flower*
los libros rojos	*the red books*	las flores rojas	*the red flowers*

Adjectives that do not end in **-o** or **-a** are the same in the feminine as in the masculine.

un sombrero verde	*a green hat*
una pared verde	*a green wall*
un capítulo difícil	*a difficult chapter*
una lección difícil	*a difficult lesson*

un niño cortés   *a polite boy*
una niña cortés   *a polite girl*

EXCEPTIONS:

1. Adjectives ending in **-án** and **-ón** are made feminine by adding **-a** and dropping the accent.

holgazán, holgazana   *lazy*
burlón, burlona   *mocking*

2. Adjectives ending in **-dor** are made feminine by adding **-a**.

hablador, habladora   *talkative*

3. Adjectives of nationality ending in a consonant are made feminine by adding **-a**, and dropping the accent if there is one.

español, española   *Spanish*
alemán, alemana   *German*
portugués, portuguesa   *Portuguese*
inglés, inglesa   *English*

B. Plural of adjectives

Like nouns, adjectives that end in a vowel add **-s**, those that end in a consonant add **-es** to form the plural.

m. sing.	m. pl.	fem. sing.	fem. pl.	
rojo	rojos	roja	rojas	*red*
azul	azules	azul	azules	*blue*
francés	franceses	francesa	francesas	*French*
cortés	corteses	cortés	corteses	*polite*

Like nouns, adjectives that end in **-z** change the **-z** to **-c** before adding **-es**.

una mujer feliz   *a happy woman*
unas mujeres felices   *some happy women*

Adjectives that modify two or more nouns of different gender are normally masculine plural.

Juan y Luisa son altos.   *Juan and Luisa are tall.*

C. Position of adjectives

1. Descriptive adjectives generally follow the nouns they modify in order to distinguish the nouns from others of their class or to emphasize them.

una mesa redonda   *a round table*
un mensaje importante   *an important message*

la pared verde	*the green wall*
Su hermano es un autor famoso.	*Her brother is a famous author.*
Vive en una casa blanca.	*He lives in a white house.*
El señor López es un profesor amable.	*Mr. López is a kind teacher.*

If, however, the adjective does not add a distinguishing characteristic or emphasis, but rather is readily associated with the noun, the descriptive adjective will frequently precede the noun.

Cervantes, el famoso autor	*Cervantes, the famous author*
su amable esposa	*your charming wife*
el incomparable Lope de Vega	*the incomparable Lope de Vega*
la blanca nieve	*the white snow*

The Marqués de Santillana (1398–1458) wrote a number of delightful *serranillas* (mountain songs). The third stanza of the popular *Serranilla de la Finojosa* begins:

En un verde prado	*In a green meadow*
de rosas y flores	*of roses and flowers*
guardando ganado	*tending cattle*
con otros pastores . . .	*with other shepherds . . .*

Examples of the position of adjectives appear in the opening stanza of *Versos sencillos* (well known as the popular folk song *Guantanamera*) by the great Cuban patriot and writer, Jose Martí (1853–1895), and in the short two-stanza poem which follows it:

Yo soy un hombre sincero	*I am a sincere man*
de donde crece la palma,	*from where the palm tree grows,*
y antes de morirme quiero	*and before I die I wish*
echar mis versos del alma.	*to pour forth the verses from my soul.*
Cultivo una rosa blanca	*I cultivate a white rose*
en julio como en enero,	*in July as in January*
para el amigo sincero	*for the sincere friend*
que me da su mano franca.	*who gives me his open hand.*
Y para el cruel que me arranca	*And for the cruel one who tears from me*
el corazón con que vivo,	*the heart with which I live,*
cardo ni ortiga cultivo,	*neither thorn nor thistle do I cultivate,*
cultivo la rosa blanca.	*I cultivate the white rose.*

2.   Limiting adjectives, such as articles, demonstratives, posses-
sives, cardinal numbers, ordinal numbers and indefinites, usually
precede the noun.

los idiomas	*the languages*
esta clase	*this class*
sus amigos	*his friends*
ocho días	*eight days*
la primera vez	*the first time*
algunos compañeros	*some companions*

D.   Certain adjectives normally precede the noun modified and lose
their final **-o** before a masculine singular noun. They are easy to
remember if they are grouped as follows:

bueno–malo	*good–bad*
primero–tercero	*first–third*
alguno–ninguno	*some–none*

NOTE: **Algún** and **ningún** require a written accent.

un buen muchacho	*a good boy*
Hace mal tiempo.	*The weather is bad.*
el primer mes	*the first month*
el tercer hombre	*the third man*
algún desastre	*some disaster*
ningún derecho	*no right*

BUT: **una buena muchacha**, *a good girl;* **la primera (tercera)
semana**, *the first (third) week;* **alguna vez**, *sometime;* **ninguna
posibilidad**, *no possibility.*

   Bueno and **malo**, however, may follow, especially when em-
phatic:

Es un chico muy bueno.	*He is a very good boy.*
Fue una comida muy mala.	*It was a very bad meal.*

   Grande becomes **gran** before a masculine or feminine singular
noun. It normally has the meaning of *great* but means *big* when
it follows the noun.

Es una gran señora.	*She is a great lady.*
No es gran cosa.	*It's not a big deal.*
Lincoln fue un gran hombre y también fue un hombre grande.	*Lincoln was a great man and he was also a big man.*

   Santo becomes **San** except before a name beginning with **Do-**
or **To-**.

San Juan	*St. John*	Santo Domingo	*St. Dominic*
San Pedro	*St. Peter*	Santo Tomás	*St. Thomas*

E. A number of adjectives may be used before or after the noun with a difference in meaning:

mi antiguo profesor	*my former teacher*
un monumento antiguo	*an ancient monument*
cierta vez	*a certain time*
una cosa cierta	*a sure thing*
el mismo libro	*the same book*
el profesor mismo	*the teacher himself*
un coche nuevo	*a new car (brand new)*
un nuevo coche	*a new car (a different one, not necessarily new)*
un viejo amigo	*an old friend (of long standing)*
un amigo viejo	*an old (aged) friend*
Los niños pobres no tienen nada que comer.	*The poor (indigent) children don't have anything to eat.*
Los pobres niños tienen un examen hoy.	*The poor (unfortunate) kids have an exam today.*

F. Adjectives may be used as nouns. In this case, they are preceded by a definite article or a demonstrative adjective.

El joven ayudó a la vieja.	*The young man helped the old lady.*
Los ricos a veces no comprenden los problemas de los pobres.	*The rich sometimes do not understand the problems of the poor.*
¿Cuál de estos vestidos prefieres, el rojo o el verde?	*Which of these dresses do you prefer, the red one or the green one?*
El francés se despidió de esa española.	*The Frenchman said good-bye to that Spanish lady.*

G. Where English has a noun with adjective force modifying another noun, Spanish uses a prepositional phrase introduced by **de**.

un reloj de oro	*a gold watch*
una corbata de seda	*a silk tie*

EXERCISE 1.

Write the correct form of the adjective in the proper place.

1. la chica (inglés)   2. una niña (encantador)   3. los temas (fácil)   4. los lápices (azul)   5. el dramaturgo Calderón (famoso)   6. una muchacha (cortés)   7. los parientes (alemán)   8. los pinos (verde)   9. mi profesor (viejo)   10. mi tía (viejo)   11. el capítulo (primero)   12. el millonario

(pobre)   13. las casas (popular)   14. la mujer (burlón)   15. los animales
(feroz)   16. una actriz (grande)   17. un orador (bueno)   18. la lección (tercero)   19. Domingo (Santo)   20. las lecciones (difícil)

II.   ADVERBS

A.   Just as English usually forms an adverb by adding **-ly** to the adjective *(clear, clearly)*, Spanish adds **-mente** to the feminine singular form of the adjective:

claro: claramente   *clearly*
absoluto: absolutamente   *absolutely*
horrible: horriblemente   *horribly*

When a written accent on the original adjective is retained in
the adverb, the main spoken stress is on the **e** of **-mente** and there
is a secondary stress on the vowel bearing the written accent:

rápido   rápidamente   *rapidly*
fácil   fácilmente   *easily*
cortés   cortésmente   *politely*

There are many simple adverbs which do not end in **-mente**:
aquí, *here*; **luego**, *then*; **bien**, *well*; **despacio**, *slowly*; etc.

B.   In a series of two or more adverbs, **-mente** is added only to the
last one:

Ud. lee clara y lentamente.   *You read clearly and slowly.*
Ella viste sencilla y   *She dresses simply and*
   elegantemente.   *elegantly.*

Frequently an adverbial phrase replaces the adverb:

frecuentemente *or* con frecuencia   *frequently*
cuidadosamente *or* con cuidado   *carefully*

In some cases an adverbial phrase is the preferred way of expressing the idea:

con calma   *calmly*
sin piedad   *pitilessly*
de una manera alarmante   *in an alarming way*
or de un modo alarmante

C.   Adjectives are sometimes used in place of adverbs:

Corrió rápido por el camino.   *He ran rapidly along the road.*
Los niños juegan contentos.   *The children are playing happily.*

Se casaron y vivieron felices para siempre.

They got married and lived happily ever after.

Esto te costará caro.

This will cost you dear(ly).

Note that the adjective agrees with the subject in such cases.

D. An adverb precedes the adjective it modifies but normally is placed after the verb it modifies:

Es muy importante.

It is very important.

Son bastante ricos.

They are quite rich.

Ya no preparan bien sus lecciones.

They no longer prepare their lessons well.

Ella es terriblemente fea.

She is terribly ugly.

EXERCISE 2.

A.   Give the adverbial form of the following adjectives.

1. feliz   2. difícil   3. alegre   4. ruidoso   5. inteligente   6. lento

B.   Replace the adverbs in the following sentences by adjectives:

1. Nosotros corrimos rápidamente.   2. ¿Adónde fuiste tan apresuradamente, Elena?   3. Ellos siempre trabajaban lenta y cuidadosamente.   4. Ellas sonreían feliz y contentamente.   5. Sus hijos vivían tranquilamente.

III.   *ESTAR* AND *SER*

Both **estar** and **ser** mean *to be* in English. The basic function of **estar** is to express *location, state,* or *condition.* It should be noted that **estar** is derived from Latin *stare (to stand)* and that the past participle of *stare* is *status.*

A.   Uses of **estar**

1.   To express location, and condition of a person or thing.

Madrid está en España.

Madrid is in Spain.

¿Cómo están Uds.?

How are you?

Estamos cansados pero contentos.

We are tired but content.

No está aquí porque está enfermo.

He is not here because he is ill.

El café está frío y el pan está duro.

The coffee is cold and the bread is hard.

Las ventanas están abiertas.

The windows are open.

Estar is often used in the sense of *to be at home, to be in:*

¿Está el Sr. García?	*Is Mr. García in?*
Lo siento, pero no está ahora.	*I am sorry, but he is not in now.*

2.   With the present participle, to form the progressive tenses.

¿Qué estás haciendo?	*What are you doing?*
Estoy prestando atención al maestro.	*I am paying attention to the teacher.*
Estaban mirando la televisión.	*They were watching television.*

B.   Uses of **ser**

1.   With predicate nouns and pronouns:

¿Quiénes son Vds.?	*Who are you?*
Somos turistas.	*We are tourists.*
¿Quién es ella?	*Who is she?*
Es mi hermano.	*He is my brother.*
Soy yo; es él.	*It is I; it is he.*

This construction appears in a popular *rima* of the Spanish romantic poet, Gustavo Adolfo Bécquer (1836–1870):

—¿Qué es poesía? dices mientras clavas	*"What is poetry?" you say as you fix*
en mi pupila tu pupila azul.	*upon my eyes your eyes of blue.*
—¿Qué es poesía? —¿Y tú me lo preguntas?	*"What is poetry?" And you ask me that!*
Poesía . . . eres tú.	*Poetry . . . 'tis you!*

2.   In many impersonal expressions:
   Es posible, *it is possible;* **es importante**, *it is important;* **es necesario**, *it is necessary;* **es (una) lástima**, *it is a pity;* etc.

Es necesario estudiar para aprender.	*It is necessary to study in order to learn.*

NOTE: **Estar** is used in some common impersonal expressions:

Claro está.	*Certainly, of course.*
Está bien.	*All right, O.K.*

3.   **Ser de** is used to denote origin, material or ownership:

Son de España, pero ahora están en México.	*They are from Spain but they are in Mexico now.*
La ventana es de vidrio.	*The window is (made) of glass.*
¿De quién es? Es del profesor.	*Whose is it? It is the teacher's.*

One of the stanzas of *La cucaracha* goes as follows:

Las muchachas son de oro,	*Girls are (made) of gold,*
las casadas son de plata,	*married women of silver,*
las viudas son de cobre,	*widows of copper,*
las viejas de hojalata.	*old women of tin.*

4. To tell time of day and in dates:

¿Qué hora es?	*What time is it?*
Es la una; son las dos.	*It is one; it is two (o'clock).*
¿Qué hora era?	*What time was it?*
Era la una; eran las dos.	*It was one; it was two (o'clock).*
¿Cuál es la fecha?	*What is the date?*
Es el primero de enero.	*It is January 1st.*
Es el dos de mayo.	*It is May 2nd.*

5. When *to be* equals *to take place.*

¿Dónde es la fiesta?	*Where is the party (taking place)?*
La escena es en Madrid.	*The scene is in Madrid.*

6. To form the true passive.

La puerta fue abierta por el alumno.	*The door was opened by the student. (an action)*

But **estar** is used for a resultant state or condition:

Ahora la puerta está abierta.	*Now the door is open.*

7. With adjectives expressing an inherent quality or characteristic normally associated with a person or thing.

El hierro es duro.	*Iron is hard.*
Nuestra casa es grande.	*Our house is large.*
Elena es encantadora.	*Helen is charming.*
Es alto y fuerte, pero no es simpático.	*He is tall and strong, but he is not likable.*

Note the opening lines of a romantic *rima* by Bécquer:

Yo soy ardiente, yo soy morena,	*I am ardent, I am dark-skinned,*
yo soy el símbolo de la pasión . . .	*I am the symbol of passion . . .*

8. **Ser** is normally used with the adjectives **joven** and **viejo** (*young* and *old*), **rico** and **pobre** (*rich* and *poor*) and **feliz** and **infeliz** (*happy* and *unhappy*), even though they may be regarded as changeable qualities.

Son pobres pero felices.	*They are poor but happy.*
Cuando yo era joven, todos éramos ricos.	*When I was young, we were all rich.*

But to emphasize a characteristic at a given moment, **estar** may be used:

¡Qué joven estás esta noche, viejo!	*How young you look (or, are acting) tonight, old man!*
Hoy estoy muy feliz.	*I feel very happy today.*

C. Contrast of **estar** and **ser** with adjectives
Many adjectives may be used with either verb, but with a difference in meaning.

El chico es muy malo.	*The boy is very bad. (behavior)*
El chico está malo.	*The boy is ill.*
La sopa está muy buena. La sopa está muy rica.	*The soup is (tastes) very good.*
La sopa es muy rica.	*The soup is very good (nutritious).*
El profesor es muy aburrido.	*The teacher is very boring.*
Estamos cansados y aburridos.	*We are tired and bored.*
Mi novia es muy lista, pero nunca está lista a tiempo.	*My fiancee (girlfriend) is very bright, but she is never ready on time.*
Es muy viva.	*She is very lively.*
No sé si está viva o muerta.	*I don't know if she is alive or dead.*
Los zapatos son grandes.	*The shoes are big.*
Los zapatos me están grandes.	*The shoes are too big for me.*
Es muy pálido.	*He is very pale. (complexion)*
Está muy pálido ahora.	*He is very pale now. (illness or emotion)*
Es inteligente y bonita.	*She is intelligent and pretty.*
¡Qué bonita estás hoy!	*How pretty you look today!*
Este sillón es muy cómodo.	*This armchair is very comfortable.*

No estoy cómodo aquí.	*I am not comfortable here.*
Es seguro.	*It's safe. It's a sure thing.*
No estoy seguro.	*I'm not sure.*

EXERCISE 3.

Fill in the blanks with the proper form of **estar** or **ser** in the present tense.

1. ¿Dónde _____ el caballo que prometiste vender? . . . Ya no lo quiero vender; _____ mejor. 2. ¿Cuándo _____ el baile? 3. Me dicen que tu reloj _____ de oro. 4. La ventana _____ abierta por Pedro. 5. Camilo José Cela _____ un autor muy famoso. 6. La nieve _____ blanca. 7. La ventana _____ abierta *(open)*. 8. La nieve _____ negra. 9. Siempre dice que Dolores _____ hermosa y encantadora. 10. El profesor _____ tan aburrido que todos los alumnos _____ aburridos. 11. ¿De dónde _____ tu novio? 12. Él _____ de México, pero ya no _____ mi novio. 13. Él _____ casado con otra chica. 14. No quiero tomar el agua porque _____ muy caliente. 15. Pepe, ¿qué _____ haciendo ahora? 16. Querida, ¡qué hermosa _____ esta noche! 17. Dicen que las españolas _____ muy vivas. 18. _____ la una y veinte. 19. ¿ _____ vosotros contentos ahora que tenéis bastante dinero? 20. Tú no _____ un loco, _____ un monstruo.

IV.   IDIOMS AND WORD STUDY

A.

hacer una pregunta	*to ask a question*
hacer un papel	*to play a role*
hacer un viaje	*to take a trip*
hacer la(s) maleta(s)	*to pack one's bag(s)*
hacer(se) daño	*to hurt (oneself)*
hace (un año)	*(one year) ago*
querer decir	*to mean*
volver a (correr)	*(to run) again*
al día siguiente	*the next day*
a menudo	*often*
en seguida	*at once, immediately*
ya no (no . . . ya)	*no longer, not anymore*

Tengo que hacer la maleta.	*I have to pack my bag.*
Me hizo daño.	*He hurt me.*
Me hice daño en la mano.	*I hurt my hand.*
Eso no quiere decir nada.	*That doesn't mean anything.*
No volveré a hacerlo.	*I shall not do it again.*
Ya no viene a mi casa.⎫ No viene ya a mi casa.⎭	*He doesn't come to my house anymore.*
Hace dos años que se fueron.	*They went away two years ago.*

B. hacer caso a (de)
prestar atención

to pay attention to (heed)
to pay attention (listen atten-
tively)

Me dio muchos consejos, pero
no le hice caso.
Tenemos que prestar atención
al profesor cuando habla.

He gave me a lot of advice, but
I didn't pay attention to him.
We have to pay attention to
the teacher when he speaks.

EXERCISE 4.

Complete the following sentences with a, b, or c.

1. Todos los profesores _____ .
   a. aburren   b. se hacen daño   c. hacen preguntas
2. Cuando me preparo para viajar, _____ .
   a. hago un papel   b. hago la maleta   c. grito
3. La charla era interesante y todos _____ .
   a. dormían   b. prestaban atención   c. salieron
4. Dijo Juan que volvería _____ .
   a. muerto   b. al día siguiente   c. hace tres años
5. Nuestros padres saben que _____ importante en nuestro desarrollo.
   a. hacen un viaje   b. hacen daño   c. hacen un papel
6. Dijo que ya no volvería _____ .
   a. a verlo   b. a morir   c. a matarme
7. *Inmediatamente* _____ *en seguida.*
   a. viene después de   b. quiere decir   c. se escribe
8. Íbamos al cine _____ .
   a. nadando   b. durmiendo   c. a menudo

V.   THE FUTURE TENSE

A.   To form the future tense (*shall* or *will*) add the endings **-é, -ás,
-á, -emos, -éis, -án** to the entire infinitive of all three conjugations.
Except for the first person plural, all forms bear a written accent.*

tomar   *to take*   tomaré, tomarás, tomará, tomaremos, tomaréis,
tomarán (I, you, he, she, it, we, they will take)

volver   *to return*   volveré, volverás, volverá, volveremos, volveréis,
volverán

abrir   *to open*   abriré, abrirás, abrirá, abriremos, abriréis, abrirán

B.   There are a number of important verbs that use an irregular stem,
rather than the entire infinitive, to form the future. They may be
grouped as follows:

* These endings are derived from the present indicative tense of the auxiliary verb **haber (he,
has, ha, hemos, habéis, han)**.

1. The **e** of the infinitive ending is dropped:

caber	*to fit*	cabré, cabrás, etc.
haber	*to have (aux.)*	habré, habrás, etc.
poder	*to be able*	podré, podrás, etc.
querer	*to want, to love*	querré, querrás, etc.
saber	*to know*	sabré, sabrás, etc.

2. The **e** or the **i** of the infinitive is dropped and a **d** inserted:

poner	*to put*	pondré, pondrás, etc.
tener	*to have*	tendré, tendrás, etc.
venir	*to come*	vendré, vendrás, etc.
salir	*to leave*	saldré, saldrás, etc.
valer	*to be worth*	valdré, valdrás, etc.

3. **Decir** loses the **-ec-** of the infinitive and **hacer** loses the **-ce-** before the endings are added:

decir	*to say, to tell*	diré, dirás, etc.
hacer	*to do, to make*	haré, harás, etc.

C. The future tense in Spanish corresponds in general to English usage.

Dice que vendrá temprano.	*He says that he will come early.*
Si llueve, nos quedaremos en casa.	*It it rains, we shall stay home.*
Mañana será otro día. (Proverb)	*Tomorrow is (will be) another day.*

There are a number of popular poems and songs that contain examples of the future tense. The song *¡Qué será, será!*, well known in an English version, is given here in Spanish:

Qué será, será,	*What will be, will be,*
Lo que va a ser, será,	*Whatever will be, will be,*
El tiempo te lo dirá,	*Time will tell,*
Qué será, será.	*What will be, will be.*
Cuando yo era chiquitito	*When I was a little child*
A mi mamita le pregunté,	*I asked my mother—*
—¿Seré yo guapo? ¿Seré yo rico?	*"Will I be handsome? Will I be rich?"*
Me contestó así:	*She answered me thus:*
Qué será, será,	*What will be, will be,*
Lo que va a ser, será,	*Whatever will be, will be,*
El tiempo te lo dirá,	*Time will tell,*
Qué será, será.	*What will be, will be.*

D. The future tense is sometimes used to express conjecture or probability in the present time. The context shows whether probability or future time is indicated.

¿Qué hora será?	*I wonder what time it is?*
Serán las ocho.	*It must be eight o'clock.*
¿Dónde está Elsa? Estará en casa.	*Where is Elsa? She is probably at home.*
Estará allí a las diez.	*He will be there at ten.*
Tendrá veinte años.	*He must be twenty years old. (or will be twenty years old)*

E. Just as in English *to go* + *infinitive* expresses futurity, in Spanish **ir a** + *infinitive* is similarly used:

¿Qué va a pasar?	*What is going to happen?*
Van a salir en seguida.	*They are going to leave at once.*

F. If English *will* expresses the idea of *to be willing to,* rather than future time, the verb **querer** is used:

¿Quiere Ud. ir a la pizarra?	*Will you (please) go to the board?*
¿Quiere Ud. prestarme cien pesos?	*Will you (are you willing to) lend me a hundred pesos?*
No quiero hacerlo.	*I won't (don't want to) do it.*

G. The present tense is occasionally used to express future time:

Salen el jueves.	*They are leaving (will leave) Thursday.*
Te veo mañana.	*I'll see you tomorrow.*

EXERCISE 5.

Write the proper form of the future tense of the following verbs:

1. Ud. (volver, dudar, saber, escribir, venir)   2. Juan y yo (empezar, sentir, decir, entender, tener)   3. tú (salir, comprender, llegar, poner, vivir) 4. vosotros (devolver, poder, insistir, pedir, ser)   5. ellos (dormir, caber, decir, valer, coger)   6. yo (estar, venir, hacer, perder, salir)

VI. THE CONDITIONAL TENSE

A. The conditional tense (*would* + *infinitive*) is formed by adding the endings of the imperfect tense of **haber (-ía, -ías, -ía, -íamos, -íais, -ían)** to the entire infinitive. The endings are the same for all three conjugations.

comprar:	*to buy*	compraría, comprarías, compraría, compraríamos, compraríais, comprarían
vender:	*to sell*	vendería, venderías, vendería, venderíamos, venderíais, venderían
escribir:	*to write*	escribiría, escribirías, escribiría, escribiríamos, escribiríais, escribirían

B. The verbs that have an irregular stem in the future tense also use the same stem to form the conditional:

	Future	*Conditional*		*Future*	*Conditional*
caber	cabré	cabría	**salir**	saldré	saldría
haber	habré	habría	**tener**	tendré	tendría
poder	podré	podría	**valer**	valdré	valdría
poner	pondré	pondría	**venir**	vendré	vendría
querer	querré	querría	**decir**	diré	diría
saber	sabré	sabría	**hacer**	haré	haría

C. The conditional corresponds in general to English usage, that is to express what would happen under certain conditions.

Yo no haría eso.	*I would not do that.*
Lo compraría, pero no tengo bastante dinero.	*I would buy it but I don't have enough money.*

As in English, the conditional expresses a future time relative to a past. Usually the future will follow a present tense, whereas the conditional will follow a past tense.

Dice que vendrá mañana.	*He says that he will come tomorrow.*
Dijo que vendría mañana.	*He said that he would come tomorrow.*

D. Just as the future may be used to express probability in the present time, the conditional is sometimes used to express probability or conjecture in the past.

¿Qué hora sería cuando llegaste? Serían las dos.	*What time could it have been when you arrived? It must have been two o'clock.*
Tendría cincuenta años cuando murió.	*He must have been fifty years old when he died.*
¿Dónde estaba Pedro? Estaría en casa.	*Where was Pedro? He must have been at home.*

E. Remember that in English *would* + *infinitive* sometimes expresses a habitual past action and therefore calls for the imperfect tense.

Jugábamos a las cartas cuando él venía a visitarnos.	We would (used to) play cards when he would (used to) come to visit us.

F. Note that *should* in English may indicate the conditional *(would)* or **deber** *(ought to)*.

Me gustaría ir.	I should (would) like to go.
Debo hacerlo.	I should (ought to) do it.

G. Just as *will* in English may denote desire in the present *would* may do so in the past. The verb **querer** is used in such cases. The context will make the meaning clear.

Lo haría por Ud.	I would do it for you.
Dijo que no quería venderlo.	He said that he would not (did not want to) sell it.
No quiso hacerlo.	He would not (did not want to, refused to) do it.

H. One of the main uses of the conditional is in conditional sentences, discussed in Lesson VII, Section V.

Si Luis estuviera aquí, estudiaríamos.	If Luis were here, we would study.

EXERCISE 6.

Change the conditional verbs in the sentences below, substituting the words indicated for the subjects:

1. *María* comprendería las instrucciones.
   a. yo b. nosotros c. Vds. d. tú e. vosotros
2. *Nosotros* preferiríamos el agua fría.
   a. Vds. b. tú c. vosotros d. yo e. Teresa
3. *Tú* no lo harías fácilmente.
   a. nosotros b. yo c. Pedro d. ellos e. vosotras
4. *Carlos* tendría veinte años cuando ocurrió el accidente.
   a. tú b. yo c. tú y María. d. ellos e. Juan y yo

CLASS EXERCISES

I. A. Make the adjective modify the noun and place it in the appropriate position before or after the noun.

1. las lecciones (primero) 2. las chicas (portugués) 3. la casa (grande) 4. el niño (tercero) 5. hombre (ninguno) 6. las cumbres (alto) 7. una muchacha (hablador) 8. los atletas (alemán) 9. su hermana (burlón) 10. las

paredes (azul)   11. su esposa (dulce)   12. Antonio (Santo)   13. los métodos (eficaz)   14. una mujer (grande=*great*)

B.   Answer the following questions.

1. ¿De qué color son las paredes de la clase?   2. ¿Está abierta la ventana? 3. ¿Cómo es tu mejor amigo(-a)?   4. ¿Estáis contentos con esta clase? ¿Por qué?   5. ¿Quién es una actriz famosa?   6. ¿Qué tiempo hace hoy, malo o bueno?   7. ¿Quién fue un gran presidente?   8. ¿Cuál es la diferencia entre un rico y un pobre?   9. Tengo un primo guapo pero pobre, y otro feo pero rico. ¿A cuál prefiere Ud.?   10. ¿Qué le gusta más—lo abstracto o lo concreto?

II.   A.   Answer the following questions using one or more adverbs.

1. ¿Cómo camina Ud.?   2. ¿Cómo canta Ud.?   3. ¿Cómo viven los novios en las películas?   4. ¿Cómo viven después de casarse?   5. ¿Cómo vuelan los aviones?

B.   Answer the questions above (II,A) using an adjective in place of an adverb if possible.

III.   Ask another student the following questions.

1. Where he/she is from.   2. Where his/her brother is.   3. If his/her watch is silver.   4. What time it is.   5. How his/her friend is (state of health). 6. How his/her friend is (characteristics).   7. If the door is closed or open. 8. How the soup is in the restaurant today.   9. If you (the speaker) look pale.   10. If his/her sweetheart is young and rich.   11. If he/she is a good student.   12. If he/she is English.   13. If his/her Spanish teacher is nice. 14. If Spanish is easy.

IV.   Fill in the blanks with an idiom or word from Section IV of this lesson.

1. Si _____ en la clase, aprenderás algo.   2. El profesor _____ pero no pude contestar.   3. Juan _____importante en la comedia.   4. ¿Qué _____ la palabra *maleta*?   5. El chófer no _____ semáforo y chocó con otro coche.   6. Pablo me _____ cuando me dio el golpe.   7. _____ te quiero, dijo la novia a su novio después de una riña.   8. Elena prometió no _____ a decirlo. 9. No vamos al cine _____ sino raramente.   10. Recibí una carta y la contesté _____ .

V.   Change the main verbs to the future tense.

1. ¿Qué papel haces?   2. Salgo mañana para el Ecuador.   3. ¿Cuándo vuelves?   4. No pudimos hacerlo en seguida.   5. Los novios vuelven a ser felices.   6. ¿Quién le hizo caso?   7. ¿Venís a vernos algún día?   8. El célebre dramaturgo Buero Vallejo escribió una nueva comedia.   9. La leímos y discutimos en clase.   10. Ningún muchacho sabe la respuesta.   11. Te recuerdo y te quiero mucho.   12. El divorcio es la única solución.

VI. A. Rewrite the following sentences, changing the main verb to the preterite or imperfect tense and making any other necessary changes.

> EXAMPLE: Dice que vendrá a las seis.
> *Dijo que vendría a las seis.*

1. Sabemos que no llegarán a tiempo. 2. Cree que no podrá hacerlo. 3. El profesor dice que sólo hará preguntas fáciles. 4. No sé qué hora será. 5. Afirmamos que lo haremos en seguida. 6. Aseguran que saldréis pronto para Puerto Rico. 7. Él pregunta qué querrá decir eso. 8. Está claro que no pasará nada.

B. Write the proper form of the future or conditional of the verbs in parentheses.

1. Me (gustar) hacer un viaje a la Argentina. 2. Mañana yo (escribir) a mi amigo argentino Raúl para ver si (poder) quedarme en su casa. 3. Él me dijo que me (hospedar) allí. 4. Mis padres dijeron que me (dar) el dinero para el viaje y les contesté que se lo (devolver) al regresar. 5. —Tú no (tener) que devolver el dinero porque (ser) un viaje que te (ayudar) en tu estudio del idioma español,—dijo mi madre. 6. Como no quería discutir, dije que (aceptar) con mucho gusto.

VII. Translate.

1. Would you *(tú)* die for me? 2. Yes, sincerely. Why do you ask such a question? 3. I am going to take out an insurance policy on your life. 4. We'll see then if you will really die for me. 5. She must be crazy! 6. She is really a jokester, but dangerous. 7. I will pack my bags at once and leave for China. 8. No man is so stupid that he would see her again (use *volver a*). 9. I said I would die for her but I meant that only figuratively. 10. French girls *(one word)* are often beautiful and charming, but the first one I met *(became acquainted with)* would not talk much.

VIII. Answer in Spanish.

1. ¿Qué hora será? 2. ¿Qué hora sería ayer cuando terminó la clase? 3. ¿Hablarían Vds. español o portugués en el Brasil? 4. ¿Preferirías una novia inteligente o una burlona? 5. ¿Eres inglés (o inglesa)? 6. ¿Estudiarás mucho el año que viene? 7. ¿Qué dirán Vds. si les doy una A a todos? 8. ¿A qué hora llegará Vd. a casa esta tarde? 9. ¿Qué quiere decir *en seguida*? 10. ¿Eres una buena (un buen) estudiante?

IX. The following sentences were taken from translations made by students. Many of the mistakes obviously stem from the students' selecting the wrong word in an English–Spanish dictionary. Correct the errors by substituting the words in **b** below for the italicized incorrect words:

1. Elena compró un traje de baño muy pequeño para enseñar su lindo *cadáver*. 2. Mario comió una riquísima *oreja* de maíz. 3. José y Ana dirán al cura que quieren *cansarse*. 4. El señor Gómez comprará un *vagón* nuevo

para ir a la oficina.   5. Eduardo perdió su trabajo y ya no puede *soportar* a su mujer e hijos.   6. María tiene muchas *olas* en el pelo.   7. El camarero le preguntó si quería una *caída* de whisky en su café.   8. Cuando terminó la carta escribió: —*Pozo*, adiós.   9. Viendo el peligro Carlos gritó: —¡*Reloj fuera!*   10. Dolores nunca me *vuelve* el dinero que le presto.   11. Chicos, es *el segundo tiempo* que les pido que presten atención.   12. Los ángeles pueden volar porque tienen dos *aspas*.   13. Rosa se hizo daño en *los clavos* de los dedos.   14. Inés quiere mucho a su *dulce corazón*.   15. Clara *jugará* un *panecillo* importante en la comedia.

a. Some of the vocabulary words are: enseñar, *to show, teach*; cadáver, *body (corpse)*; maíz, *corn*; vagón, *railroad car*; soportar, *to tolerate, support (a weight)*; ola, *wave (of water)*; caída, *drop (fall)*; pozo, *well (of water)*; clavo *nail (metal)*; panecillo, *roll (bread)*

b. uñas, *fingernails*; novio; la segunda vez; hará un papel; devuelve; pues; cuidado, *careful, watch out*; gota, *drop of water, etc.*; cuerpo; coche; mazorca, *ear of corn*; mantener, *support financially*; onda, *wave in hair*, also *wave of water*; casarse; alas, *wings (of angels, airplanes, etc.)*

X.   Review of Lesson II
A.   The following story is based on the famous windmill episode (Part I, Chapter 8) of *Don Quijote*. Retell the story, changing the present tenses to the preterite or imperfect.

> Don Quijote, el famoso caballero andante, va montado a caballo, acompañado por Sancho Panza, su leal escudero. A lo lejos, don Quijote ve unos veinte molinos de viento y cree que son gigantes. Le dice a Sancho que va a matarlos porque son malos. Sancho le dice que no son gigantes sino molinos de viento.
>
> Don Quijote no le hace caso. Sin tener miedo apunta su lanza a uno de los molinos y ataca las aspas, creyendo que son brazos. De repente el viento hace volver las aspas y cuando llega don Quijote, un aspa le da un golpe que le hace rodar al suelo con su pobre caballo. Los dos se hacen mucho daño.
>
> Sancho corre a ayudarlo y le dice: —Te digo que no son gigantes sino molinos de viento.
>
> No lo cree don Quijote. Dice que su enemigo, el mágico Prestón, siempre convierte a sus enemigos en otras cosas para quitarle la gloria. Cuando se siente mejor se levanta y los dos siguen su camino en busca de otras aventuras.

B.   Translate the English words in parentheses.

1. María es (a nurse).   2. (Women) son más inteligentes que (men, say the women).   3. (The soul) es invisible.   4. Tengo sed porque (it is very warm).   5. *(The Eagle) y la serpiente* es una novela de la revolución mexicana.   6. Siempre tiene (many crises) en su vida.   7. Salió (without a hat).   8. No tengo (a pencil).   9. Tengo (one pencil).   10. Tomamos (milk) todos los días.

VOCABULARY

aburrir to bore
andante: caballero— knight errant
apresuradamente hurriedly
apuntar to aim
aspa wing (blade of a windmill)

burlón joking, mocking
busca search; **en—de** in search of

caballo horse; **a—** on horseback
caber *(irreg.)* to fit
comedia play
contentamente gladly
convertir (ie, i) to convert
cortés polite
cuidadosamente carefully
cumbre *f.* peak

charla talk, chat
chocar to collide, crash
chófer *m.* driver

devolver (ue) to return, give back
discutir to discuss; to argue
dramaturgo dramatist

eficaz efficient
enemigo enemy
encantador charming, enchanting

feroz fierce, ferocious

gigante *m.* giant

golpe *m.* blow

hablador talkative

lejos far; **a lo—** in the distance
lento slow

maleta suitcase
molino mill; **—de viento** windmill
montado mounted

nadar to swim

pariente *m. f.* relative
pino pine tree
prometer to promise
próximo next

quitar to take away

repente: de— suddenly
rodar (ue) to roll
ruidoso noisy

semáforo traffic light
sonreír (i,i) to smile
suelo ground

tiempo time; weather; **a—** on time
tranquilamente calmly

valer *(irreg.)* to be worth

LESSON **4**

Possessive Adjectives
Possessive Pronouns
Demonstrative Adjectives
Demonstrative Pronouns
Idioms and Word Study
Compound Tenses

I.   POSSESSIVE ADJECTIVES

A.   Possessive adjectives are placed before the nouns they modify and must agree in gender and number with the object possessed, not with the possessor.

1.   The short forms of the possessive adjectives are:

mi, mis	*my*
tu, tus	*your*
su, sus	*his, her, its, your*
nuestro, -a, -os, -as	*our*
vuestro, -a, -os, -as	*your*
su, sus	*your, their*

Mi hermano y tus primos   *My brother and your cousins*

Nuestra escuela y nuestros profesores	*Our school and our teachers*
Mi casa es su casa.	*My house is your house.*

From the classic Cuban song, *Siboney*:

Siboney, en tu boca la miel puso su dulzor.	*Siboney, in your mouth honey put its sweetness.*

2.   Since **su** and **sus** mean *his, her, its, your* and *their,* the forms **de él, de ella, de Vd., de ellos, de ellas, de Vds.** may be added after the noun for clarity. The definite article is usually used instead of **su** or **sus**.

Tengo sus libros may be clarified by saying:

Tengo los libros de él.	*I have his books.*
Tengo los libros de ella.	*I have her books.*
Tengo los libros de Vd.	*I have your books.*
Tengo los libros de ellos.	*I have their (m.) books.*
Tengo los libros de ellas.	*I have their (f.) books.*
Tengo los libros de Vds.	*I have your (pl.) books.*

B.   In addition to those already given, the possessive adjectives have stressed forms (also called "long" forms). They are the same as the short forms in the first and second persons plural **nuestro, vuestro**. Since the masculine singular of all stressed possessive adjectives ends in **-o**, each has four forms to show agreement in gender and number with the noun possessed.

mío, mía, míos, mías	*mine, my*
tuyo, tuya, tuyos, tuyas	*yours, your*
suyo, suya, suyos, suyas	*his, hers, her, its; yours, your*
nuestro, nuestra, nuestros, nuestras	*ours, our*
vuestro, vuestra, vuestros, vuestras	*yours, your*
suyo, suya, suyos, suyas	*theirs, their, yours, your*

The stressed forms are used:
a. after the verb **ser** to express possession:

Este coche es nuestro.	*This car is ours.*
Estos papeles son míos.	*These papers are mine.*

To emphasize possession, however, an article may be used after **ser**.

Estos papeles son los míos, no son los tuyos.	*These papers are **mine**, they are not **yours**.*

b. after a noun to express *of mine, of yours,* etc.:

Son amigos míos.	*They are friends of mine.*
Unos primos nuestros	*Some cousins of ours*

c. **mío** and **nuestro** are often used after the noun in direct address:

Dios mío, ayúdame.	*My Lord, help me.*
Padre Nuestro, que estás en los cielos . . .	*Our Father, who art in heaven . . .*

From the song *Amapola:*

Yo te quiero, amada niña mía . . .	*I love you, my beloved girl . . .*

d. The long forms are sometimes used in popular speech as a substitute for the simple short forms.

El coche tuyo ya no sirve.	*Your car is no good any more.*
¿Dónde puse el libro mío?	*Where did I put my book?*

EXERCISE 1.

Fill in the blanks with the appropriate form of the possessive adjective, placing the short form before the noun and the long form after the noun. (The possessor will be the subject of the sentence.)

1. María está en _____ cuarto. 2. Sé que ellos son _____ amigos. 3. Ayer salimos con _____ padres. 4. Amor _____ , quiero darte un beso. 5. Rosa siempre sale con ese amigo _____ . 6. Juan pasaba todo el día en _____ oficina. 7. ¿Escribían Vds. a _____ viejo profesor? 8. El padre dio muchos regalos a _____ hijos. 9. ¿No vendrás con _____ compañero de cuarto? 10. ¿Sabéis quién es _____ mejor amigo? 11. Juan me leyó una composición _____ . 12. Amigo _____ , te queremos mucho.

II. POSSESSIVE PRONOUNS

1. The possessive pronouns are formed by placing the definite article before the long forms of the possessive adjectives when these stand in the place of nouns. The possessive pronouns also must agree with the object possessed, not the possessor.

el mío, la mía, los míos, las mías	*mine*
el tuyo, la tuya, los tuyos, las tuyas	*yours*
el suyo, la suya, los suyos, las suyas	*his, hers, its, yours*

el nuestro, la nuestra, los nuestros, las nuestras	*ours*
el vuestro, la vuestra, los vuestros, las vuestras	*yours*
el suyo, la suya, los suyos, las suyas	*theirs, yours*

Mi casa es igual que la suya.	*My house is the same as his.*
No encuentro mi lápiz, Ana, ¿puedo usar el tuyo?	*I can't find my pencil, Anna, may I use yours?*
Los nuestros son mejores que los suyos.	*Ours are better than theirs.*

From a popular Puerto Rican poem:

Cada cual con su derecho	*Each one with his own right*
y yo con el mío también;	*And I with mine too;*
lo mejor que Dios ha hecho	*The best that God has made*
es mi lindo Borinquén.	*Is my beautiful Borinquen (Puerto Rico).*

2.   Since the third person forms have many possible meanings, the following substitutions for **el suyo, la suya, los suyos, las suyas** may be used for clarity: **el, la, los,** or **las de él, de ella, de Vd., de ellos, de ellas, de Vds.**

Tengo mis libros, pero ¿dónde están los de ella?	*I have my books, but where are hers?*
Esta clase es muy buena pero la de ellos es mejor.	*This class is very good but theirs is better.*

3.   The neuter forms **lo mío, lo tuyo, lo suyo, lo nuestro, lo vuestro, lo suyo** have the meaning of *what is mine, what is yours,* etc.

Lo mío es mío.	*What is mine is mine.*
No quiero lo tuyo.	*I don't want what is yours.*

A popular *copla:*

Si quieres que yo te quiera	*If you want me to love you*
ha de ser con condición,	*it must be with the condition*
que lo tuyo sea mío,	*that what is yours be mine,*
y lo mío tuyo no.	*and what is mine not be yours.*

EXERCISE 2.

A.   Substitute a possessive pronoun for the nouns and possessive adjectives.

1. De vez en cuando vamos en *mi coche.*   2. *Mi casa* y *tu casa* están lejos de aquí.   3. Juan vino en su (his) coche.   4. Ésta es mi pistola.   5. Llegamos tarde a su (their) casa.   6. *Tu profesor* y *nuestro profesor* son buenos ami-

gos.   7. Estos lápices son *mis lápices* y no sé dónde están *tus lápices.*
8. Ya vendieron *el coche suyo* (her).   9. Pedro me devolvió *mi dinero;* ¿os
devolvió *vuestro dinero?*   10. Envío *sus* (his) *cartas* y *mi carta* también.

B.   Clarify the possession by using the prepositional forms of the third
person possessive in sentences 3, 5, 8 and 10 above.

III.   DEMONSTRATIVE ADJECTIVES

The demonstrative adjectives are:

este	esta	*this*	estos	estas	*these*
ese	esa	*that (near you)*	esos	esas	*those (near you)*
aquel	aquella	*that (over there)*	aquellos	aquellas	*those (over there)*

The forms **aquel, aquellos,** etc., usually refer to something distant or remote in space or time.

Estas cosas que tengo aquí son mías.	*These things I have here are mine.*
Dame **ese** vaso que tienes ahí.*	*Give me that glass that you have there.*
¿Ves allí **aquella** montaña cubierta de nieve?	*Do you see (over there) that mountain covered with snow?*

The opening lines of the popular Argentine tango, *Adiós muchachos,* uses **aquellos** referring to a distant past:

Adiós muchachos, compañeros de mi vida,	*So long, pals, my lifelong companions,*
Barra querida de aquellos tiempos . . .	*Beloved gang of those (good old) days . . .*

Also note the title of the popular Mexican song, *Aquellos ojos verdes (Those Green Eyes).*

NOTE: The demonstrative adjective precedes its noun. Occasionally, however, it may follow to provide a graphic, sometimes contemptuous feeling. **Ese, esa, esos, esas** are the forms most used in this construction.

No me gusta el tipo ese.	*I don't like that guy.*

* **Aquí,** here, **ahí,** there (near you) and **allí,** there (more distant) are used when place is indicated by **este, ese** and **aquel,** respectively.

EXERCISE 3.

Write the appropriate forms of the demonstrative adjectives before each noun.

1. _____ mesa aquí   2. _____ chico ahí   3. _____ mapa aquí   4. _____ mapas aquí   5. _____ legumbres ahí   6. _____ portuguesas aquí   7. _____ hombres aquí   8. _____ montaña allí   9. _____ aguas ahí   10. _____ barco de vela allí.

IV.   DEMONSTRATIVE PRONOUNS

1.   The demonstrative pronoun takes the place of a noun, and is formed by placing a written accent over the **e** of the demonstrative adjective:

éste, ésta, éstos, éstas	*this one, these*
ése, ésa, ésos, ésas	*that one, those (near you)*
aquél, aquélla, aquéllos, aquéllas	*that one, those (over there)*

No me gusta este libro; prefiero **ése**.	*I don't like this book; I prefer that one.*
Aquéllos son mejores que **éstos**.	*Those (over there) are better than these.*
Este chico y **ésos** son sinvergüenzas.	*This boy and those are rascals.*

Note that the pronoun agrees in gender and number with the noun it replaces.

2.   **Éste** and **aquél** are also used to express *the latter* and *the former*:

María y Juanita son hermanas; **ésta** es baja y **aquélla** es alta.	*María and Juanita are sisters: the latter is short and the former is tall.*

Note that in Spanish *the latter* comes first and refers to the second one mentioned, *Juanita.*

3.   The neuter demonstrative pronouns **esto, eso, aquello,** do not refer to a specific thing, but rather to a general idea or situation. Note that these forms end in **o** and do not bear a written accent.

¿Qué es **esto**?	*What is this? (What's going on?)*
Esto es importante.	*This is important.*
Eso es.	*That's it. (That's right.)*
El profesor me dio una F y **eso** no me gustó.	*The teacher gave me an F, and I did not like that.*

4.   Before **de** and **que** the definite articles **el, la, los, las** are used as demonstrative pronouns:

Estas maletas y **las** de Pedro	*These suitcases and Pedro's (those of Pedro)*
Esta corbata y **la** que compré ayer	*This tie and the one (that) I bought yesterday*

A popular Puerto Rican poem about characteristic popular expressions goes*:

Los que dicen, «Yes, my dear,»	*Those who say, "Yes, my dear,"*
ésos no son de allí,	*they are not from there,*
Los que dicen «chamaquito,»	*Those who say, "chamaquito,"*
ésos no son de allí.	*they are not from there.*
Los que dicen «adiós che,»	*Those who say, "adiós che,"*
ésos no son de allí.	*they are not from there.*
Los que dicen «ay, bendito,»	*Those who say, "ay, bendito,"*
ésos sí, ésos sí.	*they are, they are.*

EXERCISE 4.

A.   Write the appropriate form of the demonstrative pronoun by translating the English.

1. estos niños y *those* (ahí)   2. esos retratos y *this one*   3. aquellos árboles y *these*   4. esa luz y *these*   5. nuestra casa y *those* (ahí)   6. estos pobres y *that one* (allí)   7. esta camisa y *John's*   8. esta manzana y *the one que* comí

B.   Translate the demonstratives.

1. ¿No quieres venir conmigo? —No me gusta *that.*   2. ¿Dijeron *this* de mí?   3. No lo metería en *this* bolsa.   4. Su suéter y *these* son de Costa Rica.   5. ¿Qué estás haciendo con *that* cuchillo?   6. ¿Qué quiere decir *that?*   7. El chico no es capaz de hacer *this.*   8. No aceptaré tus explicaciones ni *those* de Pedro.

V.   IDIOMS AND WORD STUDY

A. ¿Qué tiene Vd.? (él, ella)	*What is the matter with you? (him, her)*

---

* Line one of course refers to the U.S.A. **Chamaquito** is Mexican for *boy.* **Che** is a typical Argentinian expression used to attract the attention of someone familiar to the speaker. One of the leaders of the Castro revolution in Cuba was Ernesto "Che" Guevara from Argentina. **Ay, bendito** is a very popular Puerto Rican exclamation.

¿Qué le pasa?	*What is the matter with you (her, him)?*
¿Qué pasa?	*What is the matter?*
de repente	*suddenly*
todo el mundo	*everybody*
todos los días	*every day*
todas las noches	*every night*
otra vez	*again*
de vez en cuando	*from time to time*
ahora mismo	*right now*
aquí mismo	*right here*

B.
tener celos	*to be jealous*
tener cuidado	*to be careful*
tener en cuenta	*to bear in mind, to take into account*
tener éxito	*to be successful*
tener ganas (de)	*to feel like (doing something)*
tener la culpa	*to be to blame*
tener lugar	*to take place*
tener vergüenza	*to be ashamed*

C.
hay que	*must, to have to*
tener que	

Hay que + *infinitive* is used when the subject is impersonal, that is, when it does not refer to anyone in particular. **Tener que** + *infinitive* is used when the subject is a specific person or persons. Both denote obligation or necessity to perform an action.

Hay que estudiar para aprender.	*One (We) must study in order to learn.*
Tienes que estudiar más, Juan.	*You have to study more, Juan.*
Tenemos que estudiar esta noche.	*We must study tonight.*

EXERCISE 5.

Select the sentence in each group that makes sense.

A. 1. ¿Qué tiene Juan? —Es guapo.
   2. De repente cayó en la calle.
   3. Todo el mundo duerme con los ojos abiertos.
B. 1. Hay que respirar para vivir.
   2. Debemos dormir en una nube.
   3. El pobre se murió otra vez.
C. 1. Mario tiene que levantarse para dormir.
   2. Debemos enterrarnos ahora mismo.
   3. Estamos cansados de vez en cuando.

D. 1. ¿Cuándo terminó la primera guerra mundial? —Ahora mismo.
   2. ¿Qué te pasa? —Me hice daño.
   3. Los hombres tienen que casarse todos los días.
E. 1. Hay que comer para besar bien.
   2. ¿Cuándo te acostaste? —Aquí mismo.
   3. ¿Qué pasó? —Me caí.
F. 1. María tiene celos de su novio cuando le da un regalo.
   2. Debemos tener cuidado al cruzar la calle.
   3. El partido de fútbol tendrá lugar en la piscina.
G. 1. Nadie tiene ganas de ser millonario.
   2. Debemos tener vergüenza si salimos bien en un examen.
   3. Debemos tener en cuenta que hay que estudiar para aprender.
H. 1. Si salimos mal en los exámenes, los profesores siempre tienen la culpa.
   2. A todo el mundo le gusta tener éxito.
   3. Hay que tener frío para nadar.

VI. COMPOUND TENSES

As in English, compound tenses are formed by using an auxiliary verb plus an invariable past participle. The auxiliary verb in Spanish is **haber**, *to have*. The compound tenses correspond in usage in both languages.

A. Formation of the past participle

1. The past participle of regular verbs is formed by dropping the infinitive ending **-ar** of the first conjugation verbs and adding **-ado**: **tomar -tomado**. In the second and third conjugations the infinitive ending **-er** or **-ir** is replaced by **-ido: comer −comido; recibir −recibido.**

2. Second and third conjugation verbs whose stem ends in a strong vowel (**a, e** or **o**) require a written accent over the **i** of the ending: **creer −creído; traer −traído; oír −oído.**

3. The following verbs have irregular past participles:

abrir	abierto	*opened*
cubrir	cubierto	*covered*
describir	descrito	*described*
escribir	escrito	*written*
freír	frito	*fried*
morir	muerto	*dead*
poner	puesto	*put*
romper	roto	*broken*
ver	visto	*seen*
volver	vuelto	*returned*

Note that all of the above past participles end in **-to**. The past participles of two important irregular verbs end in **-cho**.

decir dicho *said*
hacer hecho *done*

Dicho y hecho.	*No sooner said than done. (lit. said and done.)*
Del dicho al hecho, hay gran trecho. (Proverb)	*There's many a slip 'twixt the cup and the lip. (lit. From said to done, there is a great stretch.)*

4. A past participle may be used as an adjective, in which case it agrees with the noun it modifies in gender and number.

Enterraron al perro muerto.	*They buried the dead dog.*
Las ventanas están cerradas.	*The windows are closed.*

B. The present perfect tense

The present perfect tense is formed by using the present tense of **haber** and the past participle. It corresponds to English *have* or *has* plus the past participle.

comprar	**comer**	**vivir**
he comprado	he comido	he vivido
has comprado	has comido	has vivido
ha comprado	ha comido	ha vivido
hemos comprado	hemos comido	hemos vivido
habéis comprado	habéis comido	habéis vivido
han comprado	han comido	han vivido

to buy	***to eat***	***to live***
I have bought	*I have eaten*	*I have lived*
you have bought	*you have eaten*	*you have lived*

He estudiado las reglas pero todavía no he escrito los ejercicios.	*I have studied the rules, but I have not yet written the exercises.*
¿Qué has hecho?	*What have you done?*

Two popular sayings:

Quien no ha visto Sevilla no ha visto maravilla.	*He who has not seen Seville has not seen a marvel.*
Quien no ha visto Granada no ha visto nada.	*He who has not seen Granada has not seen anything.*

From the popular Cuban student song:

Yo por ti he vuelto a la escuela,	*Because of you I have returned to school,*
Yo por ti he vuelto a estudiar . . .	*Because of you I have returned to studying . . .*

C. The past perfect tense

The past perfect tense refers to a past action or event completed before another past action or event. It is formed by using the imperfect of **haber** plus the past participle. It corresponds to English *had* plus the past participle.

salir *to leave*

había salido	*I had left*
habías salido	*you had left*
había salido	
habíamos salido	
habíais salido	
habían salido	

Ya había comprado el regalo cuando ella llamó.	*I had already bought the present when she called.*
Volvimos a las cuatro pero ya habían salido.	*We returned at four o'clock but they had already left.*
Nos dijo que ya había leído este libro.	*He told us that he had already read this book.*

D. The future perfect tense

The future perfect tense (*shall have* or *will have* plus past participle) is of rather limited use in English and in Spanish. It refers to a future action that will be completed before another future action takes place. It is formed by using the future of **haber** plus the past participle.

salir *to leave*

habré salido	*I will have left,*	habremos salido
habrás salido	*etc.*	habréis salido
habrá salido		habrán salido

Habremos terminado este libro para el miércoles.	*We shall (will) have finished this book by Wednesday.*

The future perfect tense may be used to indicate conjecture or probability in the past.

Habrán salido.	*They must have left.*
¿Adónde habrán ido?	*I wonder where they have gone.*

E. The conditional perfect (past conditional) tense

The conditional perfect (*would have* + *past participle*) is formed in Spanish by using the conditional of **haber** plus the past participle.

tomar *to take*

habría tomado	*I would have taken,*	habríamos tomado
habrías tomado	*etc.*	habríais tomado
habría tomado		habrían tomado

Usage in both languages generally corresponds:

Yo nunca habría hecho tal cosa.	*I would have never done such a thing.*
No te dije nada porque te habrías enojado.	*I did not say anything to you because you would have gotten angry.*

The conditional perfect may also be used to express past probability or conjecture. It is of rather infrequent use.

Cuando no contestaron, pensamos que habrían salido.	*When they did not answer, we thought they had probably gone out.*

The main use of the conditional perfect is in contrary-to-fact sentences in past time. It is treated in Lesson VII, Sec. V.

F. The preterite perfect (past anterior) tense

The preterite perfect tense is equivalent in translation to the past perfect but is rarely employed. It is formed by the preterite of **haber** plus the *past participle*.

comer *to eat*

hube comido	*I had eaten*	hubimos comido
hubiste comido		hubisteis comido
hubo comido		hubieron comido

This tense is presented for recognitional purposes only and should not be used by the student. In literature or in elegant language it may appear after certain conjunctions of time, such as **cuando**, *when;* **después que**, *after;* **en cuanto**, **luego que**, **así que**, *as soon as;* etc. to express a past action immediately prior to another past action. Normally it is replaced by the simple preterite.

En cuanto hubo entrado (*or* entró) todos salieron.	*As soon as he had entered (**or** entered) they all left.*
Después de que lo hubo visto (*or* vio) decidió irse a casa.	*After she had seen (**or** saw) him she decided to go home.*

EXERCISE 6.

Change the verbs to the corresponding compound tenses. (Remember that the simple preterite **hablé** is not replaced by the preterite perfect [*hubo hablado*] but by the past perfect [*había hablado*]).

1. ¿A qué hora vuelves?   2. No decimos nada.   3. Lo sabrá él.   4. No lo pondría yo así.   5. ¿Qué le escribías?   6. Lo terminaremos para el jueves. 7. No vi a nadie.   8. No aprendían nada.   9. Ana abrió la ventana.   10. Le traigo un vestido nuevo.   11. Serían ellos.   12. ¿Qué hacéis?   13. ¿Llegas ahora mismo?   14. ¿Qué les pasará?

CLASS EXERCISES

I.   Eduardo and Elvira are your brother and sister. Answer the following questions regarding your imagined family using a possessive adjective in your response.

> EXAMPLE: ¿Cómo es el novio de Elvira?
> *Su novio es feo pero simpático.*

1. ¿Cuál es vuestro apellido?   2. ¿Viven con vosotros vuestros abuelos? 3. ¿Cuántas personas viven en tu casa (o apartamento)?   4. ¿Cuál es la diversión favorita de tus padres?   5. ¿Te llevas bien con tus hermanos? 6. ¿Te ayuda Elvira con tus tareas?   7. ¿Te gusta llevar la ropa de Eduardo/ Elvira?   8. ¿Cómo es la novia de Eduardo?   9. ¿Cómo son los amigos de Elvira?   10. ¿Cómo se llama la escuela a la cual asisten Elvira y Eduardo?

II.   A.   Rewrite the phrase, clarifying the possessive as indicated.

> EXAMPLE: mi marido y el suyo (hers)
> *mi marido y el de ella*

1. tus amigos y los suyos (hers)   2. nuestro profesor y el suyo (theirs) 3. vuestra madre y la suya (his)   4. mi suegro y los suyos (theirs f.) 5. su abuelo y el suyo (yours pl.)   6. mis clases y las suyas (his)

B.   Complete the following sentences using a possessive pronoun.

> EXAMPLE: Yo me casé con mi novia pero Ramón no se casó _____ .
> *Yo me casé con mi novia pero Ramón no se casó con la*
> *suya.*

1. Quédate tú en tu casa y yo me quedaré en _____ . 2. Yo no peleo nunca con mi suegra pero mi hermana de vez en cuando pelea con _____ .   3. Yo vine con mis padres y David vino con _____ .   4. Yo conocí a mi marido en un baile. ¿Dónde conoció Vd. _____ ?   5. Ya hemos visitado a nuestro abuelo. ¿Habéis visitado a _____ ?   6. Yo nunca toco lo suyo y él nunca toca

_____ . 7. Ellos compraron su coche muy barato pero nosotros pagamos _____ muy caro. 8. Ana ha escrito a sus tíos y yo he escrito a _____ . 9. Tengo que pintar mi casa otra vez. ¿Tienes tú que pintar _____ ? 10. Nosotros hemos llevado nuestro equipaje. ¿Ha llevado Vd. _____ ?

III. A. Change the forms of **ese** to the appropriate forms of **aquel**.

> EXAMPLE: No conozco a esos hombres.
> *No conozco a aquellos hombres.*

1. ¡Mira a esos muchachos! ¡Qué machos!   2. No me gustan esos muchachos; prefiero los intelectuales.   3. Estarás loca. Esos muchachos son guapísimos.   4. Sí, pero esa hermosura durará muy poco.   5. Es verdad, pero entretanto ¡ese tiempo será inolvidable!

B. Answer the questions using a form of **este** or **ese**. Pretend that the teacher is asking them in the classroom.

> EXAMPLE: ¿De qué color son estos lápices?
> *Esos lápices son azules.*

1. ¿De qué color son estas pizarras?   2. ¿De quién es este libro que tengo en la mano?   3. ¿De quién son esos libros ahí?   4. ¿Cómo se llama ese chico? 5. ¿Quién escribió en este cuaderno en mi mesa?   6. ¿De quién son esos papeles?

IV. Translate the English.

> EXAMPLE: ¿Cuál de aquellas muchachas es tu prima? (that one)
> *Aquélla.*

1. ¿Qué corbata prefiere? (this one)   2. ¿Sabes lo que dijeron de ti? (That does not interest me.)   3. ¿Cuáles de esos papeles son vuestros? (these) 4. Quiero hablarte de tu examen. (I prefer to forget this.)   5. ¿De quién es este examen? (That one is mine.)   6. Juan y María son amigos míos. (The latter is English and the former is French.)   7. ¿Qué vestido prefieres? (The one I bought yesterday.)   8. ¿Qué tienes en las manos? (My watch and Mary's)

V. A. Fill in the blanks with an idiom.

MARIO: Estás pálido. ¿ _____ ?
CARLOS: Estoy triste y no _____ de estudiar.
MARIO: ¿Qué pasa?
CARLOS: De vez en cuando Elvira sale con otro muchacho.
MARIO: ¿Y tú _____ ?
CARLOS: Sí.
MARIO: ¿Y no _____ tú de tener celos? Hay que _____ que las chicas ya no se limitan a un novio.

CARLOS: No me importa. Voy a suicidarme y ella
_____ .

MARIO: ¿Cuándo _____ el suicidio?
CARLOS: No estoy bromeando. Aquí tengo el revólver.
MARIO: ¡Dios mío! _____ , si no, puede disparar.
CARLOS: Adiós, amigo.
MARIO: Espera. Ahí viene Elvira buscándote.
CARLOS: Toma el revólver. Ya no lo necesito.

B. Translate the following sentences.

1.—¿Qué está pasando?—dijo el profesor al entrar en la clase y recibir un borrador en la cara.   2. Nada, estábamos estudiando aquí mismo la velocidad de los borradores comparada con la de las tizas.   3. Vds. tienen que comportarse bien cuando no estoy en la clase.   4. De repente, otro borrador vuela por el aire y golpea al profesor en la cabeza.   5. Sinvergüenzas, ahora mismo los castigaré.   6. ¿Qué tienen Vds.? Todo el mundo está loco.   7. Otra vez vuela un borrador, y otro, y otro, y otro.   8. Hay que tener paciencia, grita el profesor mientras huye de la clase.   9. Todos los días es la misma historia.   10. Ahora mismo salgo de este infierno para siempre.   11. Adiós muchachos y ¡buena suerte!

VI. A.   Write the appropriate form of one of the compound tenses. (No conjecture or probability unless so indicated.)

EXAMPLE: Dice que lo (terminar) _____ ahora mismo.
Dice que lo ha terminado ahora mismo.

1. Dijo que lo (llevar) _____ ayer.   2. Dice que lo (escribir) _____ para el lunes.   3. Sé que vosotros no le (llamar) _____ hasta ahora.   4. ¿A qué hora (salir) _____ella? (conjecture in the present)   5. Creían que nosotros lo (hacer) _____ de repente.   6. Me saludaron después que yo (llegar) _____ . (Use preterite)   7. Pensábamos que lo (decir) _____ él. (conjecture in past)   8. Está claro que Vds. lo (hacer) _____ antes de salir.   9. Todo el mundo los (recibir) _____ hoy. (conjecture in present)   10. ¿Le (devolver) _____ tú la sortija aquí mismo?

B. "Why Mothers Get Gray!" Rewrite this story in the past. The first sentence would be: **Nunca había visto tal desorden**.

1. Nunca he visto tal desorden.   2. Otra vez parece que ha entrado un ciclón en el cuarto.   3. ¿Quién habrá hecho esto?   4. Cuando veo a mi hijo le pregunto por qué está así su cuarto.   5. Me contesta que ha estudiado mucho y que lo pondrá todo en orden mañana. (*Change to* al día siguiente.)   6. Dice que ha tenido que salir para hablar con su amigo Pedro.   7. Yo sé que «el amigo» se llama Dolores y que el estudio habrá sido una carta de amor, pero no digo nada.   8. Los hijos adolescentes siempre tienen problemas de amor y no he querido aumentarlos.   9. Sin embargo, más tarde el pobre ha limpiado su cuarto y lo ha preparado para el próximo ciclón.

VII.   Translate.

1. My love, what's mine is mine and what's yours will be ours, and so *(así)* we'll live happily.   2. One must have patience to be a father, mother, daughter, or son.   3. That son of yours *(fam. sing.)* must have been very bright in school since he is now president of his bank.   4. Yes, the one that my husband established.   5. This building right here and that one over there are hers; the others are theirs.   6. He said he would have married me, but I didn't have enough money to support him.   7. My father and theirs (they have the same father) have been friends for a long time.   8. Anna and I have broken our engagement but she has not returned the ring.   9. I told her I did not like that. (refers to the preceding sentence)   10. She laughed and said she would give me a kiss instead of the ring.   11. Right now she still has it.   12. What's the matter with her?

VIII.   Try to identify the speaker, well known in Hispanic history, in each of the following paragraphs.

A. Nací en Castilla en 1451. En 1469 me casé con Fernando de Aragón. Fernando y yo unimos nuestros reinos en 1479. En 1492 conquistamos la ciudad de Granada. En el mismo año mandé a Cristóbal Colón a buscar una nueva ruta a las Indias. ¿Quién fui yo?

B. Nací en Alcalá de Henares en Castilla en 1547. Escribí poesías, dramas y novelas. En 1605 publiqué la primera parte de una novela famosísima, *Don Quijote de la Mancha*. La segunda parte apareció diez años más tarde. Morí en 1616, el mismo año que Shakespeare. ¿Quién fui yo?

C. Nací en Caracas en 1783. Tomé parte en la rebelión de las colonias contra la dominación española. Uno de los países creados después de la derrota de los españoles fue nombrado en mi honor. ¿Quién fui yo?

D. Nací en Bélgica en 1840. Me casé con Maximiliano, archiduque de Austria, en 1857. De 1864 a 1867 mi esposo fue emperador de México, apoyado por Napoleón III. Maximiliano fue fusilado por los mexicanos en 1867. Yo viví el resto de mi vida en Europa, donde morí en 1927.

IX.   Say or write something about Isabel la Católica, Miguel de Cervantes, Simón Bolívar, and Empress Carlota.

X.   Review of Lesson III

A.   Translate the words in parentheses into Spanish.

1. Mi amiga (is from Spain).   2. Tenemos que estudiar (some very difficult lessons).   3. (There is no strong man here).   4. Viviremos (happily). *(two ways)*   5. Mi hermano (is a doctor).   6. El Presidente llegó con (his pretty wife).   7. ¿Dónde (are the green dresses and the blue ones)?   8. María y Ana (are intelligent and charming).   9. La sopa (is warm).   10. Hablan (clearly and carefully).

B. Change the sentences to the past.

EXAMPLE: Saben que vendremos temprano.
Sabían que vendríamos temprano.

1. Mario dice que hará un papel importante en mi vida. 2. Me contesta que saldrá en seguida. 3. No saben lo que dicen. 4. Cree que vendrás a verme a menudo. 5. No sabemos qué querrá decir eso. 6. Piensan que ya no volverán a visitarnos. 7. Me escribe que llegaréis mañana. (*Change to* al día siguiente.) 8. Prometemos al profesor que estudiaremos más. 9. Dice que el reloj valdrá cien dólares. 10. Sabe que no iré con él.

VOCABULARY

aumentar to increase

besito little kiss

capaz capable
compañero companion
  —de cuarto roommate
comportarse to behave
corona crown
criar to raise (bring up)
cuento story
cuenta account, check (restaurant)
  darse —(de) to realize

durar to last

enterrar (ie) to bury
entretanto meanwhile
entretener (*irreg.*) to entertain

golpear to hit
gozar (de) to enjoy
guardar to keep

hermosura beauty, handsomeness

infierno hell
inolvidable unforgettable

joya jewel

macho male, he-man
meter to put (into)
motocicleta motorcycle
mundial world (adj.)

nube *f.* cloud

para siempre forever
payaso clown
pelirrojo red-head
película film

querer decir to mean

regalo gift
recobrar to regain
respirar to breathe
rubio blonde

salud *f.* health
seguida: en— at once
siempre: para— forever
sinvergüenza scoundrel

vestido dress
volver a (jugar) (to play) again

LESSON 5

Subject and Prepositional
    Pronouns
Object Pronouns
Reflexive Pronouns and Verbs
Idioms and Word Study
The Passive Voice
The Progressive Tenses

I.   SUBJECT AND PREPOSITIONAL PRONOUNS

A. The subject pronouns are:

yo *I*	nosotros (-as) *we*
tú *you (fam.)*	vosotros (-as) *you (fam.)*
él *he*	ellos *they (m.)*
ella *she*	ellas *they (f.)*
usted *you*	ustedes *you*

The subject pronouns*, except **usted** and **ustedes,** are usually not expressed with verbs, unless needed for emphasis or clarity. **Usted** and **ustedes** are sometimes omitted, but are normally retained for politeness.

Él miraba la televisión mientras ella estudiaba.	He was watching television while she was studying.
¿Quién es? Soy yo.**	Who is it? It is I.
Tú y yo sabemos la verdad.	You and I know the truth.
Sabes que no podemos venir.	You know that we cannot come.
¿Quién lo tiene? Yo.	Who has it? I (do).
¿Qué van a hacer Vds.?	What are you going to do?

The English subjects *it* and *they,* referring to things, are rarely expressed in Spanish. If used, they are **él, ella, ellos, ellas**. There is a neuter form **ello**, which refers to an idea, not a thing. It is seldom used as a subject, except in the set phrase **ello es que** ... *the fact is that* ...

Ello es que no quiero ir.	The fact is that I don't want to go.

B. Prepositional Forms

The prepositional forms, used after prepositions (*for me, with him, against us, from her,* etc.), are the same as the subject forms in Spanish, except for the first and second persons singular and the reflexive **sí**. The prepositional forms are:

mí	me	mí	myself
ti	you (fam.)	ti	yourself
él	him	sí	himself
ella	her	sí	herself
Vd.	you	sí	yourself
nosotros	us	nosotros	ourselves
vosotros	you (fam.)	vosotros	yourselves
ellos	them	sí	themselves
ellas	them	sí	themselves
Vds.	you	sí	yourselves

Estas cartas son para mí, no para ti.	These letters are for me, not for you.
Vivimos con ella.	We live with her.
No hablamos de él.	We are not talking about him.
Trabaja para sí.	He works for himself.
Lo hice por mí.	I did it for myself.

* The use of subject pronouns is discussed in Lesson I, Section IV.B, in the treatment of the present tense.

** Note that the subject pronoun can be used after the verb **ser**. (See Lesson III, Section III.B.1.)

Mismo is often added to the reflexive prepositional pronoun for greater emphasis.

Siempre piensa en sí misma.	*She is always thinking about herself.*

When **mí, ti, sí** are used with **con**, they become **conmigo**, **contigo** and **consigo**.

Vino conmigo.	*He came with me.*
Lo llevaron consigo.	*They took it with them(selves).*

The following popular *copla* by the Spanish poet Ventura Ruiz Aguilera (1820–1881) contains several examples of prepositional pronouns:

Ni contigo ni sin ti	*Neither with you nor without you*
mis penas tienen remedio;	*does my anguish have a cure;*
contigo porque me matas,	*with you because you slay me,*
y sin ti porque me muero.	*and without you because I die.*

The first stanza of the popular romantic song, *Amor:*

Amor, amor, amor,	*Love, love, love,*
nació de ti, nació de mí,	*was born of you, was born of me,*
de la esperanza . . .	*of hope . . .*

EXCEPTION: The prepositions **entre**, **menos**, **excepto** and **según** are followed by the subject pronoun forms instead of the prepositional forms.

Entre él y yo . . .	*Between him and me . . .*
Todos menos yo . . .	*All except for me . . .*
Según tú . . .	*According to you . . .*

EXERCISE 1.

A.   Substitute a pronoun for the noun in italics.

1. *Los profesores* nunca tienen razón.   2. Siempre tenía miedo de *María*.
3. Mi amigo me ayudó con *la tarea*.   4. No me lo dijo a mí sino a *José*.   5. Salió sin *el paraguas*.   6. Ni *Carlos* ni *Rosa* querrá(n) venir conmigo.   7. Pedro no quiso hablarme de *sus dificultades*.   8. Según *el Presidente* y yo, debemos ayudar a las naciones de África.

B. Translate the English word or words in parentheses into Spanish. (Use familiar forms when a first name is used.)

1. Me dijo que no quería salir (with me) al día siguiente.   2. Entre (you and me), Carlos, nunca habrá secretos.   3. Su padre no castigó (neither him nor her).   4. A María le gusta hablar de (herself).   5. (She and they) saldrán pronto.   6. ¿Tu ensayo? No me acuerdo de (it).   7. Ramón y Pedro no trabajan para nadie sino para (themselves).   8. Estos mapas no son para (them).   9. Me mataré por (you) ahora mismo, amor mío, si no me dejas ir (with you).   10. Recibí las cartas pero me olvidé de (them) en seguida.   11. Todos llegaron tarde menos (him and her).   12. No estoy satisfecho de (myself).

II.   OBJECT PRONOUNS

A.   The indirect and direct object pronouns have the same forms in the first and second persons, singular and plural.

Indirect		Direct	
me	(to) me	me	me
te	(to) you (fam.)	te	you (fam.)
le	(to) him, (to) her,	le*	him, you (m.)
	(to) you (pol.), (to) it	lo	him, you (m.), it (m.)
		la	her, you (f.), it (f.)
nos	(to) us	nos	us
os	(to) you (fam.)	os	you (fam.)
les	(to) you, (to) them	los	them, you (m.)
		las	them, you (f.)

It or them referring to things is almost always a direct object, rarely an indirect.

B.   Position of object pronouns with conjugated verbs

In the sentence *He gives the book to the boy* or *He gives the boy the book,* the *book* is the direct object of the verb *gives* and *the boy* or *to the boy* is the indirect object. In Spanish we would say:

Da el libro al muchacho.

If we substitute the direct object pronoun in English the sentence would be *He gives it to the boy.* The object pronoun *it* follows the verb in English, but in Spanish the object pronoun (direct or indirect) precedes the conjugated verb:

Lo da al muchacho.

* As a direct object referring to a male person, **le** is preferred in Spain, **lo** in Spanish America.

If we replace *the boy* with an indirect object pronoun **(le)** the English sentence would be *He gives the book to him* or *He gives him the book*. In Spanish:

Le da el libro.

Other examples:

Me vio y me dio el mensaje.	*He saw me and gave me the message.*
No la conozco personalmente, pero le he hablado por teléfono.	*I don't know her personally, but I have spoken to her by phone.*

C. The third person indirect object pronoun *may* be used to anticipate a noun indirect object referring to a person. This pronoun is redundant and is not to be translated into English. For example, *He gives the book to the boy* may also be expressed as: **Le da el libro al muchacho.**

D. The indirect object pronoun is used with verbs like **pedir**, *to ask for;* **quitar**, *to take away;* **robar**, *to steal.*

Siempre me piden dinero.	*They always ask me for money.*
Le quitaron sus libros.	*They took his books away from him.*
Me robó todo lo que tenía.	*He robbed me of everything I had.*

E. The indirect object pronoun is also used as a dative (indirect object) of reference indicating the person concerned or affected by the action.

Le lavó la cara.	*She washed his face.*
¿Quieres plancharme esta camisa?	*Will you iron this shirt for me?*

F. The neuter direct object **lo** is used with **ser** and **estar** to refer to a predicate adjective or noun or a previously expressed idea.

Parecen ricos pero no lo son.	*They seem rich but they are not.*
¿Estás cansada, María? —Sí, lo estoy.	*Are you tired, María? —Yes, I am.*

G. Double object pronouns

The indirect object pronoun precedes the direct.

Me lo dio ayer.	*He gave it to me yesterday.*
Nos lo mandaron.	*They sent it to us.*

If both object pronouns are in the third person, the indirect **le** or **les** is replaced by **se**. In the example *He gives the book to the boy*, if we replace both nouns by pronouns we have in English *He gives it* **(lo)** *to him* **(le)**. Since **le** and **lo** are both third person forms, the **le** is changed to **se**, hence: **Se lo da.**

H. Since **se** may mean *to him, to her, to you, to them*, we may clarify the reference by adding **a** plus the prepositional form.

<table>
<tr><td rowspan="6">Se lo da</td><td>a él.</td><td rowspan="6">He gives it</td><td>to him.</td></tr>
<tr><td>a ella.</td><td>to her.</td></tr>
<tr><td>a Vd.</td><td>to you.</td></tr>
<tr><td>a ellos.</td><td>to them (m.)</td></tr>
<tr><td>a ellas.</td><td>to them (f.)</td></tr>
<tr><td>a Vds.</td><td>to you.</td></tr>
</table>

The prepositional forms may also be added to give emphasis or contrast in any person.

Me los mandó.	He sent them to me.
Me los mandó a mí, no a Vd.	He sent them to **me**, not to **you.**
No le gusta a ella, pero me gusta a mí.	**She** does not like it, but **I** do.
No nos importa a nosotros.	It doesn't matter to **us.**

From a popular song:

Cuando se quiere de veras,	When one really loves,
como te quiero yo a tí,	as I love you,
es imposible mi cielo	it is impossible, my love (heaven)
tan separados vivir.	to live so far apart.

Other examples of double object pronouns in popular songs are found in *Allá en el rancho grande:*

Te voy a hacer tus calzones	I am going to make your riding pants
como los usa el ranchero,	The way a rancher wears them,
te los comienzo de lana,	I'll begin them for you with wool,
te los acabo de cuero.	I'll finish them off with leather.

From the popular Mexican greeting song, *Las mañanitas:*

Estas son las mañanitas	*These are the morning songs*
que cantaba el rey David,	*Which King David used to sing,*
a las muchachas bonitas	*To the pretty girls*
se las cantamos aquí.	*We sing them here.*

I. Position of object pronouns with infinitive or present participle.

The object pronoun is attached to an infinitive or present participle.

Antes de hacerlo . . .	*Before doing it . . .*
Sin decírnoslo . . .	*Without telling it to us . . .*
No conseguirás nada hablándole así.	*You will not gain anything by speaking to him (her) that way.*

If an auxiliary verb is used with the infinitive or present participle, the object pronouns may either be attached, as in the above examples, or they may be placed before the auxiliary verb.

No quiero verlos *or* No los quiero ver.	*I do not want to see them.*
Estaba hablándoles *or* Les estaba hablando.	*He was talking to them.*

J. Position of object pronouns with commands

Object pronouns are also attached to *affirmative* commands, but precede *negative* commands. (See Lesson VI, Section II, for a fuller treatment of commands.)

Dígame (Vd.) la verdad.	*Tell me the truth.*
No me diga (Vd.) nada.	*Don't tell me anything.*
Dígamela (Vd.)	*Tell it to me.*
No me la diga (Vd.)	*Don't tell it to me.*
Tómalo (tú).	*Take it.*
No lo tomes (tú).	*Don't take it.*

K. In the following cases a written accent is needed when object pronouns are added, in order to retain the stress on the originally stressed syllable.

1. When a double object pronoun is added:

Dámelo.	*Give it to me. (familiar command)*
Sin decírnoslo . . .	*Without telling it to us . . .*
Leyéndoselo . . .	*Reading it to them . . .*

2.   When a single object pronoun is added to a present participle:

Está bebiéndolo.   *He is drinking it.*
Están siguiéndola.   *They are following her.*

3.   When a single object pronoun is added to a command, unless the command is a monosyllable or a **vosotros** form.*

Mándelo (Vd.) por avión.   *Send it by plane.*
Escríbalas (Vd.) claramente.   *Write them clearly.*

but

Dilo (tú) en seguida.   *Say it at once.*
Dame (tú) la pata.   *Give me your paw.*
Hacedlo (vosotros) ahora.   *Do it now.*

EXERCISE 2.

Rewrite the sentences, substituting a pronoun for the italicized words. (Remember to add a written accent when necessary.)

1. Queremos hacer *la maleta.*   2. El niño está poniendo *la tachuela* en la silla del profesor pero no le hará daño *al profesor* porque es muy gordo. 3. ¿Habéis visto *a su marido?*   4. Digan *al marido* que su mujer está buscándolo.   5. Ya lo dije *al marido.*   6. No coja Vd. *el cuchillo.*   7. El profesor ya hizo *las preguntas a los estudiantes.*   8. Mi madre ya no enseña su *retrato a sus amigas* porque ya no se parece a ella.   9. Guillermo Tell no dio en la manzana y su hijo se comió *la manzana.*   10. Dándole *la sortija,* esperaba que su novia se casara con él.   11. Aceptó *la sortija* pero al día siguiente la devolvió *a su novio.*   12. ¿Os escribió *las cartas* el Presidente?   13. Los ladrones robaron mucho dinero *a José.*   14. Quítale *la chaqueta al niño.*

III.   REFLEXIVE PRONOUNS AND VERBS

A.   The reflexive pronouns are the same as the direct or indirect [object] forms in the first and second persons, singular and plural. The third person singular and plural form is **se.**

Reflexive pronouns

me	*myself*	nos	*ourselves*
te	*yourself*	os	*yourselves*
se	*himself, herself, yourself, itself*	se	*themselves, yourselves*

* Third conjugation reflexive **vosotros** commands require a written accent over the **-i** when the reflexive pronoun is added. **Vestíos.** *Get dressed.*

A verb is reflexive in Spanish when the subject receives the action of the verb. The verbs in the English sentence *He gets up, washes, shaves and dresses* are reflexive in Spanish: **Se levanta, se lava, se afeita** y **se viste**.

Transitive verbs (**lavar**, *to wash*; **levantar**, *to raise*) may be made reflexive (**lavarse**, *to wash oneself, to get washed*; **levantarse**, *to raise oneself, to get up*) by placing the reflexive pronoun before the conjugated verb forms.

lavarse   *to wash (oneself)*

me lavo	*I wash (myself)*	nos lavamos	*we wash (ourselves)*
te lavas	*you wash (yourself)*	os laváis	*you wash (yourselves)*
se lava	*he washes (himself)*	se lavan	*they wash (themselves)*
	she washes (herself)		*you wash (yourselves)*
	you wash (yourself)		

B. Many transitive verbs may logically be made reflexive. Here are a few examples:

acostar	*to put to bed*	acostarse	*to go to bed*
afeitar	*to shave*	afeitarse	*to shave (oneself)*
divertir	*to amuse*	divertirse	*to have a good time*
llamar	*to call*	llamarse	*to be named*
sentar	*to seat*	sentarse	*to sit down*
vestir	*to dress*	vestirse	*to get dressed*

La madre acostó a los niños a las ocho y ella se acostó a las diez.	The mother put the children to bed at eight and she went to bed at ten.
Llamé a Juan.	I called Juan.
¿Cómo se llama Vd.?	What is your name?
Me llamo José.	My name is José.

C. Some verbs assume a somewhat different meaning when reflexive.

A few examples are:

comer	*to eat*	comerse	*to eat up*
ir	*to go*	irse	*to go away*
llevar	*to carry*	llevarse	*to carry away*
dormir	*to sleep*	dormirse	*to fall asleep*
quitar	*to take away*	quitarse	*to take off (clothing)*

Se quitó la ropa.	He took off his clothing.
Se durmió en seguida.	He fell asleep at once.
Se comió todo el pastel.	He ate up the whole pie.
Lo que el viento se llevó.	Gone with the wind. (What the wind carried away.)

From the second stanza of the popular Argentinian tango *Adiós muchachos:*

Adiós muchachos, ya me voy y me resigno . . .	*Goodbye, fellows, I am going away and am resigned . . .*

Rubén Darío (1867–1916), born in Nicaragua, introduced modernism in Hispanic poetry. The refrain from one of his finest poems, *Canción de otoño en primavera:*

Juventud, divino tesoro, ya te vas para no volver.	*Youth, divine treasure, You are going away never to return.*
Cuando quiero llorar no lloro, y, a veces, lloro sin querer.	*When I want to cry, I don't cry, And, at times, I cry without wanting to.*

D. Some verbs may be reflexive or non-reflexive with little change in meaning.

caer(se) *to fall (down)*   **morir(se)** *to die*
callar(se) *to be quiet*   **quedar(se)** *to remain*

¡Cállate!	*Be quiet!*
Quien calla otorga. *(Proverb)*	*Silence gives consent.*
Decidimos quedarnos aquí.	*We decided to stay here.*
Nadie creía que iba a morirse cuando se cayó la semana pasada.	*Nobody thought that he was going to die when he fell last week.*

From the classic Cuban song, *Siboney:*

Siboney, yo te quiero, yo me muero por tu amor . . .	*Siboney, I love you, I am dying for your love . . .*

E. Some verbs are always reflexive in Spanish:

arrepentirse *to repent*   jactarse *to boast*
atreverse *to dare*   quejarse *to complain*

Quien no se atreve no pasa la mar. *(Proverb)*	*He who does not dare (take chances) does not cross the sea. (Nothing ventured, nothing gained.)*
Se queja de que no se acuerda de nada.	*He complains that he does not remember anything.*

F. Several verbs combine the reflexive and indirect object pronoun (dative of interest) to indicate the person affected by the action.

Se le perdieron los mapas.	He lost the maps.
Se me murió el caballo.	My horse died "on me."
Se nos escapó.	He got away from us.

Certain verbs such as **olvidar, ocurrir, figurar**, etc. are often used in this way.*

No se me ocurrió.	It didn't occur to me.
Se nos olvidó llamarle.	We forgot to call him.
Se me trabó la lengua.	My tongue got twisted.

G. The reflexive may be used in the plural to express a reciprocal action, either direct or indirect. **Uno a otro (el uno al otro)** may be added for clarity.

No nos vemos mucho, pero nos escribimos todas las semanas.	We don't see each other often but we write (to one another) every week.
Se miraron uno a otro.	They looked at each other.

H. The reflexive **se** is used to express the English indefinite *one, they, you, people*, etc.

Se cree que es tonto.	People think he is a fool.
Se dice que tiene mucho dinero.	It is said that he has a lot of money.
Se come bien aquí.	One eats well here.
¿Por dónde se sale?	Where is the exit? (Through where does one leave?)
Se habla español en muchos países..	Spanish is spoken in many countries.
Se prohibe fumar en clase.	It is forbidden to smoke in class.
Se alquila.	For rent (it rents itself).

EXERCISE 3.

Insert the reflexive pronoun in the blank space, if necessary:

1. Según el letrero del escaparate, _____ habla español en esta tienda.   2. Vamos a casar _____ cuanto antes.   3. Juana _____ me llama todos los días.   4. Mi novia _____ llama Juana.   5. ¿A qué hora _____ acuestas?   6. ¿ _____ acuerdan Vds. de mí a menudo?

* Vocabularies sometimes indicate the use of the reflexive and indirect objects by including them, for example, **olvidársele, ocurrírsele, figurársele.**

7. _____ nos olvidó decírselo.   8. Pedro _____ chocó con José mientras jugaban.   9. No _____ estoy arrepintiendo de lo que estoy haciendo.   10. No _____ levantéis tan temprano.   11. La madre está lavando _____ al niño. 12. Pablo y Ana _____ quieren mucho.

IV.   IDIOMS AND WORD STUDY

A.

a lo lejos	*in the distance*
a propósito	*by the way*
darse cuenta (de)	*to realize (mentally)*
dar un paseo	*to take a walk (a ride)*
de repente	*suddenly*
cuanto antes	*as soon as possible*

B.

hacerse	*to become (through one's own efforts), usually a trade or profession*
llegar a ser	*to become (get to be as a result of a series of circumstances)*
ponerse	*to become (used with adjectives usually referring to health or emotion)*
ser de	*to become of (happen)*
volverse	*to become (radical change, such as **loco**)*

Su hijo se hizo médico.	*His son became a doctor.*
Su hijo llegó a ser médico.	*His son became (got to be) a doctor.*
Mi hijo se hará carpintero.	*My son will become a carpenter.*
María se puso pálida.	*María became pale.*
Pablo se puso enfermo.	*Pablo became sick.*
Don Quijote se volvió loco porque leyó muchos libros de caballerías.	*Don Quijote went mad because he read many books of chivalry.*
¿Qué ha sido de Roberto?	*What has become of Roberto?*

EXERCISE 4.

Complete the sentence in column A with a word or phrase from column B:

A	B
1. Fuimos juntos a la universidad	a. dar un paseo por el parque.
	b. sin ti?
2. Cuando llegué tarde a casa	c. un cementerio.

3. Cuando los estudiantes no estudian
4. Mi novia y yo vamos a
5. De repente los dos coches
6. Ronald Reagan
7. ¿Qué será de mí
8. Llámame
9. Mi hermano se hizo
10. No nos dimos cuenta
11. A propósito, ¿qué día
12. Podíamos ver el avión

d. pero no sé lo que ha sido de él.
e. se besaron.
f. cuanto antes.
g. mi padre se puso furioso.
h. la profesora se vuelve loca.
i. a lo lejos.
j. llegó a ser presidente.
k. es hoy?
l. chocaron.
m. de lo que había sucedido.
n. ingeniero.

V. THE PASSIVE VOICE

A. The true passive construction (the subject *receives* the action) is the same in English and Spanish.

Estas novelas fueron escritas por Juan Valera.

These novels were written by Juan Valera.

La puerta fue cerrada por el profesor.

The door was closed by the teacher.

The verb *to be* is **ser** in this construction, and the past participle must agree with the subject in gender and number. The agent is usually introduced by **por,** but **de** is generally used when the verb denotes mental action.

Es respetado de todos.

He is respected by everyone.

B. If, however, we are describing a state or condition, **estar** plus the past participle must be used.

La puerta estaba abierta cuando llegamos.

The door was open when we arrived.

C. If the agent (the one by whom the action is performed) is not expressed, Spanish often uses the reflexive to render the English passive. The verb agrees with the Spanish subject.

De repente se abrió la puerta.

Suddenly the door was opened.

Se construyeron estas casas en 1960. **or** Estas casas fueron construidas en 1960.

These houses were constructed in 1960.

A lo lejos se ven las montañas cubiertas de nieve.

In the distance the mountains covered with snow are seen.

D. Just as in English, the indefinite third person plural is often used in place of the passive when the agent is not indicated. The *they* does not refer to anyone in particular. Hence the sentence *Se construyeron estas casas en 1960* may be rendered in Spanish and English in the following manner:

Construyeron estas casas en 1960.	*They constructed these houses in 1960.*

Other examples of this type:

Dicen que es millonario.	*It is said (They say) he is a millionaire.*
¿Dónde lo hallaron?	*Where was he found? (Where did they find him?)*
Hablan portugués en el Brasil.	*Portuguese is spoken (They speak Portuguese) in Brazil.*

Recapitulating, the passive may be expressed in the following ways if no agent is expressed:

La casa fue pintada. Se pintó la casa. Pintaron la casa.	*The house was painted.*

If an agent is expressed, only the **ser** construction is used:

La casa fue pintada por Pedro.	*The house was painted by Pedro.*

E. All the above passive sentences refer to things. When the subject (the receiver of the action) is a person, however, that person becomes the object of the reflexive verb. The verb then always remains in the singular.

Se eligió al presidente.	*The president was elected. (One elected the president.)*
Se nombró a los miembros del gabinete.	*The members of the cabinet were appointed.*

The other ways of expressing the passive for persons are the same as for things.

El presidente fue elegido.	*The president was elected.*
Los miembros del gabinete fueron nombrados.	*The members of the cabinet were appointed.*
Eligieron al presidente.	*The president was elected. (They elected the president.)*
Nombraron a los miembros del gabinete.	*The members of the cabinet were appointed. (They appointed the members of the cabinet.)*

EXERCISE 5.

A.   Express the same idea using the **se** construction.

1. La ventana fue abierta.   2. Las luces serán encendidas más tarde.   3. La lección ha sido terminada.   4. Las puertas fueron cerradas.   5. El cuarto es limpiado a menudo.   6. El coche ya ha sido lavado.   7. Mi hermana no fue invitada.   8. Los mejores alumnos serán escogidos mañana.

B.   Express the same idea as in the above sentences by using the third person plural verb construction.

C.   Fill in the blank spaces with the proper form of **ser** or **estar**.

1. No podemos entrar porque la puerta ya _____ cerrada.   2. Esa profesora _____ admirada de sus estudiantes.   3. La novela _____ escrita por Cervantes en el siglo diez y siete.   4. Las cartas _____ recibidas mañana.   5. Los libros _____ abiertos (open) ahora.   6. El jefe _____ nombrado por el presidente el mes pasado.

VI.   THE PROGRESSIVE TENSES

A.   The simple present tense in Spanish **(hablo, como)** may be the equivalent of the English simple present *(I speak, I eat)* or the progressive *(I am speaking, I am eating)*. Likewise the imperfect **(hablaba, comía)** may be translated as *I was speaking, I was eating.* The verb **estar** plus present participle is an exact equivalent of the English progressive (*to be* plus the present participle). The progressive tense is more vivid than the simple tense and is used mainly to emphasize an action that is in progress at a particular time.

Juan habla inglés y español; ahora está hablando español.
Juan speaks English and Spanish; he is speaking Spanish now.

Comemos tres veces al día, pero no estamos comiendo ahora.
We eat three times a day but we are not eating now.

¿Qué estabas haciendo?
What were you doing?

Estaba estudiándolo.
I was studying it.

B.   The present participle is formed by adding **-ando** to the stem of the infinitive of first conjugation verbs, and **-iendo** to the stem of the infinitive of second and third conjugation verbs.

mirar	mirando	*looking*
comer	comiendo	*eating*
escribir	escribiendo	*writing*

The forms of the present participle of all first conjugation verbs are regular. Second conjugation verbs whose stem ends in a vowel require the ending **-yendo** rather than **-iendo**. This occurs because an unaccented **i** between two vowels becomes a **y**.

caer   cayendo   **leer**   leyendo

The verb **oír** also follows this pattern: **oyendo**

First and second conjugation radical-changing verbs do *not* have a change in the stem:

pensar > pensando   **volver** > volviendo

Third conjugation radical-changing verbs change **e** of the stem to **i**, and **o** to **u**.

pedir   pidiendo   **dormir**   durmiendo
sentir   sintiendo   **morir**   muriendo

NOTE ALSO: **decir** > diciendo; **poder** > pudiendo

The verbs **ir (yendo)** and **venir (viniendo)** are rarely used in the progressive tenses.

The following is a paradigm for all verbs:

estudiar   *to study*

estoy		*I am*	
estás		*you are*	
está	estudiando	*he, she is; you are*	studying
estamos		*we are*	
estáis		*you are*	
están		*they, you are*	

C. An object pronoun can be attached to the present participle or placed before the auxiliary verb.

Estoy explicándoselo *or* Se lo estoy explicando.	*I am explaining it to you.*
Yo estaba afeitándome *or* Yo me estaba afeitando.	*I was shaving.*
Están lavándose *or* Se están lavando.	*They are washing (themselves).*

D. The verbs **ir, venir, andar,** and **seg:ir** are sometimes used instead of **estar** as the auxiliary verb in the progressive construction. When used, these verbs retain something of their original meaning.

Va anocheciendo.	*It is growing dark.*
Siguen molestándonos.	*They keep on bothering us.*
Andan buscándolos por todas partes.	*They go around looking for them everywhere.*

From the popular song, *Cielito lindo:*

De la Sierra Morena,	*From the Sierra Morena,*
cielito lindo,	*my darling,*
viene bajando	*down comes*
un par de ojitos negros,	*a pair of illicit dark eyes,*
cielito lindo,	*my darling.*
de contrabando.	

For the use of the present participle without an auxiliary verb, see Lesson IX, Section IV. B.

EXERCISE 6.

A. Write the present participle of the following verbs:

1. tomar   2. escribir   3. decir   4. tener   5. dormir   6. pedir   7. volver
8. acostarse   9. salir   10. vestirse

B. Change the main verb to the corresponding progressive tense:

1. Aquí mismo hago la maleta.   2. Mario se pone viejo.   3. Dábamos un paseo cuando empezó a llover.   4. Llueve.   5. Nos vestíamos cuando sonó el teléfono.   6. ¿Qué hacéis?   7. Lo llamo por teléfono.   8. ¿Qué dices? 9. ¿Qué les pasa?   10. Me levanto ahora mismo.

CLASS EXERCISES

I. Answer the following questions using a pronoun wherever possible.

EXAMPLE: ¿Pensabas mucho en mí?
           Sí, yo pensaba mucho en ti.

1. ¿Quieres ir al cine conmigo?   2. ¿Se olvidaron Vds. de Juan y María?
3. ¿Podemos ayudarla entre tú y yo?   4. ¿Pelean ellos mucho entre sí?   5. ¿Podrías venir a mi casa sin tu hermano?   6. ¿Puedo ir al teatro contigo?
7. Según tú, ¿es posible hacer un viaje al sol?   8. ¿Preguntaban ellos por nosotros?   9. ¿Hablan mucho entre sí tus alumnos?   10. ¿Sabéis algo de Ana?

II.   A.   Replace the italicized nouns with the nouns indicated, then replace the nouns with pronouns.

EXAMPLE: No encontré *a Gloria.*
           No la encontré.

1.   No encontré *a Gloria.*
     a. a Juan   b. a mis amigos   c. a mis amigas   d. la maleta
2.   Estoy escribiendo *a Carlos.*
     a. a Elena   b. a mis padres   c. a la profesora   d. a sus hermanas

3. Va a servir *la comida a los invitados*.
  a. el café a su marido b. la carne a los perros c. las legumbres a la niña d. los garbanzos a sus compañeras
4. Quítate *el sombrero*, Pablo.
  a. los guantes b. la corbata c. el abrigo d. los zapatos

B. Change the affirmative commands to negative ones.

> EXAMPLE: Háblenles.
> *No les hablen.*

1. Dénmelo Vds. 2. Lávenla. 3. Déjelo. 4. Quítenselo. 5. Escribámosles.

C. Answer the following questions substituting pronouns for the direct and indirect objects.

> EXAMPLE: ¿Cuándo enviaste la carta a Elena?
> *Se la envié ayer.*

1. ¿Ha visto Vd. a mis amigas? 2. ¿Estáis buscando vuestras maletas? 3. ¿Cuándo van Vds. a devolverme los diez dólares que les presté? 4. ¿Qué quieres que yo le diga a tu novia cuando la vea? 5. ¿Prestan Vds. siempre atención a sus profesores? 6. ¿Le pusiste el telegrama a María? 7. ¿Telefonearon Vds. a sus padres? 8. ¿Toma Vd. el café con leche o sin ella? 9. ¿Podemos pedirle dinero a tu hermano? 10. ¿Quieres regalarme una joyita? 11. ¿Estabais limpiando la casa cuando os llamé? 12. ¿Vendrás a ver a mis hijas?

III. A. Pretend you are telling this sad story, then answer the questions directed to you.

> Ayer trabajé mucho y anoche me acosté temprano porque me dormí mientras miraba la televisión. Durante la noche soñé que estaba trabajando en mi fábrica. Cuando me desperté vi que era la hora de levantarme y por poco me muero* al darme cuenta de que tenía que ir a trabajar.
> —Levántate, vago—dijo mi madre, entrando en mi cuarto. —Durmiendo no se gana nada.

1. ¿Por qué te acostaste temprano? 2. ¿Qué soñaste? 3. ¿Por qué por poco te mueres? 4. ¿Qué dijo tu madre al entrar en tu cuarto? 5. Según ella, ¿qué se gana durmiendo?

B. Translate the following sentences. Remember **se** may have several meanings **le, les,** *each other*, etc.

1. No se lo dije. 2. Nos lavamos. 3. Se me olvidó el reloj. 4. Nos escribimos a menudo. 5. Están durmiéndose. 6. Voy a pedírselo. 7. Estaban hablándose. 8. No se acuestan tarde. 9. Me la comí. 10. Se le murió el caballo. 11. Me la dio. 12. Vamos a casarnos. 13. Dígaselo Vd. 14. Se vendieron las casas. 15. Pídanselo.

* *I almost died.* **Por poco** meaning *almost* is followed by the present tense even though the action is past.

IV. Fill in the blanks with an idiom or word from Section IV.

1. Ronald Reagan _____ presidente.   2. Los novios prefieren
_____ por el parque.   3. _____ que esto es
difícil.   4. _____ ¿qué hora es?   5. Al ver que pegaban al
caballo, Eduardo _____ furioso.   6. Mi hermano está estudiando para _____ ingeniero.   7. Si tienes prisa, lo haré
_____ .   8. _____ se veían las montañas.   9.
_____ se puso enferma.   10. Cuando los niños gritan yo
_____ loco.

V.   A.   Fill in the blanks with **por** or **de** or forms of **ser** or **estar**.

1. La puerta _____ abierta por Carlos pero ahora
_____ cerrada.   2. La profesora Blanco _____
estimada _____ todos.   3. El agua _____ con-
vertida en hielo _____ la máquina.   4. Juan se enamoró de
una muchacha pero desgraciadamente ya _____ casada.   5.
El asunto _____ discutido acaloradamente
_____ los políticos ayer.   6. Los autores _____
aplaudidos _____ el público.

B.   Answer the following questions related to your college using the reflexive passive construction.

   EXAMPLE: ¿Dónde sirven las comidas?
        Se sirven las comidas en la cafetería.

1. ¿Estudian mucho en su universidad?   2. ¿Castigan a los estudiantes si
faltan a las clases?   3. ¿Celebran muchas fiestas?   4. ¿Dónde juegan los
partidos de fútbol?   5. Por lo general, ¿obedecen los reglamentos univer-
sitarios?   6. ¿Respetan mucho a los profesores?   7. ¿Fuman cigarrillos en
las clases?   8. ¿Hablan español mucho en la clase de español?   9. ¿Escriben
la tarea todos los días?   10. ¿Terminarán el año estudiantil en junio?

VI.   A.   Write the appropriate form of the present tense of the verb and
translate the sentence.

1. Ellos siempre (andar) _____ diciendo disparates.   2. ¿De
qué (estar) _____hablando Vd.?   3. Mi mujer (seguir)
_____ durmiendo.   4. Esto (venir) _____ haciéndose más difícil.   5. Nosotros (estar) _____ acostán-
donos.

B.   Answer the following questions using the progressive form of the tense
used in the question.

   EXAMPLE: ¿Jugaban Vds. al tenis? (nosotros)
        Sí, estábamos jugando al tenis.

1. ¿Dices la verdad? (yo)   2. ¿Vuelven Vds. solos? (nosotros)   3. ¿Hablaba
yo demasiado? (tú)   4. ¿Te molestábamos? (vosotros)   5. ¿Te sientes mejor?
(yo)

C. Complete the subjects in column A with a verb phrase in the progressive tense indicated in column B. For *present*, use the present tense of **estar**, for *past*, the imperfect and for *future*, the future. The answer to 1 is: *El chófer está conduciendo un coche nuevo.*

A	**B**	
1. El chófer	despedir a su novio.	(present)
2. El niño	sentenciar al criminal.	(past)
3. El cartero	tomar mucho vino.	(present)
4. La cantante	conducir un coche nuevo.	(present)
5. Nosotros los bailarines	pedir dinero a su madre.	(past)
6. El albañil	aburrir a los que están	(future)
7. La novia	escuchando. .	
8. Los borrachos	bailar el tango.	(past)
9. Tú, profesor distraído,	buscar otra mujer.	(present)
10. El estudiante cansado	dormir en la clase.	(past)
11. La juez	llevar dos zapatos de	(present)
12. Yo, don Juan Tenorio,	distintos colores.	
	repartir las cartas.	(future)
	construir una casa.	(past)

VII. Translate the following sentences.

1. Hello, John! By the way, I was looking for you. 2. When are you going to give me back the money you owe me? 3. I will give it to you in September. 4. I am taking a trip to Mexico and I need it. 5. So do I! (I too) I need it as soon as possible because I am going to get married. 6. That's not a good reason; I am studying to be a teacher of Spanish and I must go to a country where Spanish is spoken. 7. Go (Ve) to your sweetheart and tell her you can get married in September. 8. *You* go to your parents and tell them that I need the money to get married. Ask them for it. 9. Why should my parents lend you money? 10. They would lend it to me, not to you. 11. Ah, that's a good idea! Then I could have a good time in Mexico. 12. They say that nowadays everything is sold at high prices there. 13. We understand each other well, old pal *(querido amigo)*. 14. I'll have a good time this summer and in September we'll all be happy at the wedding.

VIII. Complete the dialogue by filling in the blanks with one or more words.

JUAN: ¿A qué hora te levantaste?

PEDRO: _____ a las once.

JUAN: ¿Por qué _____ tan tarde?

PEDRO: Estaba   muy   _____   porque   anoche

_____ .

JUAN: ¿Dónde la conociste?

PEDRO: La _____ en _____ .

JUAN: ¿Cómo se llama?

PEDRO: Se _____ Ana y es _____ .

JUAN: Será una diosa. ¿Cuándo _____ ?

PEDRO: No puedo casarme. No tengo _____ .

JUAN: Puedes _____ .

PEDRO: No me gusta trabajar. Prefiero _____ .

JUAN: Me gustaría conocerla. ¿Puedes _____ ?

PEDRO: Como eres mi mejor amigo _____ .

(Pasa un mes.)

PEDRO: Hola, Juan. ¿Todavía _____ con Ana?

JUAN: Sí, y vamos a _____ pronto.

PEDRO: ¿Vas a casarte? Estás loco. No tienes _____ .

JUAN: No _____ .Además de ser _____ como
tú me dijiste, Ana es _____ .Su padre es
_____ .

PEDRO: ¡Ay! ¡Qué _____ fui! ¡ _____ y rica y
yo _____ a ti!

JUAN: Por lo cual te estoy eternamente _____ .
Queremos que tú seas _____ .

PEDRO: No _____ .Voy a matarme ahora mismo.

Some words that may be used are: **conocer** to meet (become acquainted with); **presentar** to introduce; **importar** to matter; **banquero** banker; **agradecido** grateful; **padrino de boda** best man.

IX. Review of Lesson IV.
A. Change the verbs to the corresponding compound tense. (Use past perfect for preterite and imperfect: **dije>había dicho; decía>había dicho).**

> EXAMPLE: Escojo estas flores.
> He escogido estas flores.

1. ¿A qué hora vuelve Vd.?   2. ¿Qué le pasa a María?   3. El niño tiene sed.   4. Empiezo mi clase de español ahora mismo.   5. Llegarán tarde.   6. Lo harían otra vez.   7. ¿No lo sabías?   8. ¿Lo pusiste en la mesa?   9. Me acuesto temprano.   10. No teníamos prisa.

B. Rewrite the following sentences, translating the words in parentheses into Spanish.

1. El perro enterró el hueso en (their garden).   2. (These) chicos trataron de huir de (their school).   3. Dijo que era capaz de bajar al infierno por (a little kiss of mine).   4. Para guardar (her beauty) era capaz de bajar al infierno.
5. (That hell) estará lleno de locos.   6. Mis hijos y (yours), Elena, se comportan bien cuando duermen.   7. Esta motocicleta y (that one) son (ours).
8. De repente (a friend of theirs) apareció a lo lejos.   9. De vez en cuando (her boyfriends) le dan piedras preciosas.   10. Yo la llamaba a menudo pero (she did not like that).

VOCABULARY

acaloradamente hotly

cereza cherry
conjugal conjugal, marital

encender (ie) to light
escaparate *m.* shop window
escoger to choose

fábrica factory

hielo ice

ingeniero engineer
invitado guest

letrero sign

joyita (*dim. of* **joya**) little jewel

paquete *m.* package
pegar to strike
pelear to argue, fight
poner un telegrama to send a telegram
prestar to lend

retrato portrait, picture

timbre *m.* bell

vago lazy, lazybones

LESSON 6

Formation of the Present Tense of the Subjunctive Mood
Commands
Idioms and Word Study
The Subjunctive in Noun Clauses

I. FORMATION OF THE PRESENT TENSE OF THE SUBJUNCTIVE MOOD

A. All regular and almost all irregular verbs base the present sub-junctive on the first person singular **(yo)** of the present indicative. They drop the **-o** ending and first conjugation verbs add **e, es, e, emos, éis, en**; second and third conjugation verbs add **a, as, a, amos, áis, an.**

tomar	comer	vivir	hacer	poner	ver	conocer
tome	coma	viva	haga	ponga	vea	conozca
tomes	comas	vivas	hagas	pongas	veas	conozcas
tome	coma	viva	haga	ponga	vea	conozca
tomemos	comamos	vivamos	hagamos	pongamos	veamos	conozcamos
toméis	comáis	viváis	hagáis	pongáis	veáis	conozcáis
tomen	coman	vivan	hagan	pongan	vean	conozcan

The following irregular verbs are the only ones that do not use the first person of the indicative as a stem for the subjunctive:

dar: dé, des, dé, demos, deis, den
estar: esté, estés, esté, estemos, estéis, estén
ir: vaya, vayas, vaya, vayamos, vayáis, vayan
saber: sepa, sepas, sepa, sepamos, sepáis, sepan
ser: sea, seas, sea, seamos, seáis, sean

Note also the auxiliary verb **haber**: haya, hayas, haya, hayamos, hayáis, hayan. These forms of **haber** are used mainly to form the present perfect subjunctive.

B. Radical-changing verbs of the first and second conjugations have the same changes as the indicative (e>**ie** or o>**ue**).

pensar	**entender**	**mostrar**	**volver**
piense	entienda	muestre	vuelva
pienses	entiendas	muestres	vuelvas
piense	entienda	muestre	vuelva
pensemos	entendamos	mostremos	volvamos
penséis	entendáis	mostréis	volváis
piensen	entiendan	muestren	vuelvan

Radical-changing verbs of the third conjugation also have the same changes as the indicative (e>**ie** or e>**i**). In addition, these verbs have a change of e>**i** in the first and second persons plural.

sentir	**pedir**
sienta	pida
sientas	pidas
sienta	pida
sintamos	pidamos
sintáis	pidáis
sientan	pidan

Two verbs, **dormir** and **morir**, change o>**ue** in the singular and third person plural, and o>**u** in the first and second persons plural.

dormir	**morir**
duerma	muera
duermas	mueras
duerma	muera
durmamos	muramos
durmáis	muráis
duerman	mueran

C. Orthographic-changing verbs ending in **-car, -gar** and **-zar** change their spelling in order to keep the original sound of the infinitive.

buscar	pagar	rezar
busque	pague	rece
busques	pagues	reces
busque	pague	rece
busquemos	paguemos	recemos
busquéis	paguéis	recéis
busquen	paguen	recen

Verbs such as **coger** *(to catch)* and **seguir** *(to follow)* use the first person singular of the present indicative as a stem **(cojo, sigo)** in accordance with the basic rule, and become:

coger: coja, cojas, coja, cojamos, cojáis, cojan
seguir: siga, sigas, siga, sigamos, sigáis, sigan

EXERCISE 1.

Write the present subjunctive forms of the following verbs:

1. yo: romper/escribir/pensar/hacer/decir 2. ellos: acostarse/coger/aprender/pedir/discutir 3. tú: charlar/sacar/seguir/volver/perder 4. nosotros: sentir/dormirse/entender/devolver/empezar 5. Vd.: gozar/pagar/poner/conocer/caer 6. vosotros: traer/buscar/llegar/traducir/quedarse 7. yo: ser/ir/haber/saber/estar

II. COMMANDS

A. All commands, except for the affirmative **tú** and **vosotros,** use the present subjunctive forms.

The polite forms (**Vd.** and **Vds.**) use the subjunctive forms in both the affirmative and negative commands.

Tome (Vd.). *Take.*   Tomen (Vds.) *Take.*
No tome (Vd.). *Don't take.*   No tomen (Vds.) *Don't take.*

Escriba (Vd.). *Write.*   Escriban (Vds.). *Write.*
No escriba (Vd.). *Don't write.*   No escriban (Vds.). *Don't write.*

Salga (Vd.). *Leave.*   Salgan (Vds.). *Leave.*
No salga (Vd.). *Don't leave.*   No salgan (Vds.). *Don't leave.*

B. The familiar singular **(tú)** command uses the third person singular of the present indicative for the affirmative command and the second person singular of the subjunctive for the negative command:

Toma (tú).   Escribe (tú).
No tomes (tú).   No escribas (tú).

NOTE: The subject pronouns **Vd.** and **Vds.** are usually used for politeness. **Tú** is normally not used except for emphasis.

C. The following common verbs have an irregular command form in the affirmative familiar singular form. The negative uses the subjunctive, as is normal.

decir	Di.	*Say, tell.*	No digas.	*Don't say, tell.*
hacer	Haz.	*Do, make.*	No hagas.	*Don't do, make.*
ir	Ve.	*Go.*	No vayas.	*Don't go.*
poner	Pon.	*Put.*	No pongas.	*Don't put.*
salir	Sal.	*Leave.*	No salgas.	*Don't leave.*
ser	Sé.	*Be.*	No seas.	*Don't be.*
tener	Ten.	*Have.*	No tengas.	*Don't have.*
venir	Ven.	*Come.*	No vengas.	*Don't come.*

Here are some examples of familiar commands in song and poetry:
A popular *copla:*

Toma esta canasta	*Take this basket*
llenita de flores.	*Nicely filled with flowers.*
No las desparrames,	*Don't spill them,*
que son mis amores.	*for they are my loves.*

The refrain of the popular Mexican song *Cielito lindo:*

Ay, ay, ay, ay,	*Ay, ay, ay, ay,*
Canta y no llores . . .	*Sing and don't cry . . .*

One of the stanzas of the popular Mexican greeting song, *Las mañanitas:*

Despierta, mi bien, despierta,	*Awake, my love, awake,*
Mira que ya amaneció . . .	*See it has already dawned . . .*

D. The familiar plural form **(vosotros)** affirmative command for all verbs is formed by changing the **-r** ending of the infinitive to **-d**.
    As with all the other persons, the negative forms use the subjunctive.

hablar	hablad (vosotros)	no habléis (vosotros)
escoger	escoged (vosotros)	no escojáis (vosotros)
escribir	escribid (vosotros)	no escribáis (vosotros)
decir	decid (vosotros)	no digáis (vosotros)
ir	id (vosotros)	no vayáis (vosotros)

The pronoun **vosotros** is usually omitted except when needed for emphasis.

E. In the following table the verbs **tomar** and **vender** are used to illustrate the command forms discussed in the above sections.

Vd.	tome	no tome	venda	no venda
Vds.	tomen	no tomen	vendan	no vendan
tú	toma	no tomes	vende	no vendas
vosotros	tomad	no toméis	vended	no vendáis

F. Position of Object Pronouns with Commands

All object pronouns, whether direct, indirect, or reflexive, are attached to the *affirmative* command but always precede the *negative* command. (See Lesson V, Section II. K, for use of written accents with command forms when pronouns are added.)

Hábleme (Vd.).	*Speak to me.*	No me hable (Vd.).	*Don't speak to me.*
Dígamelo (Vd.).	*Tell it to me.*	No me lo diga (Vd.).	*Do not tell it to me.*
Siéntese (Vd.).	*Sit down.*	No se siente (Vd.).	*Do not sit down.*
Háblenme (Vds.).	*Speak to me.*	No me hablen (Vds.).	*Do not speak to me.*
Díganmelo (Vds.).	*Tell it to me.*	No me lo digan (Vds.).	*Do not tell it to me.*
Siéntense (Vds.).	*Sit down.*	No se sienten (Vds.).	*Do not sit down.*
Dámelo (tú).	*Give it to me.*	No me lo des (tú).	*Do not give it to me.*
Siéntate (tú).	*Sit down.*	No te sientes (tú).	*Do not sit down.*
Vete (tú).	*Go away.*	No te vayas (tú).	*Do not go away.*
Escuchadme (vosotros).	*Listen to me.*	No me escuchéis (vosotros).	*Do not listen to me.*
Mandádmelo (vosotros).	*Send it to me.*	No me lo mandéis (vosotros).	*Do not send it to me.*

In the affirmative **reflexive** form of **vosotros** commands the final **-d** of the verb form **(sentad)** is dropped before the reflexive pronoun **os** is added.

Sentaos (vosotros).	*Sit down.*	No os sentéis (vosotros).
		Do not sit down.
Vestíos (vosotros).	*Get dressed.*	No os vistáis (vosotros).
		Do not get dressed.

EXCEPTION:

| Idos. | *Go away.* |

But the negative is regular:

No os vayáis (vosotros).   *Do not go away.*

Here are examples in song and poetry to illustrate the construction of commands with object pronouns.

From the popular Mexican song *Cielito lindo:*

Ese lunar que tienes, Cielito lindo,	*That beauty mark that you have, my heavenly love,*
junto a la boca,	*next to your mouth;*
No se lo des a nadie, Cielito lindo,	*don't give it to anyone, my heavenly love,*
que a mí me toca.	*for it belongs to me.*

The opening line of the ever popular song *Bésame, bésame mucho . . .* (Kiss me, kiss me again . . .)

The young Cuban exile, José María Heredia (1803–1839), inspired by the Niagara Falls, begins his *Oda a Niágara* with the following words, using the poetic *vosotros* form:

Templad mi lira, dádmela . . .   *Tune my lyre, give it to me . . .*

G.   Third Person Commands

To express a command in the third person in English it is necessary to use an expression such as "let him . . . ," "have him . . . ." In Spanish we use the subjunctive introduced by **que**:

Que pase.	*Let (have) him come in.*
Que vengan en seguida.	*Let (have) them come at once.*
Que lo haga Jorge.	*Let Jorge do it.*
Que no lo vuelvan a hacer.	*Let them not do it again.*

With the verbs **vivir** and **morir** the **que** is often omitted:

Viva Zapata.	*Long live Zapata.*
Mueran los traidores.	*Death to the traitors.*

In poetry the **que** is often omitted in the third person command. The most beautiful elegy in the Spanish language, Jorge Manrique's (1440–1479) *Coplas por la muerte de su padre*, contains three commands of this type in the first two lines. The translation is by Henry Wadsworth Longfellow.

Recuerde el alma dormida,	*Oh, let the soul her slumbers break,*
avive el seso y despierte . . .	*Let thought be quickened and awake . . .*

Santa Teresa (1515–1582) was one of Spain's great mystic authors in prose and verse. A short poem expressing her implicit faith was found in her breviary after her death. The opening lines are:

Nada te turbe,	*Let nothing disturb thee,*
nada te espante . . .	*let nothing frighten thee . . .*

NOTE: The third person reflexive form is often used to give instructions of an impersonal nature:

Tradúzcanse al español las frases siguientes.	*Translate (let be translated) into Spanish the following sentences.*
Véase la página 45.	*See page 45.*

H.   First Person Plural Commands

Spanish uses the subjunctive for the first person plural command expressed in English by *Let's (let us) do something.*

Cantemos y bailemos.	*Let's sing and dance.*
No volvamos todavía.	*Let's not return yet.*
No nos sentemos aquí.	*Let's not sit down here.*

The final **-s** is dropped before **-nos** and **-se**:

Sentémonos.	*Let's sit down.*
Démoselo.	*Let's give it to him.*

A popular *seguidilla* (seven-line poem) of the 15th century contains an example of the first person plural command as well as a number of other uses of the subjunctive.

No me mires, que miran	*Do not look at me, for they will see*
que nos miramos,	*That we are looking at one another,*
y verán en tus ojos	*And they will see in your eyes*
que nos amamos.	*That we love one another.*
No nos miremos,	*Let us not look at one another,*
que cuando no nos miren	*For when they are not looking at us,*
nos miraremos.	*We shall look at one another.*

An alternative and popular way of expressing the first person plural command construction in the affirmative is **Vamos a** + *infinitive.* The negative always uses the subjunctive.

Vamos a cantarlo *or* Cantémoslo.	Let's sing it.
No lo cantemos.	Let's not sing it.
Vamos a levantarnos *or* Levantémonos.	Let's get up.
No nos levantemos.	Let's not get up.

The inspiring short poem, *Solidaridad*, by Amado Nervo (1870–1919), one of Mexico's popular writers, begins as follows:

Alondra, ¡vamos a cantar!	*Lark, let us sing!*
Cascada, ¡vamos a saltar!	*Waterfall, let us leap!*
Riachuelo, ¡vamos a correr!	*Stream, let us run!*
Diamante, ¡vamos a brillar!	*Diamond, let us shine!*
Águila, ¡vamos a volar!	*Eagle, let us fly!*
Aurora, ¡vamos a nacer!	*Dawn, let us be born!*

NOTE: *Let us go* in the affirmative is **vamos**, rather than the subjunctive form. **No vayamos** is used to express the negative.

Vamos a casa.	Let's go home. (*or,* We are going home.)
Vámonos.	Let's go (away).
No nos vayamos.	Let's not go (away).

EXERCISE 2.

A.   Write the negative form of the following commands: Remember that object and reflexive pronouns are placed before a negative command.

1. Volved temprano.   2. Acuéstense Vds.   3. Dame un beso.   4. Díganselo Vds.   5. Come tú ahora.   6. Que se acuesten los niños.   7. Levantémonos a las seis.   8. Traduzcan Vds. las frases.   9. Váyanse Vds.   10. Estén Vds. tranquilos.   11. Pídale Vd. dinero a su padre.   12. Que vuelvan en seguida.   13. Acostaos.   14. Levántate.   15. Hazlo.

B.   Write the affirmative of the following familiar commands:

1. No contestes tú esas preguntas.   2. No llegues mañana.   3. No vuelvas temprano.   4. No escribas la lección.   5. No digáis eso.   6. No te pongas el abrigo.   7. No sigas hablando.   8. No le des tu rubí.   9. No os levantéis temprano.   10. No le vendas tu casa.   11. Que no empiece a cantar Ana. 12. No te acuestes ahora.   13. No lo saquéis.   14. No salgas de tu cuarto. 15. No le hagáis caso.   16. Que no se vaya Carlos.

C.   Express the same command using the subjunctive in place of the infinitive:

1. Vamos a dar un paseo.   2. Vamos a acostarnos.   3. No vayamos a decírselo.   4. Vamos a sacar el dinero.   5. No vayamos a verlos.

III.   IDIOMS AND WORD STUDY

A.   acabar (present) de + *infinitive* = *to have just* + *past participle*
acabar (imperfect) de + *infinitive* = *had just* + *past participle*
en cambio—*on the other hand*
en (por) todas partes—*everywhere*
hoy (en) día—*nowadays*
ir de compras—*to go shopping*
la semana que viene—*next week*
para siempre—*forever*
por aquí—*this way, through here*

Acaban de dormirse.	*They have just fallen asleep.*
Acababan de dormirse cuando el teléfono los despertó.	*They had just fallen asleep when the phone woke them up.*

B.   pedir—*to ask (request) someone to do something, to ask for some-thing*
preguntar—*to ask a question*
preguntar por—*to ask for (about) someone*

Me pide que le haga un favor.	*He asks me to do him a favor.*
Pedro me pidió diez dólares.	*Peter asked me for ten dollars.*
El profesor me preguntó: «¿Qué hizo Vd. anoche?»	*The teacher asked me, "What did you do last night?"*
Pregunté por Ana pero no estaba en casa.	*I asked for Anna but she wasn't home.*

EXERCISE 3.

1.   Fill in the blanks by selecting a, b, or c.

1.   Los novios juraron amarse _____ .
a. diez años.   b. hasta el divorcio.   c. para siempre.
2.   Para entrar me dijeron: «Ven _____ .»
a. por la nube.   b. por aquí.   c. por la leche.
3.   Vamos al centro para _____ .
a. pescar.   b. esquiar.   c. ir de compras.
4.   Supimos que acababan de _____ .
a. volver a casa.   b. comer claveles.   c. hablar con Cervantes.
5.   Cuando llegué a casa de Carlos, _____ por él.
a. pedí   b. pregunté   c. me maté
6.   Hoy en día muchos jóvenes esperan varios años antes de
_____ .
a. dar un paseo.   b. tener sueño.   c. casarse.
7.   _____ muchísimas parejas se casan muy jóvenes.
a. En el cielo   b. En cambio   c. En la luna

8. Daniel me _____ veinte dólares para la fiesta de la semana que viene.
   a. preguntó   b. pidió   c. rompió
9. Acaban de _____ .
   a. llegar.   b. hacer sol.   c. estrangularse.
10. Hay gente mala _____ .
    a. sólo en el norte.   b. en el paraíso.   c. en todas partes.

IV. THE SUBJUNCTIVE IN NOUN CLAUSES

A. After verbs of volition

1. As we have seen, the subjunctive is used to express a command:

Hable (Vd.).   *Speak.*
Salgan (Vds.)   *Leave.*

If we were to use a complete sentence in English to express the same idea, we could say

I want you to speak (that you speak).
I want you to leave (that you leave).

While English normally uses an infinitive, Spanish must use the subjunctive when one person wants another person to do something. The most common verbs in this construction are **querer, desear,** and **preferir**.

Quiero que Vd. hable.   *I want you to speak.*
Desean que lleguemos a   *They want us to arrive on*
  tiempo.   *time.*
Prefiero que él lo haga.   *I prefer that he do it.*

NOTE: After the verb *prefer* (as in the last example above) English uses the subjunctive construction also (*that he do it*); this is exactly the way Spanish expresses the idea. It may be helpful to convert the English sentence *I want you to do it* into *I want that you do it* (**Quiero que tú lo hagas**).

If there is no change in subject, however, these verbs are followed by an infinitive in Spanish, as in English.

     No quiero hacerlo.   *I don't want to do it.*
but No quiero que Vd. lo haga.   *I don't want you to do it.*

The opening lines of the popular romantic song *Te lo juro* has several subjunctives following **querer**:

Yo no quiero que me digas tus amores,	*I don't want you to tell me about your love affairs,*
Ni tampoco que me cuentes tu pasado,	*Nor that you recount your past to me,*
Pues la historia del ayer no me interesa,	*For yesterday's history does not interest me,*
Yo te amo y sólo quiero que me quieras.	*I love you and only want you to love me.*

2.   The following verbs expressing volition, when followed by **que,** require a subjunctive in the noun clause:

mandar	*to order*
hacer	*to make (someone do something)*
insistir (en)	*to insist*
impedir	*to prevent*
permitir	*to permit*
dejar	*to allow*
aconsejar	*to advise*
prohibir	*to prohibit, forbid*
exigir	*to demand*
sugerir	*to suggest*
recomendar	*to recommend*
suplicar	*to beg*
rogar	*to beg*
pedir	*to ask*

Les aconseja que no acepten la oferta.	*He advises them not to accept the offer.*
Sugiero que la escriban a máquina.	*I suggest that they type it.*
Exigen que trabajemos mucho.	*They demand that we work a lot.*
Insiste en que vayan con él.	*He insists that they go with him.*

3.   Of the above verbs, **hacer, mandar, dejar, permitir, aconsejar, impedir,** and **prohibir** may be followed by an infinitive in Spanish, even if the subject changes, especially when the subject of the second clause is a pronoun.

No nos permiten fumar. or No permiten que fumemos.	*They don't allow us to smoke.*
Déjenle salir. or Déjenle que salga.	*Let him leave.*

Nos manda volver
temprano.
or Nos manda que volvamos
temprano.

He orders us to return early.

4.   **Decir** and other verbs of communication are followed by the subjunctive when they express a command, but by the indicative if they make a statement.

Me dice que venga a las tres.

He tells me to come at three o'clock.

Me dice que viene a las tres.

He tells me that he is coming at three o'clock.

Me escribe que vuelva.

He writes to me to return.

Me escribe que vuelve.

He writes to me that he is returning.

The following lines are from a Spanish poem by the great Portuguese poet and dramatist Gil Vicente (1470–1539). The heroine replies to a marriage suggestion:

Dicen que me case yo.   *They say I should get married.*
¡No quiero marido, no!   *I don't want a husband, no!*

From Rubén Darío:

¿Dice que no son tristes las   *Does he say that farewells*
despedidas?   *are not sad?*
¡Dile a quien te lo dijo   *Tell the one who told you this*
que se despida!   *to go away (to say goodbye)!*

B.   After verbs of doubt or denial

1.   One of the basic functions of the subjunctive is to convey doubt or uncertainty. It is used, therefore, after **dudar** (*to doubt*) and **negar** (*to deny*). The negative of these verbs, however, usually takes the indicative.

Dudamos que lo sepa.   *We doubt that he knows it.*
Niego que me conozcan.   *I deny that they know me.*
No duda que lo tengo.   *He doesn't doubt that I have it.*
No niego que lo hiciste bien. *I don't deny that you did it well.*

2.   Verbs of thinking and believing, **pensar** and **creer,** in the affirmative are followed by the indicative. When they are negative or interrogative they may be followed by the indicative or subjunctive.

Creo que tiene razón.   *I believe he is right.*
Pienso que vendrá pronto.   *I think he will come soon.*

No creemos que $\begin{cases} \text{tiene} \\ \text{tenga} \end{cases}$ razón.   *We don't believe he is right.*

¿Piensas que $\begin{cases} \text{vendrá} \\ \text{venga} \end{cases}$ pronto?   *Do you think he will come soon?*

C.   After verbs of emotion

     1.   The subjunctive is used after verbs of emotion.

alegrarse (de)	*to be glad*	temer	*to fear*
esperar	*to hope*	tener miedo (de)	*to be afraid*
sentir	*to regret, be sorry*		

Nos alegramos de que Vds.   *We are glad that you are here.*
   estén aquí.
Espero que vuelvan pronto.   *I hope you return soon.*
Siente que sufran tanto.   *He is sorry that they are suffering so much.*

Temo que nos dé un examen.   *I am afraid that he will give us an exam.*

     2.   If there is no change in subject the infinitive is normally used.

Se alegran de estar aquí.   *They are glad to be here.*
Espero volver pronto.   *I hope to return soon.*
Siento no poder venir.   *I am sorry that I cannot come.*
Temo haberlo perdido.   *I am afraid that I have lost it.*

     3.   The verbs **esperar** and **temer** may be followed by the indicative when there is a feeling of certainty in the mind of the speaker.

Espero que estará aquí pronto.   *I hope (expect) that he will be here soon.*

Temo que ya ha muerto.   *I fear (think) that he has already died.*

D.   The subjunctive after impersonal expressions

     1.   The subjunctive is used after almost all impersonal expressions (*It is + adjective*). If there is no dependent clause the infinitive is used.

Es imposible hacerlo hoy.   *It is impossible to do it today.*
Es imposible que lo hagan hoy.   *It is impossible for them to do it today.*

Es necesario trabajar para vivir.   *It is necessary to work in order to live.*

Es necesario que trabajemos para vivir.	*It is necessary for us to work in order to live.*

The most common impersonal expressions followed by the subjunctive are:

Es posible	*It is possible*
Es imposible	*It is impossible*
Es probable	*It is probable*
Es importante	*It is important*
Es necesario	*It is necessary*
Es preciso	*It is necessary*
Es urgente	*It is urgent*
Es natural	*It is natural*
Es justo	*It is fitting*
Es interesante	*It is interesting*
Es mejor	*It is better*
Es (una) lástima	*It is a pity*
Basta	*It is enough*
Conviene	*It is suitable*
Importa	*It is important*
Parece mentira	*It is hard to believe*
No es posible que lo tenga.	*It is not possible that he has it.*
Es probable que llueva.	*It is probable that it will rain.*
Es importante que estén aquí.	*It is important for them to be here (that they be here).*
Es interesante que nadie la conozca.	*It is interesting that nobody knows her.*

2. The following expressions denoting certainty take the indicative when affirmative. When negative or interrogative they usually take the subjunctive:

Es cierto	*It is certain*
Es seguro	*It is sure*
Es evidente	*It is evident*
Es verdad	*It is true*
Es (está) claro	*It is clear*

Es verdad que lo han expulsado.	*It is true that they have expelled him.*
¿Es cierto que vengan?	*Is it certain that they will come?*
Es evidente que lo ha escrito.	*It is evident that he has written it.*
No es cierto que nos lo devuelvan.	*It is not sure that they will return it to us.*

EXERCISE 4.

A.   Change the sentence using the noun or pronoun indicated as subject of a subordinate clause:

1. Será necesario estudiar (nosotros).   2. Tengo miedo de no casarme (mi hija).   3. Creo haberla visto (tú).   4. Conviene ir de compras ahora (Vds.). 5. Se alegran de poder venir mañana (yo).   6. No creo equivocarme (ellos). 7. Bastará conocerlos (vosotros).   8. Ha sido imposible empezarlo antes (nosotros).   9. Dudan haberlo olvidado (tú).   10. En cambio, saben escoger lo mejor (yo).

B.   Write the proper form of the verb indicated:

1. Me pedirán que les (devolver) _____ el dinero.   2. Sabe que yo ya no lo (tener) _____ .   3. ¿Creéis que yo (estar mintiendo) _____ ?   4.   Es   natural   que   ella   (pensar) _____ así.   5.   Han   mandado   que   nosotros   (salir) _____ mañana.   6. Dicen que (ser) _____ tarde.   7. Siento que Vds. (haberse equivocado) _____ de tren.   8. Les recomiendo que (pasar) _____ por aquí.   9. Es verdad que no lo (saber) _____ él.   10. Te ruego que me lo (explicar) _____ en seguida.

CLASS EXERCISES

I.   Substitute the appropriate form of the present subjunctive.

1.   No quiero que lo *hagas* tú.
    a. escribir   b. tomar   c. decir   d. coger   e. traer
2.   Preferimos que *vengan* a las ocho.
    a. llegar   b. llamar   c. acostarse   d. comer   e. empezar
3.   Nos pide que *escribamos* las frases.
    a. traducir   b. sacar   c. aprender   d. leer   e. decir
4.   No será necesario que *pague* yo.
    a. irse   b. ser   c. venir   d. salir   e. estar
5.   Me alegro de que *vuelva* Pedro mañana.
    a. divertirse   b. no trabajar   c. seguir   d. decidir   e. casarse
6.   Siento que no lo *hagáis* vosotros.
    a. dar   b. saber   c. pedir   d. encontrar   e. salir

II.   A.   Complete as indicated.

EXAMPLE: Déselo a Juana; no _____ a Ana.
         Déselo a Juana; no se lo dé a Ana.
         No hables tanto; _____ menos.
         No hables tanto; habla menos.

1. Dámelo a mí; no _____ a ellos.   2. Háblale a Pedro; no
_____ a tus padres.   3. No vengas tarde; _____
temprano.   4. Dígaselo a Juan; no _____ a María.   5. Há-
blenle a ella; no _____ a ellos.   6. No me llame hoy;
_____ mañana.   7. No te cases con Gloria;
_____ con Dolores.   8. Salid hoy; no _____
mañana.   9. No seas malo; Juanito, _____ bueno.   10. Haz
la pregunta a Carlos; no _____ a Pedro.   11. Levantaos temprano; no _____ tarde.   12. No me espere en casa;
_____ en la oficina.

B.   Make commands of the following.

> EXAMPLE: Juan viene mañana. *Que venga Juan mañana.*
> Empezamos a leerlo. *Empecemos a leerlo.*

1. Nos acostamos ahora.   2. Juan se lo dice.   3. El mozo nos trae la comida.
4. Les pedimos dinero a nuestros padres.   5. Pedro no vuelve temprano.
6. No le decimos nada.

C.   Tell a fellow student to perform the commands indicated. He/she will
perform the act, then say in Spanish what he/she has done. Use **Vd.** in
sentences 1–5 and **tú** in 6–10.

1. Open the door.   2. Close the window.   3. Stand up.   4. Sit down.   5.
Go to the blackboard.   6. Write on the blackboard and return to his/her
seat.   7. Say a sentence in Spanish.   8. Pick up a book and put it on the
desk.   9. Count to ten.   10. Close his/her eyes.

III.   A.   Answer the following questions.

1. ¿Te gusta ir de compras? ¿Con quién vas? ¿Adónde vas?   2. ¿Acabas de
llegar a la escuela?   3. ¿Te preguntó algo el profesor cuando te sentaste?
4. Si te pido que salgas conmigo la semana que viene, ¿qué dirás?   5. Si
necesitas dinero, ¿a quién se lo pides? ¿Te lo da?

B.   Translate the English part of the following sentences:

1. Mi profesora *has just* darme una A, lo cual me dejó muy asombrada.   2.
They had just gone out cuando empezó a tronar y relampaguear.   3. Si no
le ves, *ask for him.*   4. *Nowadays* no es costumbre levantarse cuando entra
el profesor.

IV.   A.   Translate the sentence then tell if the subjunctive is always used
after the main verb or impersonal expression or, if not, under what circum-
stances it is used after that verb or impersonal expression.

1. Es lástima que no te hayas casado.   2. No quiero que te hagas daño.   3.
Duda que acaben de hacerlo.   4. Les diré que dejen de molestarla.   5. No
es verdad que vengan mañana.   6. Esperamos que Vd. no tenga frío.   7. Me
ha mandado que le traiga yo el dinero.   8. Sentirán que no hayamos llegado

a tiempo. 9. No cree que sea la verdad. 10. No es posible que lo haya dicho ella.

B. Find the sentences that may use an infinitive and make the change: Only six of them can do this.

> EXAMPLE: Impido que salgan.
> *Les impido salir.*

1. Manda que yo trabaje mucho. 2. Le pide que la visite de vez en cuando. 3. No dejan que hagamos la maleta. 4. Mi mujer prohibe que yo mire la televisión. 5. Hace que yo lave los platos. 6. Prefieren que nos quedemos. 7. He permitido que duermas hasta las diez. 8. Quiere que te des cuenta de ello. 9. Aconsejan que abandonéis el país. 10. Sienten que lo hayamos terminado.

C. Replace the main verb with the verbs indicated, changing the second verb if necessary.

1. *Sentimos* que sea así.
   a. alegrarse de   b. saber   c. querer   d. temer
2. *Es necesario* que lo haga mañana.
   a. Es verdad   b. Es probable   c. Es mejor   d. Basta
3. Nos *pedirá* que vengamos temprano.
   a. rogar   b. prohibir   c. mandar   d. recomendar
4. No *dudo* que vendrán.
   a. creer   b. tener miedo de   c. negar   d. impedir
5. *Dudamos* que lo haya dicho él.
   a. creer   b. esperar   c. preferir   d. repetir

D. Write the proper form of the verb indicated.

1. El profesor prohibe que nosotros (dormir) _____ en clase. 2. Le molesta que nosotros no le (prestar) _____ atención. 3. Queremos que él nos (dejar) _____ en paz. 4. Repite que yo no (estudiar) _____ bastante. 5. Le ha dicho a Juan que (venir) _____(Juan) a verle la semana que viene. 6. El director me pide que (hacer) _____ el papel de Romeo. 7. Nos alegramos de que tú (haber) _____ hecho el viaje. 8. Nos damos cuenta de que eso (ser) _____ difícil. 9. Es mejor que él (hacerse) _____ médico y no abogado.

E. Translate the following sentences.

1. We ask them to leave. 2. We order them to leave. 3. It is necessary for us to remain. 4. We insist that he stay home. 5. I am sorry he will come too.

F. Answer the following questions.

1. ¿Qué quiere Vd. que hagamos esta tarde? 2. ¿Prefiere Vd. que yo conduzca el coche o que tomemos el tren? ¿Por qué? 3. ¿Es necesario que Vds.

estudien esta noche? ¿Por qué?   4. ¿Teme Vd. que haya una guerra? ¿Qué recomienda Vd. que hagan las Naciones Unidas?   5. El Departamento de Estado cree que nuestro país siempre tiene razón en su política exterior. ¿Qué cree Vd.? ¿Duda Vd. que siempre tengamos razón?

V.   Translate the following story.

1. Get up (fam.), Dolores. I want you to go shopping.   2. Don't wake me up, Mom, I'm still sleeping.   3. Nowadays the kids don't want to do anything. 4. You ask them to do something and they refuse.   5. You forbid them to go out and they go out.   6. On the other hand, they study more and are more successful than we.   7. If you ask me, it's better for us to leave them alone *(tranquilo)* and hope they will change.   8. Parents insist that their children do everything they ask.   9. Children of the world, rise up and declare your independence!   10. Let us divorce ourselves from our parents!

VI.   Answer the following questions basing the answer on the picture. Use a noun clause in the response.

> EXAMPLE: ¿Qué quiere Lola de su novio?
> *Lola quiere que su novio le dé una sortija.*

1. ¿Qué pedirá Juanito a su papá?   2. ¿Qué le manda la madre a su hija?

3. ¿Qué ruega el novio a su novia?

4. ¿Qué ruega la novia a su novio?

5. ¿Qué dice un conductor al otro conductor?

6. ¿De qué tiene miedo el niño?

7. ¿Qué dice la madre a su hijo?

8. ¿Qué piensa la profesora de la estudiante?

9. ¿Qué piensa la estudiante de la profesora?

10. ¿Qué duda la cajera?

VII. Review of Lesson V

A. Answer the following questions using a pronoun where possible:

EXAMPLE: ¿Quieres comprarme esa joyita?
No, no quiero comprártela hoy.

1. ¿Quieres hacer un viaje al Canadá conmigo? 2. ¿Están Vds. poniendo un telegrama a sus padres? 3. ¿Nos acostaremos en los sofás? 4. ¿Te das cuenta de lo que estás diciendo? 5. ¿Habéis entrado en su casa? 6. ¿Me permites dar un paseo contigo? 7. ¿Le enviaste el paquete a tu madre? 8. A propósito, ¿le hicieron Vds. la pregunta al profesor? 9. ¿Piensan Vds. prestarnos el dinero mañana? 10. ¿Vas a ponerte el abrigo nuevo ahora?

B. Change the following sentences to the *se* form of the passive:

EXAMPLE: Encendieron la luz.
Se encendió la luz.

1. Estudian demasiado en esta universidad. 2. Escogieron a Ana. 3. Han pintado la casa. 4. Leerán los libros cuanto antes. 5. Hablan español en México. 6. Están terminando la tarea. 7. Las cartas fueron escritas. 8. Eligieron al presidente. 9. Estaban construyendo un palacio. 10. Han empezado el trabajo.

VOCABULARY

abandonar to abandon, leave
asombrado astonished

cajera cashier
clavel *m.* carnation
conducir to drive (a vehicle)
conductor *m.* driver
convenir (ie) to be suitable
costumbre; es— it is customary

devolver (ue) to return (give back)

equivocarse to be mistaken
esquiar to ski
estrangularse to strangle oneself

impedir (i, i) to prevent

jurar to swear

llegar a tiempo to arrive on time

mentir (ie, i) to lie
molestar to bother, annoy

paraíso paradise
pareja pair, couple
pescar to fish
política exterior foreign policy

relampaguear to flash (lightning)
rubí *m.* ruby

tronar (ue) to thunder

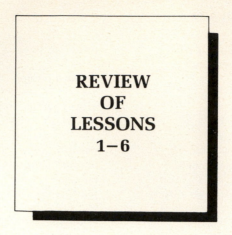

REVIEW OF LESSONS 1–6

I.   Change to the plural.

1. La trama del drama es muy interesante.   2. Este lápiz amarillo escribe muy bien.   3. Me gusta estudiar el idioma.   4. El niño tenía la mano sucia. 5. Esa casa grande es mía.   6. La chica inglesa vino a los Estados Unidos con su madre.

II.   Insert the definite article, then change the phrase to the plural:

1. _____ canción portuguesa   2. _____ luz roja   3. _____ problema difícil   4. _____ flor azul   5. _____ jardín lindo 6. _____ pared verde   7. _____ examen fácil   8. _____ viejo profesor   9. _____ primer bailarín   10. _____ buen pianista

III.   Translate.

1. their house and mine   2. these lessons and those (two ways)   3. our university and his   4. her papers and yours (fam. sing.)   5. my first chapter and this one   6. that tree (over there) and these   7. his father and yours (fam. pl.)   8. a friend of mine

IV.   Fill in the blanks with the appropriate form of **ser** or **estar**.

1. Cuando llegué a casa _____ las siete y media.   2. Hoy el cielo _____ gris.   3. Mi reloj no _____ de oro.   4. Su padre _____ médico.   5. La nieve cuando cae _____ blanca pero a los tres días _____ casi negra.   6. Mi novia _____ de Chile, pero ahora _____ en el Canadá.   7. Mi coche _____ en malas condiciones. 8. Mi profesora _____ simpática.   9. La casa _____ sucia porque

yo _____ enferma por tres días.   10. Nuestro profesor _____ amable pero hoy _____ enojado.

V.   Write the present tense of the verbs in parentheses.

1. Yo (volver) a casa.   2. Edita nos (pedir) algo otra vez.   3. Ellos no (querer) venir.   4. Mi hermanito nunca (lavarse) las manos.   5. Nosotros (comer) en la cafetería.   6. ¿(Encontrar) tú a tu marido en el café?   7. Mis amigos (divertirse) mucho en la fiesta.   8. Nosotros (ponerse) el impermeable. 9. Elvira (hacer) su maleta.   10. Yo (empezar) a tener frío.   11. Yo (coger) mis libros.   12. A propósito, ¿a qué hora (acostarse) vosotros?   13. ¿No (venir) tú con Federico?   14. Yo ya no (tocar) el piano.   15. Tú (poder) tener éxito.

VI.   Change the above verbs to the imperfect tense.

VII.   Change all the verbs in Section V to the preterite tense.

VIII.   Change the verbs in Section V to the future tense.

IX.   Change the following sentences to the past, using the preterite tense in the main clause.

1. Dice que han llegado.   2. Sabe que lo tendremos a tiempo.   3. Les escriben que se lo darán.   4. Me doy cuenta de que no ha venido todavía. 5. Me dicen que no lo has hecho.   6. Me pregunto qué edad tendrás.

X.   Change the following summary of a famous 19th century novel to the past, using the appropriate tense.

María va a vivir en Sevilla con su marido Fritz Stein. Antes vivía en un pueblo pero el duque los invitó a vivir en Sevilla. Ella llega a ser una gran cantante porque tiene una voz lindísima. Fritz es un gran cirujano y quiere mucho a su mujer. Sin embargo ella se enamora de un torero famoso, Pepe Vero. En Madrid empieza relaciones amorosas con Pepe y descuida a su marido. Éste, cuando se entera de la aventura de su mujer, se va para Cuba donde muere. María ahora es muy célebre pero sólo piensa en su amor por Pepe. Deja de cantar porque él no quiere que cante. Un día, aunque está enferma, va a la plaza para ver torear a Pepe. El toro embiste a Pepe y éste cae mortalmente herido. María, enferma y abandonada, pierde la voz y vuelve al pueblo. Allí se casa con el barbero que siempre ha desdeñado.

ADAPTED FROM *LA GAVIOTA* BY FERNÁN
CABALLERO, PSEUDONYM OF CECILIA BÖHL
DE FABER (1796–1877)

XI.   Rewrite the sentences, replacing the italicized nouns with pronouns.

1. Vamos a hacer *un viaje* la semana que viene.   2. Vamos a pedir *permiso a la maestra* ahora mismo.   3. Estábamos haciendo *las maletas*.   4. El camarero sirve bien *a los clientes*.   5. No pudimos abrir *la puerta*. 6. Tenemos que darles *la comida a los niños*.   7. Volveremos a visitar *a nuestros tíos* a menudo.   8. Entre tú y yo, podremos prestarle *el dinero*.

XII.   Change the following sentences to the passive construction using **se**.

1. La casa fue pintada.   2. Leyeron muchas novelas en la clase.   3. Alfredo fue elegido.   4. Todas las noches beben mucho vino.   5. En el Brasil hablan portugués.   6. Esos chicos serán castigados.   7. Han estudiado las lecciones.   8. La conferencia ha sido aplazada.

XIII.   Complete using command forms.

1. Déselo Vd. a él, no _____ a ella.   2. Háblenles Vds. en español, no _____ en inglés.   3. Llama tú a Eduardo, no _____ a Rosa. 4. Prestad vosotros atención a la profesora, no _____ atención a los chicos.   5. No vuelva Vd. hoy, _____ mañana.   6. No te acuestes ahora, _____ más tarde.   7. No nos sentemos aquí, _____ allí.   8. No me lo preguntes a mí, _____ a ellos.

XIV.   Complete the sentences by making the first sentence subordinate, using a subjunctive if necessary:

1. Hace mucho frío. Es lástima que _____   2. María hará el papel. Quiero que _____   3. Esto me hace daño. Saben que _____ 4. Lo haré yo. Me han pedido que _____   5. Hará buen tiempo mañana. No dudamos que _____   6. Tendrá lugar en el teatro. Nos dijeron que _____   7. Volveremos juntos. Será mejor que _____   8. No hablamos en la clase. El profesor no permite que _____   9. Te quiero mucho. Es verdad que _____   10. Lo saben. ¿Prefieres que _____ ?

LESSON

The Present Perfect Subjunctive
The Imperfect Subjunctive
The Past Perfect Subjunctive
Sequence of Tenses
Conditional Sentences (If-Clauses)
Uses of the Subjunctive in a Main Clause
Idioms and Word Study

I. THE PRESENT PERFECT SUBJUNCTIVE

A. Formation of the Present Perfect Subjunctive
Just as the *present perfect indicative* is formed by using the present tense of the auxiliary verb **haber (he, has, ha, hemos, habéis, han)** + the past participle, so the *present perfect subjunctive* uses the present subjunctive of **haber** + the past participle.

haya
hayas
haya
hayamos   } tomado, comido, venido
hayáis
hayan

B. Use of the Present Perfect Subjunctive

The present perfect subjunctive is used when the verb in the main clause requires the subjunctive and the present perfect is called for in the dependent clause.

Compare the sentences:

Sabemos que han llegado.	*We know that they have arrived.*
Dudamos que **hayan llegado**.	*We doubt that they (may) have arrived.*
Acabo de saber que ha muerto.	*I have just learned that he has died.*
Siento que **haya muerto**.	*I am sorry that he has (may have) died.*

EXERCISE 1.

Complete the sentence, changing the verb in the dependent clause to the subjunctive:

1. Dicen que ha hecho mucho calor aquí. Dudan que _____ 2. Creemos que han tenido mucho éxito. Esperamos que _____ 3. Me escriben que Elena se ha hecho daño. Sentimos que _____ 4. Sé que has vuelto a verla. Me alegro de que _____ 5. Es verdad que me he enfermado. No es verdad que _____ 6. No dudo que lo han dicho Vds. Dudo que _____ 7. Declaran que hemos sido culpables. No les gusta que _____ 8. Está claro que habéis querido hacerlo. Es probable que _____

II.   THE IMPERFECT SUBJUNCTIVE

A. Formation of the Imperfect Subjunctive

All verbs, *without exception,* form the imperfect subjunctive by taking the **ellos** form of the preterite tense **(hablaron)**, dropping the **-ron** ending, and adding either of the following sets of endings:

-ra, -ras, -ra, -ramos, -rais, -ran
-se, -ses, -se, -semos, -seis, -sen

tomar:	tomara, tomaras, tomara, tomáramos, tomarais, tomaran
(tomaron)	tomase, tomases, tomase, tomásemos, tomaseis, tomasen
vender:	vendiera, vendieras, vendiera, vendiéramos, vendierais,
(vendieron)	vendieran
	vendiese, vendieses, vendiese, vendiésemos, vendieseis,
	vendiesen
servir:	sirviera, sirvieras, sirviera, sirviéramos, sirvierais, sirvieran
(sirvieron)	sirviese, sirvieses, sirviese, sirviésemos, sirvieseis,
	sirviesen
hacer:	hiciera, hicieras, hiciera, hiciéramos, hicierais, hicieran
(hicieron)	hiciese, hicieses, hicese, hiciésemos, hicieseis, hiciesen

NOTE: Only the first person plural has a written accent. In almost all cases, either the **-ra** or **-se** form may be used interchangeably. There is, however, a preference for the **-ra** form in Spanish America.*

B.   Use of the Imperfect Subjunctive
   The imperfect subjunctive is used when the verb in the main clause requiring a subjunctive expresses an action that happened in the past (imperfect, preterite, past perfect or conditional tense). Compare the sentences:

Quieren que yo lo haga.	*They want me to do it.*
Querían que yo lo hiciera.	*They wanted me to do it.*
Dudo que lo tenga.	*I doubt that he has it.*
Dudaba que lo tuviera.	*I doubted that he had it.*
Será necesario que aparezcan.	*It will be necessary for them to appear.*
Sería necesario que aparecieran.	*It would be necessary for them to appear.*
Siento que no esté aquí.	*I am sorry that he is not here.*
Sentía que no estuviera aquí.	*I was sorry that he was not here.*
Me piden que se lo diga a ellos.	*They ask me to tell it to them.*
Me pidieron que se lo dijera a ellos.	*They asked me to tell it to them.*

* The **-ra** form is also sometimes used as a substitute for the conditional. From the song *Aurora*:

Si tú fueras más sincera, ay, ay, ay, ay,	*If you were more sincere,*
Aurora	*ay, ay, ay, ay, Aurora*
Cuántas cosas yo te diera, ay, ay, ay, ay,	*How many things I would give you . . .*
ay, Aurora.	*ay, ay, ay, ay, Aurora.*

EXERCISE 2.

A.   Write the imperfect subjunctive of the infinitives in parentheses.

1. Insistieron en que nosotros _____ (salir, traducir, volver).   2. Era una lástima que tú no _____ (darse cuenta, vencer, seguir).   3. Dudábamos que ellos _____ hacerlo. (saber, poder, alegrarse de)   4. Recomendaría que él se lo _____ (decir, enviar, vender).   5. Habían sugerido que yo _____ temprano. (levantarse, irse, empezar)   6. Nos alegramos de que vosotros _____ (divertirse, venir, acostarse).

B.   Change the sentences to the past:

1. Quiero que lo hagas tú.   2. Es necesario que hagan las maletas.   3. Me han pedido que se lo traiga.   4. Prefiero que vayan de compras ellos.   5. Dice que le recomendará a Juan que estudie más.   6. Saben que llegaré cuanto antes.   7. Dudan que sepamos hacerlo.   8. Es mejor que lo traduzcáis vosotros.   9. Se han dado cuenta de que no es fácil hacerlo.   10. Dice que le aconsejará a Carlos que toque el piano.

III.   THE PAST PERFECT SUBJUNCTIVE

A.   Formation of the Past Perfect Subjunctive
The past perfect subjunctive is formed by using the imperfect subjunctive of **haber** (**hubiera** or **hubiese**) + the past participle.

hubiera, hubieras, hubiera,
  hubiéramos, hubierais,
  hubieran
hubiese, hubieses, hubiese,   } tomado
  hubiésemos, hubieseis,
  hubiesen

B.   Use of the Past Perfect Subjunctive
The past perfect subjunctive is used when the main verb requires the subjunctive and the past perfect is called for in the dependent clause.

Dudábamos que lo hubiesen hecho.	We doubted that they had (might have) done it.
Era posible que hubieran salido.	It was possible that they had (might have) left.
Sus padres se alegraban de que se hubiese casado.	His parents were glad that he had gotten married.

EXERCISE 3.

Complete the sentence, changing the verb in the dependent clause to the past perfect subjunctive:

1. Sabían que habías vuelto a hacerlo. Temían que _____ 2. No negó que había sucedido así. Negó que _____ 3. Supieron que se lo habías dado tú. Esperaban que _____ 4. Creíamos que lo habían dicho ellos. No creíamos que _____ 5. Sabíamos que había llevado una vida tranquila. Preferiríamos que _____ 6. Era evidente que no habían estado de acuerdo. No era evidente que _____

IV. SEQUENCE OF TENSES

A. Normally, if the main verb is in the present, future, or present perfect indicative, the subordinate verb is in the present or present perfect subjunctive.

The command form is followed only by the present subjunctive.

If the main verb is in a past or conditional tense, an imperfect or past perfect subjunctive is called for. The most common combinations follow.

Main clause (indicative)		Dependent clause (subjunctive)
Present: Siente Future: Sentirá Pres. perf.: Ha sentido	que	llegues tarde. hayas llegado tarde.
Command: Dígale	que	llegue temprano.
Preterite: Sintió Imperfect: Sentía Past Perf.: Había sentido Conditional: Sentiría	que	llegaras (llegases) tarde. hubieras (hubieses) llegado tarde.

Espero que lo sepan.	*I hope they (may) know it.*
Les diré que se vayan.	*I will tell them to leave.*
Es probable que lo hayas encontrado.	*It is probable that you have found it.*
Le he pedido que lo pague.	*I have asked him to pay for it.*
Le dije que se fuera.	*I told him to leave.*
Sentíamos que no hubieran venido.	*We were sorry they had not come.*

B. The imperfect or the past perfect subjunctive may be used after a present tense, however, if logically called for.

Algunos eruditos niegan que Colón descubriera el Nuevo Mundo.	*Some scholars deny that Columbus discovered the New World.*

Dicen que es posible que marineros de otro país hubieran llegado antes.	*They say that it is possible that sailors from another country had (might have) arrived earlier.*

EXERCISE 4.

Write the proper form, indicative or subjunctive, of the verb in parentheses:

1. Los novios me rogaron que no (encender) _____ la luz. 2. Dicen que Mario (realizar) _____ su ambición. 3. Prefiero que María le (dar) _____ las gracias. 4. Nos pidieron que (volver) _____ al día siguiente. 5. Han sugerido que nosotros (escoger) _____ las mejores cerezas. 6. La profesora había exigido que los estudiantes (leer) _____ toda la novela. 7. Era una lástima que ellos nunca (estar) _____ de acuerdo. 8. Se había dado cuenta de que su futuro marido (ser) _____ un vago. 9. Será posible que vosotros (poder) _____ hacerlo. 10. Carlos permitiría que tú (acompañar) _____ a su novia al baile.

V. CONDITIONAL SENTENCES (IF-CLAUSES)

A. The subjunctive after **si**

To express a condition contrary to fact in the present time, Spanish uses the conditional in the main clause and the imperfect subjunctive in the **si** clause.

Luis nos ayudaría si estuviera (estuviese) aquí.	*Luis would help us if he were here.*
Irían a España si tuvieran (tuviesen) el dinero.	*They would go to Spain if they had the money.*
Si yo fuera (fuese) usted, no diría eso.	*If I were you, I would not say that.*

From the romantic song *Cuatro vidas:*

Si tuviera cuatro vidas cuatro vidas serían para ti.	*If I had four lives My four lives would be for you.*

From *Adelita*, a popular song of the Mexican revolution of 1910:

Si Adelita se fuera con otro	*If Adelita were to go away with someone else*
le seguiría la huella sin cesar;	*I would follow her footprints without rest;*
si por mar en un buque de guerra,	*If by sea, in a warship,*
si por tierra en un tren militar.	*If by land, in a military train.*

Si Adelita quisiera ser mi esposa,	If Adelita wanted to be my wife,
si Adelita ya fuera mi mujer,	If Adelita were my wife,
le compraría un vestido de seda,	I would buy her a silk dress,
para llevarla a bailar al cuartel.	To take her to dance at the barracks.

1.   To express a condition contrary to fact in the past, Spanish uses the past conditional *(would have + past participle)* in the main clause, and the past perfect subjunctive in the **si** clause. The past perfect subjunctive **-ra** form (**hubiera** + *past participle*) may be used as a substitute for the past conditional in the main clause.

Nos habría (hubiera) ayudado si hubiera (hubiese) estado aquí.	He would have helped us if he had been here.
Habrían (hubieran) ido a España si hubieran (hubiesen) tenido el dinero.	They would have gone to Spain if they had had the money.

2.   Other combinations are possible if logically called for:

Si hubieran (hubiesen) estudiado antes no tendrían problemas ahora.	If they had studied before, they would not have problems now.
Nos habría acompañado si no tuviera (tuviese) que trabajar hoy.	He would have accompanied us if he did not have to work today.

B.   The indicative after **si**.
The most frequent combination is the present indicative in the **si** clause and the future in the main clause, but other tenses may be used if called for.

Si llueve esta tarde, no iremos a la playa.	If it rains this afternoon, we won't go to the beach.
Si trabaja, gana bastante dinero.	If he works he earns enough money.
No le des nada si no termina a tiempo.	Don't give him anything if he doesn't finish on time.
Si él tenía dinero, yo no lo sabía.	If he had money, I did not know it.

From a popular *copla:*

Si duermo, sueño contigo,	*If I sleep I dream of you,*
Si despierto, pienso en ti . . .	*If I awake, I think of you . . .*

From the lively, romantic song *Aurora:*

Si por ti de amor yo muero,	*If I die of love for you,*
ay, ay, ay, ay, Aurora,	*ay, ay, ay, ay, Aurora,*
No pretendas mi dinero,	*Don't claim my money,*
ay, ay, ay, ay, Aurora . . .	*ay, ay, ay, ay, Aurora . . .*

C. After **como si**, the imperfect or past perfect subjunctive must be used to express an untrue or hypothetical situation.

Gastan dinero como si tuvieran un millón de dólares.	*They spend money as if they had a million dollars.*
Habla francés como si hubiera pasado varios años en Francia.	*She speaks French as if she had spent several years in France.*

From the all-time favorite song, *Bésame:*

Bésame, bésame mucho,	*Kiss me, kiss me a lot,*
Como si fuera esta noche la última vez . . .	*as if tonight were the last time . . .*

EXERCISE 5.

Write the proper form, indicative or subjunctive, of the verb in parentheses:

1. Si nosotros (tener) _____ dinero, habríamos hecho el viaje a Buenos Aires. 2. Si (hacer) _____ mucho calor la semana que viene, nos quedaremos en casa. 3. Si Vds. (prestar) _____ atención, sabrían lo que dice el profesor. 4. Lo haría con mucho gusto si Vd. me (dar) _____ el permiso. 5. Por lo general, mi novio y yo (ir) _____ al cine si hacía frío. 6. La maestra lo miró como si (ser) _____ un burro. 7. Si yo lo hubiera sabido, se lo (decir) _____ . 8. Si tú (dormir) _____ menos y (estudiar) _____ más, saldrías mejor en los exámenes. 9. Si tú (querer) _____ , ponle un telegrama a Pedro. 10. Al contrario, me trataron como si yo (ser) _____ un rey.

VI.   USES OF THE SUBJUNCTIVE IN A MAIN CLAUSE

A. The **-ra** form of the imperfect subjunctive is used with **deber**, **querer** and **poder** in a main clause to make a polite or softened assertion.

Vds. debieran estudiar más.	*You really ought to study more.*
Quisiéramos ir con Vds.	*We would like to go with you.*
¿Pudiera Vd. ayudarme?	*Could you help me?*

The refrain from the sentimental Mexican song *Canción mixteca:*

Quisiera llorar, quisiera	*I would like to cry, I would like*
morir de sentimiento . . .	*to die from grief . . .*

From an old Cuban tune, *El botecito:*

Ay, si es que se perdiera,	*Ah, if it should get lost,*
ir lejos yo quisiera . . .	*I would like to go far away . . .*

B. The subjunctive is used after the word **¡ojalá (que) . . . !**, variously translated as *would that . . ., if only . . ., I hope . . .* The present subjunctive is used with reference to something that may happen in the future; the imperfect and past perfect subjunctives are used for contrary to fact situations in present and past times, respectively.

¡Ojalá que lleguen pronto!	*I hope they arrive soon!*
¡Ojalá que estuviera aquí!	*Would that he were here! (If only he were here!)*
¡Ojalá que nunca la hubiera conocido!	*I wish I had never known her!*

Ojalá standing alone may mean *I hope so, I wish it were so.*

—¿Sabes que el profesor no viene hoy? —Ojalá.	*—Do you know the teacher is not coming today? —I hope so.*
—Estoy seguro de que ya lo sabes de memoria. —Ojalá.	*—I am sure you already know it by heart. —I wish it were so.*

C. The subjunctive may be used after the Spanish equivalents of *maybe, perhaps:* **acaso, quizá(s), tal vez.** The use of the subjunctive indicates a greater feeling of doubt on the part of the speaker.

No te preocupes; quizás vendrá (or venga) en el próximo vuelo.	*Don't worry; perhaps he'll come on the next flight.*
Tal vez no lo saben (or sepan) todavía.	*Perhaps they don't (may not) know it yet.*

EXERCISE 6.

A. Make the following statements softer, more polite, by substituting a subjunctive for the italicized verb:

1. *Quiero* un vaso de agua. 2. ¿*Puedes* prestarme cien dólares? 3. *Queremos* llevarte al teatro. 4. *Debemos* hacer menos ruido. 5. ¿*Pueden* Vds. acompañarnos?

B. Express the same feeling using sentences starting with the words indicated:

1. Espero que vengan mañana. Ojalá que _____ 2. Sé que lo harán. Quizás _____ 3. Dudo que lo hagan. Quizás _____ 4. Temo que llueva mañana. Tal vez _____ 5. Espero que me dé una A. Ojalá _____ 6. Estoy seguro de que lo hizo ella. Tal vez _____

C. Translate, using **ojalá (que), quizás,** or **tal vez**:

1. I wish it were possible! 2. Would that it had been so! 3. Perhaps he may do it. 4. Perhaps he said it. 5. I hope it doesn't rain. 6. He said that? I hope so.

VII. IDIOMS AND WORD STUDY

A.	al contrario	on the contrary
	calle arriba	up the street
	calle abajo	down the street
	dar las gracias	to thank
	estar de acuerdo	to agree, be in agreement
	llevar una vida	to lead a life
	poner un telegrama	to send a telegram
	¿Qué tal?	How goes it?
	¿Qué tal (le) parece . . . ?	How do (you) like . . . ? What
	or ¿Qué (le) parece . . .?	do (you) think of . . . ?
	tener que ver con	to have to do with
	no tener nada que ver con	to have nothing to do with
B.	realizar	to realize (carry out, fulfill)
	darse cuenta de	to realize (become aware of)
	Realizó su sueño de hacerse rico.	He realized his dream to become rich.
	Me doy cuenta de que debo trabajar más.	I realize that I should work more.

EXERCISE 7.

Fill in the blanks with one of the above idioms or words:

1. Estaban caminando _____ . 2. Como tenía prisa, en vez de escribirle, yo le _____ . 3. María _____ su ambición de ser abogada. 4. Desde que se divorció, Elena _____ muy tranquila. 5. Nosotros no _____ de las dificultades que íbamos a encontrar. 6. ¿ _____ la novela? 7. Yo _____ ese asunto. 8. Cuando le dio el regalo Ana, Juan le _____ efusivamente. 9. Vio a su novia andando _____ . 10. No pelean nunca; siempre _____ .

CLASS EXERCISES

I. Combine the sentences, making all necessary changes.

> EXAMPLE: Ha muerto su padre. Es una lástima _____
> *Es una lástima que haya muerto su padre.*

1. Ha llegado su novio. Se alegra _____ 2. Han andado calle arriba. Le sorprende _____ 3. Me he levantado tarde. Es verdad _____ 4. El profesor ha exigido mucho trabajo. No nos alegramos _____ 5. Habéis vuelto temprano. Es mejor _____ 6. Lo hemos terminado. Les gusta _____ 7. Has mentido. Está claro _____ 8. Te has puesto gordo. Es una lástima _____

II. A. Change the dependent verb to correspond to the subjects indicated.

1. Dudaron que lo *hiciéramos nosotros*.
   a. tú b. yo c. ella d. vosotros e. Juan y Pablo
2. Quería que *yo me acostara* temprano.
   a. nosotros b. Vds. c. tú d. Elena e. vosotros
3. Preferirían que se lo *dijera Vd*.
   a. tú b. vosotros c. nosotros d. yo e. ellas
4. No había permitido que *ellos entrasen*.
   a. nosotros b. Juan c. tú d. yo e. vosotros
5. Convenía que lo *escribieses tú*.
   a. ellas b. Vd. c. vosotros d. yo e. nosotros

B. Answer the questions using a noun clause.

> EXAMPLE: ¿Me aconsejaría Vd. que estudiara francés?
> *Sí, yo le aconsejaría que estudiara francés.*

1. ¿Preferirías que el profesor te diera una A o una B? 2. ¿Permitiría su madre que Vd. durmiera en casa de un amigo o una amiga? 3. Cuando tenías siete años, ¿era necesario que tu madre te llevara a la escuela? 4. ¿Nos gustaría que nos diesen cinco meses de vacaciones? 5. ¿Qué regalo pedirías que tu novio (novia) te diera para tu cumpleaños? 6. ¿Fue verdad que Vds. estudiaron mucho el semestre pasado? 7. ¿Les sorprendió a Vds. que los profesores tuviesen hijos? 8. ¿Dudaba Vd. que fuese posible aprender a hablar español? 9. ¿Bastaría que tu futuro(-a) esposo (esposa) fuera rico(-a)? 10. ¿Qué otras cualidades te gustaría que tuviera?

C.   Translate.

1. I want her to sing.   2. I wanted her to sing.   3. They forbid me to leave.
4. They forbade John to leave.   5. It is impossible for them to do it.   6. It
was important that she translate it.

III.   Combine the sentences, changing the verb to the subjunctive if necessary.

> EXAMPLE: Se lo había dicho él. Lo sentían.
> *Sentían que se lo hubiera dicho él.*

1. Se había quedado solo. Lo temían.   2. Se habían enojado mucho. Era
cierto.   3. El choque le había hecho mucho daño. Lo sintieron.   4. Habíamos
corrido calle arriba. No lo creían.   5. Habían tenido éxito. Se alegraron.   6.
Nos habíamos divertido. Le sorprendió.   7. Habías tenido mucha suerte. Lo
dudaron.   8. Habíamos sido felices. Se dieron cuenta.

IV.   A.   Fill in the blanks with the appropriate form of the verbs in parentheses.

1. Pablo era un muchacho bastante feo. Le habría gustado que una muchacha
(enamorarse) _____ de él, pero no (suceder) _____ así.   2. Pidió
a unas muchachas que (ir) _____ al cine con él, pero ninguna (decir)
_____ que sí.
3. —Es verdad que yo no (ser) _____ guapo, (decir) _____ Pablo,
—pero no soy malo y soy capaz de hacer que alguna chica (divertirse)
_____ saliendo conmigo.
4. Su madre le decía que (salir) _____ y (ir) _____ a un baile. Allí
habría muchas chicas.
5. —Es necesario que tú (salir) _____ , decía ella.   6. —En casa no (encontrar) _____ a nadie.   7. Yo preferiría que (salir) _____ a que te
(quedar) _____ en casa como un bobo.   8. Ha sido una lástima que no
(encontrar) _____ una buena compañera.
9. Pablo sabía que su madre lo (querer) _____ mucho y que se lo (decir)
_____ por su bien.
10. Al día siguiente fue a un baile y allí vio a una muchacha no muy linda,
sentada en un rincón. Tímidamente le pidió que (bailar) _____ con él
y le asombró que ella (aceptar) _____ en seguida.
11. Esa noche Pablo volvió a casa muy contento. Cuando vio a su madre le
dijo, —Me alegro mucho de que me (decir) _____ ayer que (ir)
_____ al baile.   12. Creo que (ser) _____ la mejor madre del mundo.

B.   Answer the following questions based on the above story.

1. ¿Qué le habría gustado a Pablo?   2. ¿Por qué estaba triste?   3. ¿Qué le
dijo su madre?   4. ¿Qué sorpresa tuvo cuando pidió a una muchacha que
bailara con él?   5. ¿De qué se alegraba Pablo?   6. ¿Es verdad que las chicas
no quieren salir con un muchacho feo?   7. ¿Qué debe hacer un joven feo
o una joven fea?   8. Alguien ha dicho que la belleza está en la mente del
que mira a otra persona. ¿Qué le parece esta observación?

C.   Translate.

1. They were glad we might come.   2. They are sorry we did not come.
3. They order us to work harder.   4. They ordered us to work harder.   5.
They recommended that we do it.   6. They are surprised that she will come.

V.   A.   Ask another student what he/she would do in the following cir-
cumstances and wait for an answer.

1. if he/she were sick   2. if he/she needed money   3. if he/she had to go
to work   4. if a thief asked him/her for his/her money   5. if a teacher had
given him/her an F   6. if a teacher had given him/her an A   7. if his/her
uncle left him/her a million dollars

B.   Ask the student.

1. what he/she does if it rains   2. what he/she does if he/she has time
3. what he/she used to do if he/she needed money   4. what he/she used to
do if it rained   5. what he/she does if his girl friend/her boy friend doesn't
want to go out

C.   Complete the sentences.

1. Me mira como si _____   2. Yo llevaba una vida como si _____
3. Él trabajaba como si _____   4. Comíamos como si _____   5.
Nadan como si _____

VI.   A.   Write the polite form of the verbs indicated.

     EXAMPLE: Yo (querer) _____ acompañarte.
                Yo quisiera acompañarte.

1. ¿(Poder) _____ (tú) explicarme esto?   2. Nosotros (deber) _____
escribirlo.   3. ¿(Querer) _____ (tú) tocar el piano?   4. Ella (deber)
_____ consultarle.   5. ¿(Poder) _____ Vds. esperarme aquí?   6.
Nosotros (querer) _____ entrar también.

B.   Express a thought related to the sentence.

     EXAMPLE: El bote está hundiéndose. ¡Ojalá que _____!
                ¡Ojalá que supiera nadar!

1. Mi madre está enferma. ¡Ojalá _____ !   2. No salí bien en el examen.
Tal vez el profesor _____   3. Necesito dinero. Quizás _____   4.
Estoy esperando ansioso(-a) a mi novia (novio). ¡Ojalá que _____ !   5.
Tengo que llevar este paquete muy pesado pero no puedo. ¡Ojalá que
_____ !   6. Deben venir mis amigos. Quizás _____

VII.   Answer the following questions.

1. ¿Qué clase de vida lleva Vd.?   2. Si alguien le diera a Vd. diez mil
dólares, ¿le daría Vd. las gracias?   3. ¿Es más barato mandar una carta o
poner un telegrama?   4. ¿Qué tiene que ver el estudio del español con su
vida?   5. ¿Cuál es la ambición que Vd. desea realizar?   6. ¿Se ha dado Vd.

cuenta de lo difícil que es aprender a hablar un idioma? 7. ¿Qué le parece la idea de hacer un viaje a un país hispano para aprender a hablar español? 8. ¿Está Vd. de acuerdo en que es mejor estudiar una lengua extranjera antes de ir al país extranjero? 9. ¿Prefiere Vd. estudiar mucho o, al contrario, estudiar lo menos posible? 10. Si una calle está en una colina, para subir, ¿anda Vd. calle arriba o calle abajo?

VIII.   Translate.

1. I would like you to do me a favor.   2. He looked at me as if I were asking for the moon.   3. I will ask him to take me home.   4. He realized afterwards that I meant my house, not his.   5. I am glad that one thing has nothing to do with the other.   6. Here is (aquí tienes) the hat (that) I just bought. What do you think of it?   7. If you like it, wear it.   8. Would that I had the courage to say what I think!   9. If I wore that hat I would look like a fruit tree.   10. It was better for me to keep quiet.

IX.   Answer the following questions, basing the answer on the picture. Use a noun clause in the response.

> EXAMPLE: ¿Qué le pidió el hombre al camarero?
> *Le pidió que trajera una cerveza.*

1. ¿Qué quería la niña?

2. ¿Qué duda la chica?

3. ¿Qué grita la madre a su hijo desde la ventana?

4. ¿De qué tenía miedo el hombre?

5. ¿Qué le dijo el padre a su hijo?

6. ¿Qué dijo el padre de su hijo?

7. ¿Qué mandó la madre que hiciera su hija?

8. ¿Qué es posible?

X. Review of Lesson VI.

A. Make commands of the following: Use familiar commands with first names.

>   EXAMPLE: Juan no habla mucho.
>   *Juan, no hables mucho.*

1. El profesor Gómez me da el libro.   2. Juanito no se hace daño con el cuchillo.   3. Los chicos no se levantan tarde.   4. Mario va de compras.   5. El señor Blanco pregunta por Ana.   6. Pablo y Elena escriben la tarea.   7. Isabel lo come.   8. El señor González y el señor Rivera se divierten.

B. Write the appropriate form of the verb in parentheses.

1. No quiero que lo (hacer) _____ tú.   2. Dudan que ellos (tener) _____ éxito.   3. Supieron que nosotros (acabar) _____ de llegar. 4. Es lástima que tú no (poder) _____ ayudarme.   5. Le pedimos a Elena que nos (llamar) _____ más tarde.   6. Es evidente que uno (entrar) _____ por aquí.   7. Dicen que hoy día los jóvenes (tener) _____ más libertad.   8. Es mejor que (cantar) _____ tú y no yo.

C. Translate.

1. I want him to come with me.   2. They advise me to stay home.   3. I am sorry you cannot come.   4. I beg her to marry me.   5. They prevent us from doing it.

VOCABULARY

ansioso anxious
asombrar to surprise
asunto matter

bastante enough, quite
bobo fool, "dummy"
bote *m.* boat

camarero waiter
capaz capable
cerveza beer
colina hill
cumpleaños m. birthday

choque m. collision

efusivamente effusively

exigir to demand
extranjero foreign

general: por lo— in general

idioma *m.* language

pelear to fight

rincón *m.* corner
rogar (ue) to beg

salir bien (mejor) to do well (better);
  —bien en un examen to pass an exam
sugerir (ie, i) to suggest

uva grape

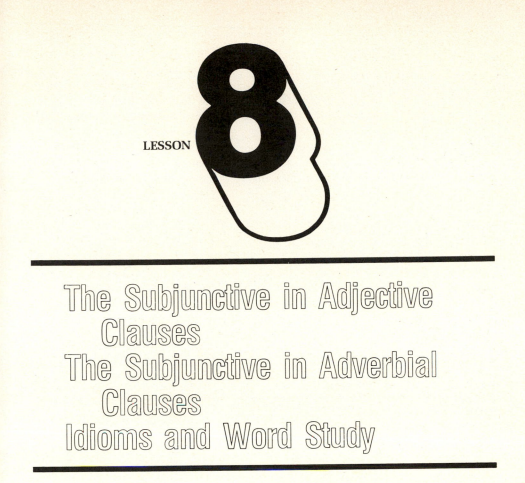

LESSON 8

The Subjunctive in Adjective Clauses
The Subjunctive in Adverbial Clauses
Idioms and Word Study

I. THE SUBJUNCTIVE IN ADJECTIVE CLAUSES

A. The subjunctive is used in adjective (or relative) clauses when the antecedent (noun or pronoun) in the main clause is indefinite or nonexistent.

NOTE: A personal **a** is not used before the indefinite or negative antecedent except before **alguien, nadie, alguno** and **ninguno**. Compare the following sentences:

Conozco a un hombre que habla griego. *(Definite person, no subjunctive)*

I know a man who speaks Greek.

Busco un hombre que hable griego. *(Indefinite)*

I am looking for a man who speaks Greek.

¿Conoce Vd. a alguien que hable griego? *(Indefinite)*

Do you know anyone who speaks Greek?

No hay nadie aquí que hable
  griego. (Nonexistent)

There is no one here who
  speaks Greek.

Buscábamos a alguien que
  hablase griego. (Indefinite)

We were looking for someone
  who spoke Greek.

Había mucha gente allí que le
  conocía. (Definite)

There were many people there
  who knew him.

No había nadie allí que le
  conociera. (Nonexistent)

There was no one there who
  knew him.

No hay mal que por bien no
  venga. (Proverb)

It's an ill wind that blows
  nobody good.

The following *copla* contains the subjunctive in lines 1 and 2 because the antecedent is nonexistent:

No soy bonita que asombre,
ni fea que cause miedo;
soy morenita y con gracia,

y así me quiere mi dueño.

I am not a beauty who dazzles,
Nor so ugly as to frighten;
I am a cute brunette with
  sparkle,
And that's the way my boy
  friend likes me.

Another *copla* has examples of the subjunctive:

—¿Hay quién nos escuche?
—No.

—Is there anyone listening to
us? —No.

—¿Quieres que te diga? —Di.

—Do you want me to tell you
  something? —Tell.

—¿Tienes otro amante? —No.

—Do you have another
  sweetheart? —No.

—¿Quieres que lo sea? —Sí.

—Do you want me to be it?
Yes.

B. The subjunctive may sometimes be used after a superlative when it implies some possible reservation on the part of the speaker.

Es el hombre más generoso que
  yo haya conocido.

He is the most generous man I
  have ever known.

C. The subjunctive is used after **el que, la que, los que, las que, lo que** when indefiniteness is involved; otherwise, the indicative is used.

Los que dijeron eso, mintieron.
  (Definite, no subjunctive)
Haré todo lo que Vd. quiere.
  (Definite, no subjunctive)

I shall do everything you wish.
  (You've told me what you
  want.)

| Haré todo lo que Vd. quiera. (Indefinite, subjunctive) | *I shall do everything you (may) wish. (I do not yet know what you want.)* |

From the popular Puerto Rican song:

| Los que dicen «adiós che» ésos no son de allí . . . (Definite, no subjunctive) | *Those who say, "Adiós che," They are not from there . . .* |

From the song *Salud, dinero y amor:*

| El que tenga un amor, que lo cuide, que lo cuide . . . (Indefinite, subjunctive) | *He who has (may have) a love, let him take care of it . . .* |

D. The subjunctive is used after indefinites, such as **cualquiera***, **quienquiera** and **dondequiera**, if there is uncertainty.

| Quienquiera que sea, no quiero verlo. | *Whoever he may be, I don't want to see him.* |
| Cualquier ventaja que le ofrezcas, no te la agradecerá. | *Whatever advantage you (may) offer him, he will not be grateful to you.* |

The indicative is used if there is no uncertainty.

| Quienquiera que conocía a ese sinvergüenza, le odiaba. | *Whoever knew that scoundrel hated him.* |

E. The expression **por (más)** + adjective or adverb + **que,** or **por mucho que,** is followed by the subjunctive unless certainty is expressed.

Por (más) rico que sea, nunca será feliz.	*No matter how rich he may be (or becomes), he will never be happy.*
Por (más) rico que es, no es feliz.	*No matter how rich he is, he is not happy. (He is known to be rich.)*
Por mucho que estudien, no lo aprenderán perfectamente.	*No matter how much they (may) study, they will not learn it perfectly.*
Por mucho que estudian, no lo aprenden perfectamente.	*No matter how much they study, they do not learn it perfectly. (They do indeed study.)*

---

* **Cualquiera** and its plural, **cualesquiera** lose their final **-a** before a noun.

EXERCISE 1.

A.   Change the sentence to make the antecedent indefinite:

1. ¿Conoces a la secretaria que habla español?   2. ¿Buscáis al chico que toca la guitarra?   3. Espero casarme con el hombre que se enamoró perdidamente de mí.   4. ¿Dónde tienes el televisor que funciona bien?   5. Llame al abogado que se especializa en divorcios.   6. Vamos a pasar las vacaciones en un país que es verdaderamente interesante.   7. Vamos a comer en el restaurante que no está cerca de aquí.   8. ¿Han visto al mago que es una maravilla?

B.   Rewrite the following sentences changing the antecedent to a negative one:

1. Tenemos una secretaria que habla griego.   2. Hay alguien aquí que quiere hablarte.   3. Tengo un televisor que funciona bien.   4. Busco algo que esté caliente.   5. Dijo que tenía algo que me gustaría.   6. Vi una casa que quería comprar.   7. Encontré a alguien que hablaba perfectamente el francés.   8. Ana tiene una amiga que llama la atención.

C.   Translate the dependent clause, then tell why the indicative or the subjunctive is used:

1. El que llegue primero, bailará con la reina.   2. Los que hicieron bien el trabajo, salieron bien en los exámenes.   3. Él no comprende lo que tú le dijiste ayer.   4. No comprenderá lo que tú le digas.   5. Dondequiera que vayan Vds., no serán bien recibidos.   6. Por mucho que él se esforzaba, no sacaba nada de ello.   7. Quienquiera que seas, no abriré la puerta.   8. Quien te dijo eso, mentía.   9. Cualquier casa que compréis, tendréis que pagar mucho por ella.

II.   THE SUBJUNCTIVE IN ADVERBIAL CLAUSES

A.   The subjunctive is always used in a clause after conjunctions denoting purpose, proviso, exception, etc. The most important conjunctions requiring this construction are:

para que	*in order that, so that*
a fin de que	*in order that, so that*
con tal (de) que	*provided that*
en caso (de) que	*in case, in the event that*
a menos que	*unless*
sin que	*without*

Lo repite varias veces para que la clase lo entienda bien.	*He repeats it several times so that the class will understand it well.*
Lo repitió para que la clase lo entendiera.	*He repeated it so that the class would understand it.*

Iremos contigo con tal de que no llueva.	*We will go with you provided it does not rain.*
Miraré la televisión a menos que haya un examen mañana.	*I shall watch television unless there is an exam tomorrow.*
Salid sin que nadie os vea.	*Leave without anyone's seeing you.*
Salieron sin que nadie los viera.	*They left without anyone's seeing them.*

The following lines from a popular song illustrate **para que** + subjunctive:

No te voy a querer,	*I'm not going to love you,*
ni te voy a besar,	*Nor am I going to kiss you,*
para que sufras . . .	*So that you may suffer . . .*

NOTE: The sequence of tenses discussed in Lesson VII, Section IV. A applies also to adverbial clauses, as in the above examples.

When there is no change of subject, the prepositions **para, a fin de, sin,** etc. + *infinitive* are normally used.

Lo repito varias veces para aprenderlo de memoria.	*I am repeating it several times in order to (so that I may) learn it by heart.*
Salid sin hablar con nadie.	*Leave without speaking to anyone.*

B. The conjunctions **de modo que** and **de manera que** take the subjunctive when purpose is intended, but the indicative when result is expressed.

Lo explicó de modo (manera) que lo comprendiéramos. (*Purpose*)	*He explained it so that (in order that) we might understand it.*
Lo explicó de modo (manera) que lo comprendimos bien. (*Result*)	*He explained it so that (with the result that) we understood it well.*

C. **Aunque** (*although, even though*) takes the subjunctive when there is doubt, conjecture or uncertainty.

Aunque me lo pida de rodillas, no cambiaré su nota.	*Although he may beg me on his knees, I shall not change his grade.*
Aunque me lo pidió de rodillas, no cambié su nota.	*Although he begged me on his knees, I did not change his grade.*

La mona, aunque se vista de seda, mona se queda. (Proverb)	A monkey, although she may dress in silk, remains a monkey. (Clothes do not make the man)

The following *copla* uses the subjunctive after **aunque** to indicate uncertainty:

Aunque tú no me quieras, tengo el consuelo de saber que tú sabes que yo te quiero.	Although you may not love me, I have the consolation Of knowing that you know That I love you.

From the romantic song *Te lo juro . . .*

Y aunque digan y comenten de tu vida, no me importa, yo te amo, te lo juro por mi amor.	And although they may talk and comment About your life, I do not care, I love you, I swear it by my love.

From the classical, heartrending *La llorona* (The Weeping Woman):

Aunque la vida me cueste, llorona, no dejaré de quererte . . .	Although it may cost me my life, llorona, I shall not stop loving you . . .

D. After Conjunctions of Time
The subjunctive is used after conjunctions of time when future or subsequent time is implied. The most common time conjunctions are:

cuando	*when*	en cuanto	*as soon as*
hasta que	*until*	luego que	*as soon as*
después (de) que	*after*	tan pronto como	*as soon as*
mientras (que)	*while*		

NOTE: **Antes (de) que** (*before*) is *always* followed by the subjunctive.

En cuanto venga se lo diré.	As soon as he comes I shall tell it to him.
En cuanto vino se lo dije.	As soon as he came I told it to him.
Esperen hasta que volvamos.	Wait until we return.

Me dijeron que esperarían hasta que viniera.	*They told me they would wait until I came. ("I came" is future in relation to the rest of the sentence.)*
Antes que te cases, mira lo que haces. *(Proverb)*	*Before you get married, watch what you're doing. (Look before you leap.)*
Volvieron antes de que saliéramos.	*They returned before we left.*

From a poem by the 19th century Cuban poet, Plácido (1809–1844):

Ya no me es posible dormir sin besarla,	*I can no longer sleep without kissing her,*
y mientras que viva no pienso dejarla.	*And as long as I live, I shall not leave her.*

NOTE: Habitual action takes the indicative.

Cuando se encontraban, siempre peleaban.	*When they used to meet they always fought.*
Cuando se encuentran, siempre pelean.	*When they meet they always fight.*

If there is no change of subject, the prepositions **antes de, después de** and **hasta** are generally used with the infinitive, rather than the corresponding conjunction plus subjunctive.

Antes de condenarlo, debes escuchar su explicación.	*Before condemning him, you should listen to his explanation.*

EXERCISE 2.

A.   Change the main verb from the present to the past, and the future to the conditional, making all other necessary changes:

1. Aunque tenga tiempo, no iré contigo.   2. Te doy ocho mil dólares para que te compres un coche.   3. Te doy ocho mil dólares, de modo que puedes comprarte un coche.   4. Dice que volverá cuando tenga más dinero.   5. Siempre cuando viene, le ofrezco una taza de café.   6. Lo haré con tal de que estemos de acuerdo.   7. A veces salgo de casa sin que se den cuenta mis padres.   8. Aunque no tiene la culpa, la castigan.   9. Me lo dice antes de que yo se lo pida.   10. No te lo diré a menos que prometas callarlo.

B.   Combine the sentences using the conjunction in parentheses:

1. Eduardo tomaba una copa de vino. Juanita tocaba la guitarra. (antes que)
2. María siempre venía a mi casa. Se lo pedía. (cuando)   3. Mi padre me

dio quinientos dólares. Me compré una nevera. (para que)   4. No me quedaré en casa. José vendrá mañana. (aunque)   5. La profesora me dio una F. Quedé muy triste. (de modo que)   6. Dijeron que no vendrían conmigo. Ana vendría con Pedro. (a menos que)   7. Ha dicho que hará el viaje. Yo la acompañaré. (con tal que)   8. Escribieron que habían enviado un regalo. Se lo daré a mi madre. (para que)   9. Nos saludaron. Nos vieron. (en cuanto) 10. Se lo diré. Le veré. (cuando)

III.   IDIOMS AND WORD STUDY

A. a veces   *sometimes*
    al principio   *at first*
    dejar de   *to stop (doing something)*
    de nuevo   *again*
    (doblar) a la derecha   *(turn) to the right*
    (doblar) a la izquierda   *(turn) to the left*
    llamar la atención   *to attract attention*
    todo derecho   *straight ahead*

B. pensar   *to think, intend*
    pensar en   *to think about (have on one's mind)*

    pensar de   *to think of (to be one's opinion)*

    Pienso en mis amigos.   *I think about my friends.*
    ¿Qué piensas de mi tío?   *What do you think of (What is your opinion of) my uncle?*

    Pienso hacer el viaje.   *I intend to take the trip.*
    Déjalo. Está pensando.   *Leave him alone. He is thinking.*

EXERCISE 3.

Fill in the blanks with one of the above expressions:

1. _____ me gusta ir al teatro solo.   2. Todos los que fuman deben _____ fumar.   3.   Esa   chica   siempre _____ cuando anda por la calle.   4. Para ir a su casa no sé si tengo que doblar _____ o _____ . 5. _____ después de la boda la vida conyugal es difícil.   6. ¿Qué _____ vosotros de la situación económica?   7. Empiezan _____ las mismas dificultades.   8. En la clase de español, yo siempre _____ aquel muchacho colombiano.   9. ¿Qué _____ (tú) hacer este verano?

CLASS EXERCISES

I. A. Fill in the blanks with the appropriate form of the verb.

1. ¿Conoce Vd. a alguien que (poder) _____ ayudarme? 2. Sí, conozco a alguien que (poder) _____ ayudarte. 3. No, no conozco a nadie que (poder) _____ ayudarte. 4. ¿Qué quieres para tu cumpleaños? Quiero una sortija que (tener) _____ diamantes y rubíes. 5. Por más que tú me lo (rogar) _____ , no cederé. 6. Dijo que la que (cantar) _____ mejor haría el papel de Carmen. 7. No había nada que le (llamar la atención) _____ a Isabel. 8. Cualquier cosa que tú (decir) _____ , no te creeré. 9. Por mucho que se lo (pedir) _____ tú, no te lo dará. 10. Mi esposa es la mejor mujer que yo (conocer) _____ .

B. Ask another student the following questions.

1. Does he/she know anyone who knows how to dance well. 2. Is there anyone in the class who sings well. 3. Is there anyone who studies a great deal. 4. Does he/she have a friend who will give him/her whatever he/she may wish. 5. Would he/she like to have an uncle who was rich. 6. Describe the ideal woman/man that he/she would like to meet. 7. Who is the best teacher of English he/she has known. 8. Will he/she pass the exam no matter how little he/she studies. 9. Will the one who studied most today get (sacar) the best grade. 10. Will the first one to arrive tomorrow get an A.

II. A. Rewrite the sentences, using the noun or pronoun indicated as the subject of a dependent clause.

    EXAMPLE: Lo compré sin verlo. (mi madre)
              Lo compré sin que mi madre lo viera.

1. Dejé de hacerlo para no molestar a mi amigo. (eso) 2. Antes de escribir la carta, lo llamé. (Pablo) 3. Iremos al cine con tal de pagar las entradas nosotros. (ellos) 4. No consentí a menos de hacerlo yo. (mi amigo) 5. No vendría él a tu casa sin llamarte. (nosotros)

B. Answer the question combining the information given in the preceding two sentences.

    EXAMPLE: Tengo que comprar muchos libros. Vds. tendrán que darme el dinero. ¿Bajo qué condiciones puedes comprar los libros?
              Puedo comprar los libros con tal de que Vds. me den el dinero.

1. Entré en casa tarde. Mis padres no se dieron cuenta. ¿Cómo entraste en casa? 2. Vendré a tu casa. Tendré tiempo. ¿Cuándo vendrás a mi casa? 3. Estoy trabajando como un caballo. Compraré un coche. ¿Para qué estás trabajando? 4. Salimos de casa. Después nos llamó María. ¿Cuándo salisteis de casa? 5. No puedo hacer el viaje. Quizá mi padre me dé el dinero. ¿Qué

le hace falta para hacer el viaje? 6. Decidí comprarme un traje nuevo. Tengo poco dinero. ¿Vas a comprarte un traje nuevo? (Use *aunque*) 7. Mañana te visitaré. Tal vez llueva. ¿Me visitarás mañana? 8. Caminaron mucho. Llegaron a casa muy cansados. ¿Qué resultó de haber caminado mucho? (Use *de modo que*)

C.   Answer the questions.

1. ¿Soñará Vd. con una muchacha (un muchacho) que sea guapa (-o) o que sea amable? 2. ¿Prefieres casarte con una mujer (un hombre) que trabaje o que se quede en casa? 3. ¿Vienes siempre a la clase aunque llueve o nieva? 4. ¿Vendrás aunque llueva mañana? 5. Cuando entró Vd. en la clase, ¿qué hacía el profesor? 6. ¿Para qué le dan dinero sus padres? 7. ¿Qué hacen Vds. antes de que empiece la clase? 8. Después de que termine el curso de español, ¿qué piensa Vd. hacer para no olvidarlo? 9. ¿Te levantas por la mañana sin que nadie te despierte? 10. ¿Encuentras a muchos amigos dondequiera que vayas?

III.   Read the following sentences. If a sentence is true say **sí**; if it is false say **no** and restate it to make it correct.

1. Los matrimonios se odian siempre al principio. 2. En la clase de español nunca cometemos faltas. 3. Una mujer bonita casi siempre llama la atención. 4. Dondequiera que ande hay que tener sueño. 5. *De nuevo* quiere decir *otra vez*. 6. Para aprender bien un idioma hay que dejar de estudiar mucho. 7. Para seguir una línea recta hay que ir a la izquierda o a la derecha. 8. Los enamorados nunca piensan el uno en el otro. 9. A veces caminamos por la calle sin tener cuidado. 10. *¿Qué les parece esto?* quiere decir *¿Qué piensan Vds. de esto?*

IV.   Translate.

1. Sometimes I am to blame. 2. What do you think of this story? 3. I must turn right when I get (*llegar*) to the next street. 4. Suddenly I see a child crossing the street, so I turn left and hit another car. 5. Children are a danger to (*para*) traffic. 6. At first, when I was learning to drive, I didn't pay attention to them. 7. Now I look at them without thinking about it. 8. I promised myself to keep looking at them so that I would not have more accidents. 9. Although I did not get hurt I will be careful in the future.

V.   Review of Lessons VI, VII and VIII

A.   Pick out the subjunctive, if there is one, and tell why it is used. Then translate the sentences.

> EXAMPLE: Dudan que sea así.
> *The subjunctive is always used after **dudar que** but not after **no dudar que**. They doubt that it is so.*

1. Prefirieron que lo hicieras de nuevo. 2. Es mejor que venga mañana. 3. Yo quisiera que llevaras una vida alegre. 4. Me dijeron que me esforzara

por vencer el obstáculo.   5. Aunque yo tuviera tiempo, no iría al cine con él.   6. Los que quieran, podrán venir conmigo.   7. Fue lástima que no lo hubieran sabido antes.   8. Si yo lo supiese, no te lo diría.   9. Cuando llegaron me pidieron que diéramos un paseo.   10. Es verdad que no lo sabían.   11. No es verdad que lo supieran.   12. Cualquier curso que sigas será difícil.   13. No habrá nada que me guste menos.   14. Siento que hayan vuelto tarde.   15. Te lo dije para que no repitieses la falta.   16. Me escribieron que vendrían al día siguiente.   17. Salió de su casa antes de que lo llamara yo.   18. Para casarse con ella le dijo que le daría todo lo que pidiera.   19. A veces temo que ella me haya olvidado.   20. ¡Ojalá que pudiésemos decírselo!

B.   Fill in the blanks with the proper form of the verbs in parentheses:

El libro talonario

En Rota, cerca de Cádiz, vivía un hortelano a quien llamaremos Buscabeatas, aunque éste no (ser) _____ su nombre. Los roteños eran muy trabajadores y (cultivar) _____ las mejores calabazas de España. Yo no conozco, ni creo que (haber) _____ en el mundo, labradores que (trabajar) _____ tanto como ellos. El calabacero pasa la mitad de su vida buscando substancias que (poder) _____ servir de abono. Cuidan de sus calabazas como si (ser) _____ sus propios hijos.

Aquel año Buscabeatas había criado muchas calabazas magníficas. Las conocía tan bien que les (dar) _____ nombres. Una mañana, con tristeza, dijo a sus queridas calabazas:

—Mañana voy al mercado de Cádiz y quiero que cuarenta de vosotras me (acompañar) _____ . ¡Feliz quien os (comer) _____ , pobres calabazas mías!

Al día siguiente cuando (volver) _____ para recogerlas, vio que alguien se las (robar) _____ . Empezó a calcular y comprendió que el ladrón no (poder) _____ estar en Rota, pues sería imposible que las (vender) _____ sin que él las (reconocer) _____ .

—Están en Cádiz—se dijo de repente—y cuando (llegar) _____ allí, cogeré al ladrón. Si lo (tener) _____ entre mis manos ahora, lo estrangularía.

En Cádiz se paró delante de un puesto de verduras y dijo a un policía:

—Éstas son mis calabazas. ¡(Coger) _____ Vd. a ese hombre!

—No es verdad que (ser) _____ las suyas—dijo el hombre— yo las he comprado.

Hubo un escándalo y pronto apareció el jefe, el cual (decir) _____ al vendedor:

—¿A quién ha comprado Vd. esas calabazas?

—Al tío Fulano, vecino de Rota—contestó el vendedor.

—Entonces es él quien me las (robar) _____ –gritó Buscabeatas.

—Pues, suponiendo que a usted le (robar) _____ las calabazas–dijo el jefe–¿cómo sabe Vd. si (ser) _____ las suyas? Es necesario que Vd. las (identificar) _____ con pruebas indisputables.

En ese momento llegó el vecino de Rota. El vendedor dijo:

—Me alegro de que (venir) _____ Vd. Dígales que estas calabazas no (ser) _____ robadas.

—Sí, eran mías y las vendí–dijo el ladrón.

—¡Mentiroso! ¡Son mías y voy a probárselo a todo el mundo!— exclamó Buscabeatas, desatando un saco que (traer) _____ consigo. Vds. saben que en el libro talonario siempre (quedar) _____ un pedazo para probar si los recibos (ser) _____ falsos o no. Pues aquí traigo el libro talonario de mi huerta, los tallos a que estaban unidas estas calabazas antes de que me las (robar) _____ el ladrón. Miren. Este tallo es de esta calabaza. Éste más ancho . . . es de aquélla. Y éste de ésta . . .

Y mientras que (hablar) _____ , iba pegando los tallos a las calabazas, uno por uno.

Todos se asombraron de que los tallos (corresponder) _____ perfectamente a las calabazas, y (empezar) _____ a reír y a gritar.

El ladrón fue a la cárcel y Buscabeatas a su casa, muy contento de (haber) _____ hallado de nuevo a sus queridas calabazas.

ADAPTED FROM THE STORY BY PEDRO
ANTONIO DE ALARCÓN (1833–1891),
AUTHOR OF THE FAMOUS *EL SOMBRERO DE
TRES PICOS*

C. Answer the following questions based on the above story.

1. ¿Qué piensa el autor de los roteños?   2. ¿Por qué dice Buscabeatas a sus calabazas: «Feliz quien os coma»?   3. ¿Qué sorpresa tuvo al día siguiente? 4. ¿Qué dijo al policía cuando vio sus calabazas en el puesto de verduras? 5. ¿Qué le dijo el policía que era necesario hacer?   6. ¿Por qué se alegró el vendedor al ver al vecino de Rota?   7. ¿Cómo probó Buscabeatas que las calabazas eran las suyas?   8. ¿Por qué quedó contento Buscabeatas?

VOCABULARY

abono fertilizer

calabacero pumpkin farmer
calabaza pumpkin
cómodo comfortable
copa goblet, glass (for wine)

desatar to untie
dondequiera wherever

entrada entrance, ticket (to movie, theatre, etc.)
escándalo uproar, row

esforzarse (ue) (por)   to strive (to)

falta: hacer—   to need, to be lacking

hortelano   vegetable farmer
huerta   vegetable farm, garden

labrador _m._   farmer, farm hand

mago   magician
matrimonio   married couple
mentiroso   liar
mercado   market

nevera   refrigerator

odiar   to hate

pegar   to stick, attach
perdidamente   wildly, madly
probar (ue)   to prove; to taste

prueba   proof
puesto de verduras   vegetable stand

quienquiera   whoever

recibo   receipt
recoger   to pick
recto   straight
roteño   native of Rota
rubí _m._   ruby

soñar (ue) (con)   to dream (about)

talonario: libro—   stub book
tallo   stalk
televisor _m._   television set

vecino   neighbor; resident
vencer   to win, overcome
verduras   vegetables

LESSON 9

Prepositions
Para and Por
Idioms and Word Study
The Infinitive and The Present Participle

I. PREPOSITIONS

The use of prepositions in Spanish and English usually corresponds. There are, however, many cases where the constructions are not parallel and may cause difficulties for the student.

A. The use of prepositions with the prepositional forms of the pronouns is discussed in Lesson V, Section I.B.

Me lo dio a mí, no a ti.	*He gave it to me, not to you.*
Entre nosotros, esto no es bueno para él.	*Just between us, this is not good for him.*

B. In English a present participle is used after most prepositions. Spanish uses the infinitive after all prepositions.*

---

* There is a rare use of **en** + present participle, rather archaic or literary, meaning "as soon as":

En nombrando al ruin de Roma, luego asoma. *(Proverb)*	*As soon as you mention the Evil One of Rome, he appears. (Speak of the devil and he appears.)*

Antes de regresar . . .	*Before returning . . .*
Sin trabajar . . .	*Without working . . .*
Después de sentarse . . .	*After sitting down . . .*

C. Some verbs are followed directly by an infinitive; others require a preposition before the infinitive.

1. Verbs requiring no preposition before an infinitive are:

aconsejar	*to advise*	olvidar	*to forget*
conseguir	*to succeed in*	parecer	*to seem*
deber*	*ought, should*	pensar	*to plan, intend to*
decidir	*to decide*	permitir	*to permit*
dejar	*to let, allow*	poder	*to be able to*
desear	*to desire*	preferir	*to prefer*
esperar	*to hope, expect*	prohibir	*to forbid*
fingir	*to pretend*	prometer	*to promise*
hacer	*to make, do*	querer	*to want, wish*
impedir	*to prevent*	rehusar	*to refuse*
intentar	*to attempt*	resolver	*to resolve*
lograr	*to succeed in*	saber	*to know how to*
mandar	*to order*	sentir	*to regret, be sorry*
necesitar	*to need*	temer	*to fear*

Siento molestarlos.	*I am sorry to bother you.*
¿Quién puede ayudarle?	*Who can help him?*
No sabe nadar.	*He doesn't know how to swim.*
No consiguió convencernos.	*He did not succeed in convincing us.*
¿Qué piensas hacer?	*What do you intend to do?*
Decidieron salir juntos.	*They decided to leave together.*

2. Verbs requiring **a** before an infinitive include verbs of beginning, motion, teaching and learning and a number of others. (As a mnemonic aid one may think of the BMT Lines of the New York City subway system.)

acercarse a	*to approach*	comenzar a	*to begin to*
acostumbrarse a	*to become accustomed to*	convidar a	*to invite to*
		correr a	*to run to*
acudir a	*to hasten, run (to help)*	decidirse a	*to decide to*
		detenerse a	*to stop to*
aprender a	*to learn to*	echarse a	*to begin to*
apresurarse a	*to hasten to*	empezar a	*to begin to*
atreverse a	*to dare to*	enseñar a	*to teach to*
ayudar a	*to help to*	incitar a	*to incite to*

* **Deber** may be followed by **de** to denote probability:
Deben (de) estar en casa.   *They must be at home.*

invitar a	to invite to	prepararse a	to prepare oneself
ir a	to go to		
negarse a	to refuse to	principiar a	to begin to
obligar a	to oblige to	resistirse a	to resist
oponerse a	to be opposed to	resolverse a	to resolve to
persuadir a	to persuade to	venir a	to come to
ponerse a	to begin to	volver a	to return to; do again

Me ayudó a aprender a nadar.	He helped me to learn to swim.
Se pusieron a trabajar.	They began to work.
No me atrevo a criticarlo.	I do not dare criticize it.
La convidaron a comer.	They invited her to eat.
Van a enseñarnos a conducir.	They are going to teach us to drive.

3. Verbs requiring **de** before an infinitive include:

acabar de	to have just	dejar de	to stop, fail to
acordarse de	to remember	encargarse de	to take charge of
alegrarse de	to be glad	olvidarse de	to forget
arrepentirse de	to repent	quejarse de	to complain
cansarse de	to tire	tratar de	to try to; deal with
cesar de	to stop	tratarse de	to be a matter of

¡Cuánto me alegro de verlo!	How glad I am to see you!
No dejes de llamarme.	Don't fail to call me.
Dejó de llamarme.	He stopped calling me.
Se arrepiente de haberlo hecho.	He regrets having done it.
Se trata de conseguir un préstamo.	It's a matter of getting a loan.
¡Traten de llegar a tiempo!	Try to arrive on time!

4. Verbs requiring **en** before an infinitive include:

consentir en	to consent to	insistir en	to insist on
consistir en	to consist of	persistir en	to persist in
empeñarse en	to insist on	quedar en	to agree to
equivocarse en	to be mistaken in	tardar en	to be late in, take time to

Se empeñó en pagar la cuenta.	He insisted on paying the bill.
No tardará en llegar.	He won't be long in arriving.
Quedamos en alquilarlo.	We agreed to rent it.
Ana consintió en casarse.	Ana consented to get married.

5. Two common verbs require **con** before an infinitive:

contar con	to count on	soñar con	to dream of

Cuento con verte a las nueve. *I am counting on seeing you at nine.*

Soñamos con ir a la capital. *We dream about going to the capital.*

D. Use of the preposition before nouns or pronouns.

1. Verbs that require a preposition in Spanish and differ from the usual translation in English are:

llegar a	*to arrive in (**or** at)*
oler a	*to smell of*
saber a	*to taste of*
depender de	*to depend on*
despedirse de	*to say good-bye to (to take leave of)*
enamorarse de	*to fall in love with*
llenar de	*to fill with*
reírse de	*to laugh at*
servir de	*to serve as*
tratar de	*to deal with*
consistir en	*to consist of*
pensar en	*to think of (about)*
apurarse por	*to worry about*
esforzarse por	*to strive to*
preocuparse por	*to worry about*
casarse con	*to get married to*
contar con	*to count on*
cumplir con	*to fulfill, keep (one's promise)*
encontrarse con	*to meet, run into*
soñar con	*to dream of*

José se enamoró de Ana, pero ella no quería casarse con él. *José fell in love with Ana, but she did not want to marry him.*

¿En qué consiste la felicidad? *What does happiness consist of?*

No te preocupes por eso. *Don't worry about that.*
Cuenta conmigo. *Count on me.*
¿De qué se trata? *What is it about?*
El informe trata de los problemas del gobierno actual. *The report deals with the problems of the present government.*
En casa de mi cuñado la sala huele a tabaco y la comida sabe a ajo. *In my brother-in-law's house the living room smells of tobacco and the food tastes of garlic.*

—Parece que siempre piensas en tu novia.

—It seems that you are always thinking about your girl friend.

—Es verdad. ¿Y qué piensas tú de ella?

—That's true. And what do you think of her?

Siempre cumple con su palabra.

He always keeps his word.

From a popular *copla:*

Si duermo sueño contigo, si despierto pienso en ti . . .

If I sleep I dream of you, If I awake, I think of you . . .

---

2. Some common Spanish verbs are equivalent to English verb + preposition and take a direct object. The preposition is not translated.

buscar	*to look for*	mirar	*to look at*
escuchar	*to listen to*	pedir	*to ask for*
esperar	*to wait for*		

No me mires así.

Don't look at me like that.

Buscamos un método fácil.

We are looking for an easy method.

Escúchame; quiero que esperes a tu tía en la esquina y que no le pidas dinero.

Listen to me; I want you to wait for your aunt at the corner and not to ask her for money.

3. Some Spanish verbs require a preposition whereas the English verb takes a direct object:

acercarse a	*to approach*	fijarse en	*to notice*
acordarse de	*to remember*	gozar de	*to enjoy*
asistir a	*to attend*	jugar a	*to play (a game)*
disfrutar de	*to enjoy*	olvidarse de	*to forget*
entrar en	*to enter*	parecerse a	*to resemble*
fiarse de	*to trust*	salir de	*to leave (a place)*

¿Te fijaste en el vestido que llevaba?

Did you notice the dress she was wearing?

En vez de asistir a clase, juega al tenis.

Instead of attending his class he plays tennis.

Siempre ha gozado de buena salud.

He has always enjoyed good health.

E. Personal a

1. Spanish requires an **a** before a direct object that refers to a definite person or persons.

¿Han visto a mi hermana?	*Have you seen my sister?*
Veo a los niños.	*I see the children.*
¿Conoce Vd. a Pedro Gómez?	*Do you know Pedro Gómez?*
Busco al médico.	*I am looking for the doctor.*

BUT: If the object is not a definite person, the personal **a** is not used.

Busco un médico.	*I am looking for a doctor.*
Los Piratas buscan peloteros latinos en Miami.	*The Pirates are looking for Latin ballplayers in Miami.*

2. The personal **a** is generally used before a direct object when it refers to an intelligent animal (such as one's pet), or personified things.

Llamó a su perro.	*He called his dog.*
No temían a la muerte.	*They were not afraid of death.*

3. The personal **a** is also used with:

interrogatives (**quién, quiénes, cuál, cuáles**)
relatives (**quien, quienes, el cual, el que**, etc.)
indefinites (**alguien, alguno, varios**, etc.)
negatives (**nadie, ninguno**, etc.)
demonstratives (**éste, ése**, etc.)

when referring to persons.

¿A quiénes vieron Vds.?	*Whom did you see?*
No conocemos a nadie aquí.	*We don't know anyone here.*
¿Esperas a alguien?	*Are you waiting for someone?*
¿A cuál conoces, a María o a su hermana?	*Whom (which one) do you know, María or her sister?*

4. The personal **a** is normally not used after the verb **tener**.

Tienen tres hijos.	*They have three children.*

BUT: If **tener** does not mean *have* in the literal sense, but rather *to be* or *to hold*, the personal **a** is used.

Tengo a mi padre enfermo en casa.	*I have my father ill at home. (My father is ill at home.)*
Tiene a la niña de la mano.	*She is holding the child by the hand.*

EXERCISE 1.

A. Insert a preposition, if necessary:

1. Anoche soñé _____ un banquete suntuoso.   2. Les pedí _____ dinero a mis padres.   3. Insistieron _____ que diéramos un paseo.

4. ¿ _____ qué te quejas?   5. Estaban buscando _____ un paraguas.
6. Ten cuidado si te enamoras _____ un marinero.   7. Este pollo sabe
_____ lana vieja.   8. Dejen _____ hacer tanto ruido.   9. Si me
ayudases _____ hacer mi tarea, te daría un buen regalo.   10. Por fin
lograron _____ realizar sus sueños.   11. No podemos depender
_____ él.   12. Quisiera servir _____ intérprete durante nuestro
viaje.   13. Esperaban _____ una respuesta pronto.   14. Se arrepintieron
_____ haberlo dicho.   15. Tardarán mucho _____ llegar.

B.   Insert the personal **a**, if necessary.

1. Buscaban _____ un chico que fuera fuerte.   2. No vimos _____
nadie.   3. Encontraron _____ la secretaria que hablaba griego.   4. Al
principio no quería ver _____ ningún hombre que se pareciera a su
antiguo novio.   5. No vieron _____ su amigo en la fiesta.

II.   *PARA* AND *POR*

A.   **Para** basically expresses:

1.   *Purpose* (in order to), *direction, destination,* or *intended for:*

¿Para qué estudia tanto? Para poder ingresar en la Facultad de Medicina.	*Why (for what purpose) does he study so much? In order to be able to get into medical school.*
Quiere estudiar para cirujano.	*He wants to study to be a surgeon.*
Partieron para Barcelona.	*They left for Barcelona.*
Estas cartas son para ti.	*These letters are (intended) for you.*
¿Para qué sirve?	*What is it for?*
No sirve para nada.	*It is not good for anything.*
Compré tazas para té.	*I bought teacups.*

The opening lines of a heartrending old song:

Me voy para Cumbanchoa,	*I am going away to Cumbanchoa,*
mi pueblo querido;	*my beloved village;*
Me voy para no volver jamás	*I am going away, never to return*
a buscar olvido.	*to seek oblivion.*

A stanza of the Mexican song of the Revolution, *La cucaracha*, mentions a Mexican city or state and what it is famous for:

Para sarapes, Saltillo,	*For serapes, Saltillo,*
Chihuahua para soldados,	*Chihuahua for soldiers,*
para mujeres, Jalisco,	*For women, Jalisco,*
para amar, toditos lados.	*For loving, everywhere.*

2. **Para** is also used to indicate a limit of time by which something is to be done.

Habremos terminado la novela para el martes.	*We shall have finished the novel by Tuesday.*

3. **Para** may mean *considering the fact that*, implying a comparison.

Para (un) profesor baila muy bien.	*For a teacher he dances very well.*

4. **Para** may mean *as for* or *to* oneself:

Para mí, eso no tiene importancia.	*As for me (as far as I am concerned), that has no importance.*
Lo dijo para sí.	*He said it to himself.*

B. **Por** has a wide variety of meanings and uses:

1. *along* or *through*:

Evidentemente los ladrones entraron por la ventana y salieron por la puerta.	*Evidently the thieves entered through the window and left through the door.*
Pasan el verano viajando por España.	*They are spending the summer traveling through Spain.*
¿Por dónde se sale?	*Which way (through where) does one leave?*

From the stirring Cuban song commemorating the attempted revolution against Spain in 1895:

Allá en el año 95	*Back in the year '95*
y por las selvas del Mayarí . . .	*and through the forests of Mayarí . . .*

From the Argentinian song, *Isabelita*, the opening lines:

A las cinco por Florida,	*At five o'clock along Florida (street),*
muy bien vestida,	*Very well dressed,*
pasa Isabel.	*Passes Isabel.*

2.   *For,* in the sense of during a period of time: (The word **por** is often omitted in this construction.)

Vivieron allí (por) muchos años.	They lived there (for) many years.
Iré a Buenos Aires por dos semanas.	I'll go to Buenos Aires for two weeks.

3.   *In exchange for:*

¿Cuánto pagaste por el mapa?	How much did you pay for the map?
Cambió su reloj por el mío.	He exchanged his watch for mine.
Ojo por ojo, diente por diente.	An eye for an eye, a tooth for a tooth.

4.   *For,* as the object of an errand:

Mandaron por el médico.	They sent for the doctor.
Fue a la tienda por pan y queso.	He went to the store for bread and cheese.
Ir por lana y volver trasquilado. *(Proverb)*	To go for wool and come back shorn.

5.   *For* (the sake of), *because of:*

Lo hizo por su familia.	He did it for his family.
No pudimos salir por el calor.	We could not go out because of the heat.
Madrid es conocido por sus museos.	Madrid is famous for its museums.

From the song *Aurora:*

Por tu querer yo te daré	For your affection I shall give you
si fiel me das tu amor . . .	If you give me your love faithfully . . .

From the Cuban *Vals del estudiante:*

Yo por ti no voy a la escuela,	Because of you I don't go to school,
Yo por ti no voy a estudiar,	Because of you I am not going to study,
Yo por ti no voy al colegio,	Because of you I don't go to school,
Y es por ti que no soy colegial.	And it is because of you that I am not a student.

6. **Por** equals the English *per* before units of measure.

El límite de velocidad es ochenta kilómetros por hora.	*The speed limit is 80 kilometers an hour.*
Diez por ciento de los alumnos fueron suspendidos.	*Ten percent of the students failed.*
Los huevos se venden por docena.	*Eggs are sold by the dozen.*
Pagamos cinco dólares por hora.	*We pay five dollars an hour.*

7. *Times* (multiplied by) in arithmetic:

Cuatro por cinco son veinte.	*Four times five is twenty.*

8. *By* (means of):

Deben mandar las cartas urgentes por avión.	*They should send the urgent letters by airmail.*
Muchos inmigrantes vinieron por barco.	*Many immigrants came by boat.*

9. *By* (the agent) in the passive construction:

Las Novelas ejemplares fueron escritas por Cervantes.	*"The Exemplary Novels" were written by Cervantes.*

From the song *Isabelita*:

Nadie ha conseguido ser preferido por Isabel.	*No one has succeeded In being preferred by Isabel.*

10. **Por** before an infinitive indicates that something remains to be done.

Todavía queda mucho por escribir.	*There is still a lot to be written.*
Más vale el mal conocido que el bien por conocer. (Proverb)	*The bad that you know is better than the good that may yet be known.*

11. **Por** is used in many idiomatic expressions. Some of the most common are:

por allí, por aquí	*around there, around here*
por casualidad	*by chance*
por consiguiente	*therefore, consequently*
por de pronto	*for the time being*
por el estilo	*of the sort, of the same kind*
¡por Dios!	*for Heaven's sake!*
por ejemplo	*for example*
por eso	*therefore, for that reason*

por favor	*please*
por fin	*finally*
por la mañana*	*in the morning*
por la noche	*in the evening*
por la tarde	*in the afternoon*
por lo general	*in general*
por lo menos	*at least*
por lo tanto	*therefore*
por lo visto	*evidently*
por medio de	*by means of*
por primera vez	*for the first time*
por supuesto	*of course*
por todas partes	*everywhere*
por último	*finally*

EXERCISE 2.

A. Tell why **por** or **para** is used in the following sentences:

1. Haré la tarea por ti.   2. Para un viejo es muy ágil.   3. Ten cuidado, este dinero no es para ti.   4. ¿Han viajado Vds. por Chile?   5. Ana, si quieres, te daré mi tocadiscos por el tuyo.   6. Nos quedaremos allí por dos semanas.   7. Terminarán el trabajo para el mes que viene.   8. Mañana salimos para el Canadá.   9. Mi padre me envió por vino.   10. Dio su vida por nosotros.   11. No salió bien en el examen por ser vago.   12. Hice este traje por María para Elena porque María no sabía coser.

B.   Use an idiom with **por** in the blank spaces:

1. No les gusta levantarse temprano _____ .   2. Juanito, no hagas eso ni otra cosa, _____ .   3. Me gustaría ganar _____ mil pesos por semana.   4. Mi cuñado siempre nos visita _____ a la hora de comer.   5. La vio _____ en Laredo.   6. Estudió muchos años para médico y _____ realizó su ambición.   7. Tu novia, _____ , es rica si te da tantos regalos.   8. _____ se encuentran locos.   9. Hay mucha gente mala _____ .   10. No digáis eso, ¡ _____ !

III.   IDIOMS AND WORD STUDY

A. a (los dos días)	*after (two days)*
al otro día	*the next day*
al poco rato	*after a while*
de ningún modo, de ninguna manera	*not at all (emphatic negative)*

* **En la mañana,** etc. is the usual expression in Mexico and some other Spanish-American countries.

estar para	to be about to
estar por	to be in favor of, (Sp. Am. to be about to)
No es para tanto.	It's not that important.
ponerse a (gritar)	to begin to (shout)
por poco (se desmaya)	(He) almost (fainted)
tomar por	to take for (consider)

B.

conocer	to meet (become acquainted with)
encontrar	to meet, find, come upon
Estaban para salir cuando llegó su amiga.	They were about to leave when their friend arrived.
Yo estoy por quedarnos aquí.	I am in favor of our staying here.
Me tomaron por tonto.	They took me for a fool.
Por poco me muero de miedo.	I almost died of fright.
La conocí en Londres.	I met (became acquainted with) her in London.
Encontré a mi sobrino en la calle.	I met my nephew on the street.

EXERCISE 3.

Translate the English words in parentheses using the words or idioms from the above section:

1. (I took him for a) profesor pero resultó ser sacerdote.   2. Viajando en avión, (he met her) en Nueva York y se enamoró de ella en Chicago.   3. Resbaló en el hielo y (he almost broke) una pierna.   4. El niño (began) gritar cuando vio partir a su mamá.   5. (We were about to leave) cuando sonó el teléfono.   6. ¿Perdiste tus guantes? No llores, (it's not that important).   7. Querían venir a visitarme (the next day).   8. Parecía una mujer encantadora pero (after two hours) estábamos aburridas.   9. (I met) a mi padre en la estación.   10. (We were in favor of) quedarnos solteras.   11. ¿Te molesta si la acompaño? (Not at all.)   12. (After a short while) volvió a sentarse.

IV. THE INFINITIVE AND THE PRESENT PARTICIPLE

A. The infinitive can be used:

1.   As the object of a verb or a preposition. As has been pointed out (Section I. B of this lesson), English often uses a present participle after a preposition while Spanish regularly uses the infinitive.

Corrió a saludarnos.	*He ran to greet us.*
Decidieron devolverlo.	*They decided to return it.*
Antes de abrir la boca, debes pensar.	*Before opening your mouth, you should think.*

2.   After a verb of perception **(ver, oír, sentir, escuchar)**, the dependent infinitive is placed immediately after the main verb.

Vemos jugar a los niños en el parque.	*We see the children play (playing) in the park.*

The opening line of the novelette, *El niño que enloqueció de amor,* by Chile's Eduardo Barrios (1884–1963):

¿Habéis oído cantar un pájaro en la noche?	*Have you ever heard a bird singing in the night?*

A famous short poem by the Catalan poet, Joaquín María Bartrina (1850–1880), has an example of this construction in its opening words:

Oyendo hablar a un hombre, fácil es	*Hearing a man speak, one can easily*
acertar donde vio la luz del sol:	*guess where he saw the light of day:*
si os alaba a Inglaterra, será inglés;	*if he praises England to you, he must be English;*
si os habla mal de Prusia, es un francés;	*if he speaks ill to you of Prussia, he is a Frenchman;*
y si habla mal de España, es español.	*and if he speaks ill of Spain, he is a Spaniard.*

The final lines of the popular Mexican-American favorite, *South of the Border (En la frontera de México fue):*

Hoy que escucho tocar la campana	*Today, as I listen to the ringing of the bell*
del viejo templo, oigo tu voz.	*of the old temple, I hear your voice.*

3.   The verbs **hacer** and **mandar** + infinitive have a causative effect (cause something to be done):

Hicimos lavar la ropa.	*We had the clothing washed.*
Mandaron construir una casa.	*They had a house built.*
Hizo venir al médico.	*He had the doctor come.*

4. **Al** + infinitive is equal to the English *on* or *upon* + present participle:

Al terminar la lección . . .   *Upon finishing the lesson . . .*

From the sentimental Mexican song, *Canción mixteca:*

Al verme tan solo y triste	*On seeing myself so alone and sad,*
cual hoja al viento . . .	*Like a leaf in the wind . . .*

---

5. As a verbal noun, while English often uses the present participle in this construction:

The proverbs:

Ver es creer.	*Seeing is believing.*
Querer es poder.	*To want is to be able. (Where there's a will there's a way.)*
Comer y rascar, todo es empezar.	*Eating and scratching need only a beginning. (Appetite comes with eating.)*

The definite article **el** may sometimes be used before the infinitive:

(El) viajar mucho es interesante.	*Traveling a lot is interesting.*

6. As a command, especially to give instructions of an impersonal nature:

Traducir al español las palabras siguientes.	*Translate the following words into Spanish.*
No fumar.	*No smoking.*

B. The Present Participle

The formation of the present participle and its use with **estar** and other verbs to form the progressive tense *(to be + -ing)* is discussed in Lesson V, Section VI. B.

The present participle standing alone is equivalent to the English present participle standing alone, or preceded by *while, by, when, since,* etc.

Estando en Madrid, conocí a Enrique.	*While (being) in Madrid, I met Henry.*
Jugando todo el día y durmiendo toda la noche, no vas a conquistar el mundo.	*(By) playing all day and sleeping all night, you're not going to conquer the world.*
Viéndome, (se) echó a correr.	*When he saw me he began to run.*

The title of a play by the Quintero brothers, 20th century Spanish dramatists:

Hablando, se entiende la gente.	*By speaking, people (get to) understand one another.*

A Dios rogando y con el mazo dando. *(Proverb)*	*Praying to God and hitting with the hammer. (God helps those who help themselves.)*

The opening stanza of the Cuban *Vals del estudiante:*

Yo tengo un amor que me tiene penando,	*I have a love that has me suffering,*
Por el que dejé de seguir estudiando,	*Because of which I stopped studying,*
Dejando los libros y en vez de estudiar,	*Leaving my books and instead of studying,*
Con ansias me pongo a cantar . . .	*With anxiety I begin to sing . . .*

From another Cuban song:

Charlemos nada más, la vida es breve,	*Let us talk, nothing more, life is short,*
Charlando soy feliz, tarde que llueve . . .	*When talking I am happy, on an afternoon when it rains . . .*

EXERCISE 4.

A.   Translate the English words of the following sentences:

1. (By eating) demasiado, engordarás.   2. (Eating) demasiado es un vicio. 3. Después de (seeing) a su viejo amigo, se puso a llorar.   4. En la estación había un letrero que decía: (No smoking).   5. Al otro día (she kept on working).   6. Nos oyó (singing).   7. (On seeing) al policía, el ladrón se escondió.   8. (They must be waiting for us) en la estación.   9. (By repeating) las palabras del profesor sacarás una A.   10. (Studying) mucho sin hacer ejercicio no es bueno para la salud.   11. (While waiting for them) decidimos tomar una cerveza.   12. (They went around saying) que yo era un tonto.

B.   Replace the dependent clause with a present participle:

1. Cuando íbamos al cine, encontramos a Juan.   2. Mientras la esperaba, pasé el tiempo leyendo.   3. Como es temprano, podemos charlar un rato más.   4. Cuando vivíamos en España, tuvimos que hablar español.   5. Cuando hablo contigo, tengo la impresión que el tiempo vuela.

CLASS EXERCISES

I.   A.   Fill in the blanks with a preposition, if necessary.

1. Ernesto conoció _____ Alicia _____primera vez hace dos años.
2. Soñaba _____ ella todas las noches y _____ las dos semanas
estaba ya enamorado _____ ella.   3. Trataba _____ olvidarse
_____ ella pero no podía.   4. La veía _____ salir con otros e iba
poniéndose celoso.   5. _____ fin logró _____ que ella consintiera
_____ salir con él.   6. Pronto ella se dio cuenta _____ que Ernesto,
aunque no era guapo, era bueno y simpático.   7. Pensaba mucho _____
él, y _____ los dos meses, quedó enamorada _____ él.   8. Un día
Ernesto le pidió _____ Alicia que se casara con él.   9. Ella dijo: «No
conozco _____ ninguna compañera que quiera casarse.   10. Nosotras,
las jóvenes de hoy, somos libres y queremos gozar _____ la vida.   11.
No quiero casarme _____ nadie.»   12. Ernesto se vio obligado _____
hacer lo que ella quería.   13. La invitó _____salir con él casi todas las
noches.   14. _____ los dos años Ernesto y Alicia estaban muy enamorados _____ otras personas, y se separaron.   15. Dieron las gracias a
Dios _____ no haberse casado.

II.   Fill in the blanks with **por** or **para**.

1. Me mataría _____ ti, amor mío.   2. ¿Cuánto me das _____ este
paraguas?   3. El cuchillo que tienes ahí no sirve _____ cortar pan.   4.
Tú tienes la culpa _____ habérselo dicho.   5. _____ un abogado
no conoce bien esa ley.   6. A veces prefiere andar _____ la orilla del
mar.   7. Al principio, después de casarse, las comidas eran preparadas
_____ su mujer.   8. El avión partió _____ Buenos Aires.   9. Vivieron juntos _____ dos años.   10. Espero terminarlo _____ el
veinte de abril.   11. Envió la carta _____ avión.

III.   What questions would provoke the following answers?

   EXAMPLE: De ninguna manera. Question: *¿Te molestaría si cantára-*
             mos?

1. Están para salir ahora mismo.   2. Estamos por quedarnos en casa.   3. Su
madre se puso a gritar.   4. No es para tanto.   5. Por poco me ahogo en el
agua.   6. La conocí por primera vez en casa de mi sobrino.   7. Volveremos
a los dos meses.   8. De ningún modo.   9. Se encontraron en la tienda a las
ocho.   10. Logré entrar porque me tomaron por un personaje importante.
11. Tomaremos un refresco al poco rato.   12. Al otro día supe la verdad.

IV.   A.   Answer the questions using an infinitive or a present participle.

   EXAMPLE: ¿Cómo llegaste a esta orilla? (nadar)
             Llegué aquí nadando.
             ¿Qué es necesario para sacar buenas notas? (estudiar)
             (El) estudiar es necesario.

1. ¿Cómo fuiste a Buenos Aires? (viajar en avión)   2. ¿Qué se prohibe en la clase? (hablar)   3. ¿Cómo lograste ascender al rango de teniente? (obedecer las órdenes del capitán)   4. ¿Dónde viste a Ana? (entrar en la tienda)   5. ¿Qué les mandó hacer a Vds. la profesora? (escribir un ensayo)   6. ¿Cuál es la mejor cosa para no cansarse demasiado? (dormir bastante)   7. ¿Cómo lograste ganar el amor de Elena? (darle regalos, hacer todo lo que ella quería, y declararle mi eterno amor)   8. ¿Cuál es la cosa más importante para un matrimonio? (llevar una vida tranquila)   9. ¿Por qué no quieres a Pablo? (andar + decir cosas malas de mí)   10. ¿Dejaste a Enrique antes o después de conocer a Pedro? (antes de conocer)

B.   Use the equivalent infinitive command.

> EXAMPLE: No fumen Vds.
> *No fumar.*

1. Traduzcan todo.   2. Acuéstense Vds.   3. Váyanse, chicos.   4. No habléis en voz alta.   5. Escribid una composición.

C.   Complete the sentences using your imagination.

1. Volviendo a casa, vi _____   2. Después de graduarme, voy a_____   3. Al ver a María, le _____   4. Comiendo mucho, uno _____   5. Hice venir al médico porque _____   6. El bostezar mucho indica que _____   7. Vine corriendo por la calle cuando por poco _____   8. Estando para salir de casa, oímos _____   9. El tomar mucho alcohol _____   10. Niños, no hablar tanto, porque _____

IV.   Translate.

1. Anna met Paul for the first time four months ago.   2. He fell in love with her and she with him.   3. He was handsome and charming, but he liked to drink.   4. Drinking too much is a terrible habit.   5. By marrying him, Anna thought she could make him change.   6. At first he consented not to touch alcohol but, after four months, he began to take a drink from time to time.   7. "It's not that important," he would say.   8. "Not at all," Anna would hasten to reply, "it is important."   9. "Don't take me for a fool," said Paul one day, "I know what I am doing."   10. "Keep on drinking," said Anna, "I almost left you last week because of it *(ello)*."   11. "If you don't stop drinking by next week, there will be a divorce."   12. Paul tried to stop drinking for her sake, but he did not succeed in doing so *(lo)*.   13. They are now about to be divorced.

V.   A.   Fill in the blanks, choosing from the words listed at the end of the story: (Infinitives may have to be put in an appropriate form with a possible preposition added.)

Primer amor

La primera vez que yo _____ una mujer fue a los trece años. No estando mi tía en casa, me gustaba _____ los cajones de su cómoda.

_____ esto me fascinaba. Un día, _____ algo nuevo, encontré un retrato, una miniatura con marco de oro. Era de una joven lindísima que parecía _____ me y pedirme que me acercara. Pronto oí _____ a mi tía y (yo) _____ devolver el retrato a su sitio.

Mi tía me quería _____ una golosina que me había comprado. Sus descarnadas manos sucias y la sonrisa que acompañaba su boca sin _____ me inspiraban _____ y no la acepté.

—Ya no soy ningún chiquillo—exclamé— _____ golosinas es _____ los niños.

Desde aquel día yo sólo _____ aquella mujer que me llamaba desde el cajón. _____ mi tía, yo sacaba el retrato y, _____ me en la contemplación de su divina hermosura, soñé _____ ella. A veces me invitaba a su palacio y yo le cantaba dulces canciones de amor.

Un día, no _____ resistir más, saqué del marco _____ la dama de mis sueños y le di un beso ardiente. Después de _____ me conmoví tanto que me desvanecí.

Cuando volví en mí, vi _____ mi padre, mi madre y mi tía. Ésta se esforzaba _____ quitarme el retrato que, aunque estaba desvanecido, no solté.

—Suelta, chiquillo—decía mi tía—no _____ retrato. Lo quiero mucho _____ ser el único recuerdo de mi juventud.

—¿Usted? . . . ¿El retrato . . . es usted?

—¿No te parezco tan guapa, chiquillo? Veintiséis años son muy bonitos, ¿no crees?

Yo no _____ contestar. _____ los ojos, juré no _____ más los cajones de mi tía.

ADAPTED FROM THE STORY BY THE
FAMOUS SPANISH WRITER, EMILIA PARDO
BAZÁN (1852–1921)

registrar (to search), **buscar, sonreír, dientes, repugnancia, entrar, apresurarse, cerrar, enamorarse, (el) hacer, dar, (el) comer, por, para, pensar, abrir, al salir, perder, besarla, con, poder, a, hacer daño**

B. Retell the story in your own words.

C. Fill in the blanks with one of the idioms using **por.**

1. _____ María es muy inteligente.   2. Andando por la calle, _____ encontré a Silvia.   3. Trató de escribir una buena novela y _____ tuvo éxito.   4. Tenía pocos amigos y _____ se sentía muy solo.   5. ¿Os gustaría que os diera por lo menos cinco mil pesos? ¡ _____ !

D.   Answer in Spanish.

1. ¿Sueña Vd. con hacerse millonario (o millonaria)?   2. Si consiguiera serlo, ¿se olvidaría de sus amigos pobres?   3. ¿Qué aconsejaría que hicieran sus amigos para llegar a ser ricos?   4. ¿Trataría de ayudarlos?   5. ¿Cómo los ayudaría a ganar dinero?   6. ¿Consiste la verdadera felicidad en la riqueza?   7. ¿Se arrepentiría de haberse hecho rico (o rica)?   8. ¿Vale la pena esforzarse mucho por ganar dinero?   9. Siendo rico, ¿cómo gozaría de la vida?   10. ¿Para qué sirve el dinero?

VI.   Review of Lesson VIII.

A.   Fill in the blanks with the appropriate form of the verb in parentheses.

1. Se alegraron de que ella lo (hacer) _____ el día anterior. 2. Me han pedido que (venir) _____ mañana.   3. Hay que tener mucho cuidado si tú (querer) _____ manejar un coche de otra persona.   4. Sienten que nosotros no (llegar) _____ ayer.   5. Preferiría que lo (decir) _____ ellos.   6. Supe que mi novio (salir) _____ con otra chica.   7. Es lástima que los hombres (ser) _____así.   8. Si él (saber) _____ que yo lo sabía, no habría salido con ella.   9. Insistiré en que él (escoger) _____ entre ella y yo.   10. Sin duda me dirá que él no (tener) _____ la culpa.   11. Cuando lo (ver) _____ , al principio fingiré no saber nada.   12. A veces los hombres salen con otras para que sus novias (tener) _____celos.

B.   Translate.

1. I beg you to forget it.   2. She asked me to help her.   3. Before they came, we stopped cleaning the house.   4. They advised us to stay home.   5. It was better that they had visited her.   6. It was true that they regretted it. 7. I gave him money so that (in order that) he would be able to buy a house. 8. I am glad they have come.

VOCABULARY

aconsejar   to advise
ágil   agile
ahogarse   to drown
andar   to go; to walk
ascender (ie)   to go up

banquete m.   banquet
bostezar   to yawn

cajón m.   drawer (of a chest)
celoso   jealous
cómoda   chest of drawers

conmoverse (ue)   to be moved
coser   to sew
culpa   fault, blame

charlar   to chat

descarnado   skinny
desvanecerse   to faint

engordar   to get fat
ensayo   essay
esconderse   to hide oneself

felicidad happiness
fingir to pretend

golosina something sweet to eat
griego Greek

hermosura beauty

jurar to swear

lana wool
lograr to succeed (in)

manejar to drive
marco frame
marinero sailor

obedecer to obey
orilla shore

parecer to seem
  —se a to resemble
pierna leg
pollo chicken

quejarse (de) to complain (about)
quitar to take away

rango rank
rato little while, short time
recuerdo remembrance, souvenir
refresco soft drink
regalo gift
resbalar to slip
resultar to turn out

saber a to taste of
sacerdote *m.* priest
sitio place
soltar (ue) to let go; to loosen
soltera spinster, unmarried woman
sonrisa smile
sucio dirty
suntuoso sumptuous

tardar (en) to be late; to delay (in)
tarea homework
teniente lieutenant
tonto foolish, fool

vencer to conquer
vicio vice
volver (ue) en sí to regain one's consciousness

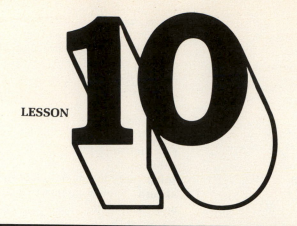

LESSON **10**

Comparisons of Equality
Comparisons of Inequality
Idioms and Word Study
The Conjunctions y and e; o and u; pero and sino

I. COMPARISONS OF EQUALITY

A. *As . . . as* is expressed in Spanish by **tan . . . como** with adjectives and adverbs.

Esta lección no es tan fácil como la anterior.	*This lesson is not as easy as the previous one.*
Pronuncia tan bien como el profesor.	*He pronounces as well as the teacher.*

NOTE: **Tan** without the **como** is the equivalent of *so:*

Es tan mono.	*He's so cute.*
No seas tan modesto.	*Don't be so modest.*
—¿Qué le dijo la luna al sol? —Tan grande y no te dejan salir de noche.	*"What did the moon say to the sun?" "So big and they don't let you go out at night."*

B. *As much . . . as* is expressed by **tanto (-a) . . . como**; *as many . . . as* by **tantos (-as) . . . como** with nouns.

Gastó tanto dinero como tú.	He spent as much money as you.
Nadie tiene tanta paciencia como una buena maestra.	Nobody has as much patience as a good teacher.
Esta propuesta presenta tantos problemas como la otra.	This proposal presents as many problems as the other one.

C. *As much as* is expressed by **tanto como**.

Trabaja tanto como ella.	He works as much as she (does).

The last lines of the song *Muñequita linda:*

Yo te quiero mucho,	I love you a lot,
mucho, mucho, mucho,	very, very much,
tanto como entonces,	as much as at that time,
siempre hasta morir.	forever until I die.

EXERCISE 1.

Make the comparison one of equality:

1. Mis hermanos tienen menos amigos que mis hermanas.   2. María es más inteligente que Carlos.   3. Yo duermo más profundamente que una piedra.   4. Nuestra casa es menos hermosa que la suya.   5. Hemos escrito más cartas que ellos.   6. Las niñas corren menos que los niños.   7. Hace más calor en Miami que en Nueva York.   8. Mi padre es más fuerte que el tuyo.   9. A mí me gusta leer más que a ti.   10. En esta universidad hay menos mujeres que hombres.

II.   COMPARISONS OF INEQUALITY

More . . . than and *less . . . than* are basically expressed by **más . . . que** and **menos . . . que** with adjectives, adverbs and nouns.

A.   Adjectives

1.   The comparative in English is usually expressed by adding -er to adjectives of one or two syllables *(tall–taller)* and by putting *more* in front of longer adjectives *(difficult–more difficult)*.

Spanish uses **más** with all adjectives, except for a few irregular forms discussed in Section 3 on page 176.

alto	más alto	*taller*
difícil	más difícil	*more difficult*

Menos is the equivalent of the English *less* in the comparative construction:

menos interesante	*less interesting*
menos ocupado	*less busy*

¿Quién es más alto, Juan o su primo?	*Who is taller, Juan or his cousin?*
Este capítulo es más difícil que los otros.	*This chapter is more difficult than the others.*
Hoy tengo menos trabajo que ayer.	*Today I have less work than yesterday.*

In Spanish the superlative form is the same as the comparative, preceded by a definite article or a possessive adjective. If a noun is expressed, the article or possessive adjective will precede the noun.

Es la lección más complicada que hemos estudiado.	*It is the most complicated lesson we have studied.*
Le robaron sus más preciosas joyas.	*They stole her most precious jewels.*
Rosa es la más linda de la clase.	*Rosa is the prettiest in the class.*
Rosa es la muchacha más linda de la clase.	*Rosa is the prettiest girl in the class.*
Rosa es la más linda de las dos hermanas.	*Rosa is the prettier of the two sisters.*

The great Spanish poet Luis de Góngora (1561–1627) wrote a charming poem in which a young bride laments the departure of her husband to fight in the wars. The opening lines are:

La más bella niña	*The most beautiful girl*
de nuestro lugar,	*of our village,*
hoy viuda y sola	*today a widow and alone,*
y ayer por casar . . .	*and yesterday about to marry . . .*

3. The following four adjectives have both regular and irregular comparative forms:

bueno	*good*	mejor	*better*
		más bueno	*better (in a moral sense)*
malo	*bad*	peor	*worse*
		más malo	*worse (in a moral sense)*
grande	*big, large*	mayor	*bigger, greater, older (in reference to age or importance)*

		más grande	bigger, larger, greater (size)
pequeño	small, little	menor	smaller, younger, lesser (age or importance)
		más pequeño	smaller (size)

Mejor and **peor** usually precede the noun they modify. **Mayor** and **menor** follow the noun when they refer to age.

Mi hermano menor es más grande que mi hermano mayor.	My younger (or youngest) brother is bigger than my older (or oldest) brother.
Es más bueno que el pan. (Spanish expression)	He is better than bread. (He is as good as gold.)
Son los chicos más malos de esta escuela.	They are the worst kids in this school.
Es mi mejor amigo.	He is my best friend.
No hay peor sordo que el que no quiere oír. (Proverb)	No man is more deaf (there is no worse deaf person) than he who does not want to hear.
No tengo la menor idea de lo que dijo.	I don't have the slightest idea of what he said.
El Salvador es más pequeño que Honduras, pero tiene mayor población.	El Salvador is smaller than Honduras but has a larger population.

The adjectives **mucho** and **poco** have the irregular comparative forms **más** and **menos**.

Tiene más dinero y menos amigos que nadie.	He has more money and fewer friends than anybody.

4.   After a superlative **de** is used to translate *in*.

Nueva York es la ciudad más grande de los Estados Unidos.	New York is the largest city in the United States.

B.   Adverbs

1.   Adverbs are compared in the same manner as adjectives, by placing **más** or **menos** before them.

más rápidamente	more rapidly	más despacio	more slowly
menos rápidamente	less rapidly	menos despacio	less slowly

Hable más despacio, por favor.	Speak more slowly, please.
Lo explicaron menos claramente que yo.	They explained it less clearly than I.

2. The following four adverbs have irregular comparative and superlative forms:

bien   *well*   mejor   *better, best*
mal   *badly*   peor   *worse, worst*
mucho   *much*   más   *more, most*
poco   *little*   menos   *less, least*

Quien mal dice, peor oye.   He who says bad things, hears
   (Proverb)   worse.
Esa rubia me gusta más.   I like that blonde best (or
                                    better).

Donde menos se piensa, salta   Where least expected, the hare
   la liebre. (Proverb)   jumps out.

NOTE: **Más bien** means *rather:*

Es perezoso más bien que   He is lazy rather than stupid.
   estúpido.

C.   Nouns

As with adjectives and adverbs, **más** (or **menos**) before the noun expresses *more* (or *less*).

Si uno tiene más suerte, es   If one has more luck, it is
   posible tener éxito con   possible to be a success with
   menos talento.   less talent.

D.   *Than* in comparisons of inequality

1. When the comparison is between two nouns or pronouns, *than* is usually expressed by **que** after an adjective, adverb, noun, or pronoun.

Sigue más cursos que yo.   He is taking more courses than
                                    I.
Lee más rápidamente que sus   She reads more rapidly than
   amigas y por eso ella lee más   her friends and therefore she
   que ellas.   reads more than they.
Es menos antipático que su   He is less obnoxious than his
   hermano.   brother.
Son los jóvenes más   They are the nicest young men
   simpáticos que conozco.   I know.
La biblioteca de nuestra   The library of our college is
   universidad es mejor que   better than any other.
   ninguna otra.

2. If there is a conjugated verb in the second clause and the comparison is with a noun in the first clause, **del que, de la que, de los que, de las que** must be used to express *than*.

Tenemos más libros de los que podemos leer.	We have more books than we can read.
Anoche perdió más dinero del que gana en un año.	Last night he lost more money than he earns in a year.

If the comparison is with an adjective or an adverb **de lo que** is used.

Eran más fuertes de lo que sospechábamos.	They were stronger than we suspected.
Diviértete. Es más tarde de lo que crees.	Enjoy yourself. It's later than you think.

3. Before a number or a numerical expression *more than* is expressed by **más de**.

Le ofrecieron más de un millón de dólares.	They offered him more than a million dollars.
Faltó más de la mitad de la clase.	More than half the class was absent.

No . . . más que before a number means *only:*

No gana más que mil pesos al mes.	He earns only a thousand pesos a month. (exactly a thousand)
No gana más de mil pesos.	He earns no more than a thousand pesos. (possibly less)

E. The more . . . the more, the less . . . the less, the more . . . the less are expressed in Spanish by **cuanto más . . . (tanto) más, cuanto menos . . . (tanto) menos, cuanto más . . . (tanto) menos**.

Cuanto más come, (tanto) más engorda.	The more he eats, the fatter he gets.
Cuanto menos estudia, (tanto) menos aprende.	The less he studies, the less he learns.
Cuanto más tienen, (tanto) más quieren.	The more they have, the more they want.

From the famous madrigal *Ojos claros, serenos* of the lovelorn Gutierre de Cetina (1520–1560), in which the poet is addressing his beloved, referring to her beautiful eyes:

Si cuanto más piadosos,	If the more compassionate you are
más bellos parecéis a aquel que os mira,	the more beautiful you appear to the one who beholds you,
no me miréis con ira,	Do not look at me with anger,
porque no parezcáis menos hermosos . . .	so that you should not appear less beautiful . . .

F.   The Absolute Superlative

The absolute superlative, expressed in English by *most, very, extremely,* before an adjective or adverb, indicates a very high degree, but does not involve comparison with another person or thing.

1.   In Spanish we may use the adverb **muy** or, less commonly, **sumamente** or **extremadamente**.

Es sumamente lógico.	*It is most logical.*
Su progreso es muy lento.	*Their progress is very slow.*
Es extremadamente peligroso.	*It's extremely dangerous.*

2.   Spanish also has a special way of expressing the absolute superlative, with the ending **-ísimo** added to the adjective. A final vowel is dropped before the **-ísimo** is added, but a change in spelling may be needed to keep the original sound of the final consonant **(co > qu, go > gu, z > c)**.

fácil	facilísimo	rico	riquísimo
mucho	muchísimo	largo	larguísimo
alto	altísimo	feliz	felicísimo

Esta sopa está riquísima.	*This soup is most delicious.*
Muchísimas gracias.	*Many, many thanks.*

The opening line of the ever popular song, *Amapola (Amapola, My pretty little poppy):*

Amapola, lindísima amapola,	*Amapola, my most pretty Amapola,*
será siempre mi alma tuya sola . . .	*My heart will always be yours alone . . .*

NOTE: Although grammatically unacceptable, the **-ísimo** has been added to the noun **general** to create **generalísimo**.

El generalísimo Franco murió en 1975.	*General Franco died in 1975.*

3.   Some adverbs may also use the **-ísimo** to form an absolute superlative, but except for **muchísimo** (**muy** may not be used in front of **mucho**) it is rarely used because of the length of the resulting combination.

Habla muchísimo.	*He speaks very much.*
Los veo rarísimamente.	*I see them very rarely.*

Probably the longest word in the Spanish language using this construction is the Spanish equivalent of *in a most disproportionate manner:* **desproporcionadísimamente**.

EXERCISE 2.

A.   Make the comparison one of inequality. Use **más** in the first 5 sentences and **menos** in the others.

1. El Presidente tenía tantos enemigos como amigos.   2. El tercer capítulo es tan difícil como el primero.   3. Ellos gastaron tanto dinero como nosotros.   4. Yo puedo nadar tan lejos como tú.   5. Tendremos tanta prisa como ellos.   6. Ellos estudiaban tanto como Vds.   7. Ana es tan encantadora como Dolores.   8. Los hombres son tan ágiles como los animales.   9. El dinero es tan importante como la virtud.   10. No jugamos tanto como Vds.

B.   Complete the sentences with the comparative form of the adjective or adverb:

1. Ana baila bien pero Alicia baila _____ .   2. Esa novela es buena pero ésta es _____ .   3. Carlos es grande pero Juan y Pedro son aún _____ .   4. Mi hermana mayor habla mucho pero mi hermano menor habla _____ . 5. La comida de anoche fue mala pero ésta es _____ . 6. Su novio es guapo pero el mío es _____ .   7. Elena escribe mal pero Jorge escribe _____ .   8. Esos documentos son de poca importancia pero éste tiene _____ importancia.

C.   Substitute the **-ísimo** form for **muy**. . . .

1. El viaje fue muy largo.   2. Las noches de luna eran muy lindas.   3. José se casó con una chica muy rica.   4. Era una muchacha muy feliz.   5. Sus hijos eran muy inteligentes.

D.   Change to the superlative, as in the example.

> EXAMPLE: Pablo es vaguísimo. (clase)
> *Pablo es el más vago de la clase.*

1. Ana es lindísima. (familia)   2. Su casa es hermosísima. (barrio)   3. Los Andes son montañas altísimas. (Sudamérica)   4. Estos métodos son eficacísimos. (todos)   5. Estos capítulos son dificilísimos. (libro)   6. Buenos Aires es una ciudad grandísima. (la Argentina)   7. Esas son sortijas carísimas. (colección)   8. El inglés es un idioma dificilísimo. (la escuela)   9. Alicia es una actriz brillantísima. (compañía)   10. Mario y Pedro son chicos habilísimos. (equipo)

E.   Insert either **de, que, de lo que,** or **del que (de la que, de los que, de las que)** in the blank.

1. Juan es más listo _____ yo.   2. Juan es más listo _____ yo creía.   3. México tiene más _____ cincuenta millones de habitantes.   4. Ese equipo tiene más jugadores _____ necesita.   5. Rosa escribe peor _____ Elena.   6. Las crisis son más frecuentes _____ habían previsto.   7. La foto de mi novia, para mí, vale más _____ un millón de pesos.   8. Mi amigo gasta más dinero _____

gana.   9. Una semana no tiene más _____ siete días.   10. El clima es más húmedo _____ nos habían dicho.

F.   Translate.

1. It is not so bad.   2. The more he looks at her picture, the more he falls in love with her.   3. She likes them very much.   4. (The) dog is man's best friend.   5. The less I see, the less it bothers (doler) me.   6. She is an extremely intelligent girl.

III.   IDIOMS AND WORD STUDY

A.
al parecer	*apparently*
cada vez más más y más	*more and more*
de mal en peor	*from bad to worse*
la mayor parte	*most (the majority)*
poco a poco	*little by little*
ponerse de acuerdo	*to come to an agreement*
seguir un curso	*to take a course (academic)*
tanto mejor	*so much the better*
tanto peor	*so much the worse*
tomar el desayuno (almuerzo)	*to have breakfast (lunch)*

B.
llevar	*to take (a person or thing from one place to another); to carry*
tomar	*to take; to drink*
Se está cansando cada vez más.	*She is getting more and more tired.*
La mayor parte* de los niños chillan mucho.	*Most (of the) children shriek a great deal.*
Tomás llevó a Ana al baile.	*Tomás took Ana to the dance.*
Tomé el avión a tiempo.	*I took the plane on time.*
Tomé el libro de la mesa.	*I took the book from the table.*
Tomaron el vino.	*They drank the wine.*
¿Qué vas a tomar?	*What'll you have (to eat or drink)?*

EXERCISE 3.

Find an ending in column B to the phrases in column A:

---

* Note the use of a plural verb with **la mayor parte** if the noun is plural.
BUT: La mayor parte de la gente *habla* catalán en Cataluña.

A

1. Estos niños me están moles-
   tando
2. Las relaciones entre las naciones van
3. Tomaron el desayuno
4. Carlos me llevó
5. Me dieron mil pesos
6. Después de mucho discutir,
   ellos
7. La mayor parte de los inqui-
   linos
8. Poco a poco vamos aprendiendo
9. Al parecer Rosa está
10. El año pasado seguí
11. Ricardo tomó mi coche y
12. ¿Llegaste tarde?

B

a. al cine anoche.
b. se pusieron de acuerdo.
c. en vez de quinientos. ¡Tanto
   mejor!
d. ¡Tanto peor para ti!
e. de mal en peor.
f. un curso de inglés.
g. cada vez más.
h. a las nueve.
i. pagan un alquiler muy alto.
j. a hablar español.
k. mejor que ayer.
l. se fue con él.

IV. THE CONJUNCTIONS Y AND E; O AND U; PERO AND SINO

A. Y and e

Before a word beginning with **i-** or **hi-**, the conjunction **y** is replaced by **e**.

Fernando e Isabel se casaron en 1469.	*Fernando and Isabel were married in 1469.*
Padre e hijo fueron bárbaros e inhumanos.	*Father and son were barbarous and inhuman.*
Servicio e impuestos	*Service charges and taxes (on a bill)*

Before **hie-**, however, the **y** is retained.

Necesitan agua y hielo para preparar la limonada.	*They need water and ice to prepare the lemonade.*

B. O and u

Before a word beginning with **o-** or **ho-**, the conjunction **o** is replaced by **u**.

¿Me puedes prestar siete u ocho dólares?	*Can you lend me seven or eight dollars?*
No se sabe si fue mujer u hombre.	*It is not known if it was a woman or a man.*

C. Pero and sino

1. The usual word for *but* is **pero**. In literary language **mas** is sometimes used.

No aprende mucho, pero siempre viene a clase.	*He doesn't learn much, but he always comes to class.*
La comida no es muy buena aquí, pero es abundante.	*The food is not very good here, but it is plentiful.*

The final line of *Canción de otoño en primavera* by Rubén Darío (1867–1916):

¡Mas es mía el alba de oro!	*But mine is the golden dawn!*

2. If *but* means *but (rather) on the contrary*, **sino** is used. The first clause must contain a negative.

En esta construcción no se usa **pero**, sino **sino**.	*In this construction one does not use **pero**, but (rather) **sino**.*
En el Brasil no hablan español sino portugués.	*In Brazil they do not speak Spanish, but (rather) Portuguese.*

If the second part of the sentence contains a conjugated verb and if *but* means *but (rather) on the contrary*, the clause is introduced by **sino que**.

No compraron la casa sino que la alquilaron por tres meses.	*They did not buy the house, but rather they rented it for three months.*

NOTE: **Pero** is used if the idea of *rather on the contrary* is not there.

No compraron la casa pero les gustó mucho.	*They did not buy the house but they liked it a lot.*

EXERCISE 4.

A. Insert **y, e, o,** or **u** in the blanks.

1. Los amoríos entre Carlos _____ Inés van de mal en peor.   2. Se pusieron de acuerdo para empezar en septiembre _____ octubre.   3. Poco a poco Isabel _____ Pablo van enamorándose.   4. Usa una aguja _____ hilo para coser el botón.   5. ¿Es el cristal translúcido _____ opaco?   6. Los conejos comen plantas _____ hierba.   7. La mayor parte de la novela que acabo de leer es emocionante _____ interesante.   8. *¿La Ilíada* fue escrita por Ulíses _____ Homero?

B.   Insert **pero, sino** or **sino que** in the blanks.

1. Es guapo _____ no me gusta.   2. No es guapo _____ es simpático.   3. No es guapo _____ es muy feo.   4. No es guapo _____
feo.   5. No encontró a Mario _____ a José.   6. La tarea es difícil
_____ poco a poco la terminaré.   7. Ahora no vamos a tomar el desayuno _____ el almuerzo.   8. Hace frío _____ no creo que vaya a
nevar.   9. No quiero que se lo digas tú _____ se lo diga Juan.

CLASS EXERCISES

I.   Fill in the blanks with **tan, tan . . . como, tanto (-a, -os, -as) . . . como,** or
tanto como.

1. En verano no me gusta nada _____ el agua fría.   2. Rosa,
¡nunca te he visto _____ hermosa!   3. El curso que seguimos
ahora no es _____ fácil _____ el del año pa-
sado.   4. Nunca han llovido sobre nosotros _____ desgracias
_____ este año.   5. ¡Qué no daría yo por ganar
_____ Vd.!   6. ¡El cura era un hombre _____
amable!   7. Me aconsejó que no fuera _____ vago
_____ mi hermano.   8. Nos alegramos de que haya
_____ chicos _____ chicas en este baile.

II.   A.   Express the relationship of the first sentence to the second, as in
the example.

> EXAMPLE: Juan tiene diez pesos. Pablo tiene tres. *(money)*
> *Juan tiene más dinero que Pablo.*

1. María es sumamente linda. Alicia es linda. *(pretty)*   2. Mario tiene poca
suerte. Carlos tiene mucha suerte. *(luck)*   3. Pedro sacó una A. José sacó
una C. *(intelligent)*   4. Ana baila bien. Alicia baila mejor. *(worse)*   5. Mi
padre tiene cincuenta años. Mi madre tiene cuarenta. *(older)*   6. Mi hija
mayor habla claramente. Mi hija menor no habla claramente. *(clearly)*   7.
Alberto es guapo. Juan es feo. *(handsome)*   8. Mi amigo irlandés tiene
veintiún años. Mi amiga inglesa tiene veintitrés. *(younger)*   9. Hace frío
aquí. Hace muchísimo frío afuera. *(cold)*   10. Dolores no puede tocar mi
cabeza con la mano. Elena lo hace fácilmente. *(smaller)*

B.   Complete the sentence using **de lo que** or **del que (de la que, de los que,
de las que)**.

> EXAMPLE: Yo te quiero más _____
> *Yo te quiero más de lo que crees.*

1. La mayor parte de los estudiantes piden más dinero a sus padres
_____   2. En las elecciones el candidato salió mejor

_____ 3. Este año en la universidad se matricularon menos

estudiantes _____ 4. Elena siempre compra más ropa

_____ 5. La profesora era mucho más joven

_____

C. Answer the question **¿Cómo es (son) . . . ?** using an absolute superlative as in the example.

> EXAMPLE: Juan es alto pero Jorge es más alto. (¿Cómo es Jorge?)
> *Jorge es altísimo.*

1. *Los Pazos de Ulloa* de Emilia Pardo Bazán es una novela larga pero *La Regenta* de Leopoldo Alas es más larga. (¿Cómo es *La Regenta*?)   2. Mi familia es feliz pero la de él es más feliz. (¿Cómo es la de él?)   3. Elena es pobre pero Dolores es más pobre. (¿Cómo es Dolores?)   4. México es un país grande pero el Brasil es más grande. (¿Cómo es el Brasil?)   5. Ana es simpática pero Alicia e Inés son más simpáticas. (¿Cómo son Alicia e Inés?)   6. Juan es vago pero sus hermanos son más vagos. (Cómo son sus hermanos?)

D. Ask another student the following questions in Spanish and wait for an answer.

1. who the most intelligent person in the classroom is.   2. where the best restaurants in this city are.   3. who the best-looking actor (or actress) in Hollywood is.   4. if the student's brother (or sister) is older or younger than he/she.   5. can he/she cook as well as his/her mother.   6. who the best contemporary novelist in the United States is.   7. would he/she like to marry the richest person in the world.   8. would he/she like to marry the poorest person.   9. which the most beautiful city in the state is.   10. if he/she has as many female friends as male friends.

E. Here are four members of Professor Blanco's class. Tell what you can about them in Spanish, using comparisons of equality and inequality and superlatives.

> EXAMPLE: Pedro es más gordo que Rosa.

Pedro

Rosa

Carlos

Alicia

III.   A.   Answer the questions using an expression from Section III of this lesson. (Some may have more than one possible answer.)

1. El año pasado el señor Pérez realizó sólo treinta mil pesos de sus negocios. Este año no sacó más que veinte. ¿Cómo van sus negocios?   2. Juan se despertó a las ocho. Tenía mucha hambre. ¿Qué hizo?   3. Carlos le ofreció a María una sortija con diamantes. ¿Qué hizo ella?   4. A Ricardo le falta un curso para graduarse. ¿Qué hará para recibir su diploma?   5. El padre les prometió un buen regalo a sus hijos si dejaban de pelear entre sí. ¿Qué hicieron?   6. Ana quería ir al baile. Tomás quería complacerla. ¿Qué hizo Tomás?   7. La profesora preguntó a sus estudiantes si querían un día libre de tarea. Quince dijeron que sí y diez que no. ¿Cuántos preferían un día libre?

B.   Fill in the blanks with one of the idiomatic expressions from Section III.

1. A Elena le gusta comer y cada semana pesa medio kilo más que la semana anterior. _____ Elena está engordando.   2. Luis ganaba poco dinero. De repente sus amigos lo vieron gastar mucho dinero. — _____ ha ganado la lotería, —dijeron sus amigos.   3. Rosa ganaba doscientos dólares por semana. Una semana se equivocaron y le dieron trescientos. Un amigo le dijo: —¿Se equivocaron? ¡ _____ para ti!   4. Luisito tenía que entregar un ensayo a su maestra para el jueves. Llegó el día y Luisito no pudo terminarlo. — _____ para ti— le dijo la maestra.   5. Al empezar el semestre, Juan estudiaba mucho pero poco a poco se interesaba más en el fútbol y estudiaba menos. —Te estás poniendo _____ vago —le dijo la profesora.

IV.   A.   Rewrite the sentences replacing the word in italics with the word in parentheses.

EXAMPLE: El número es setenta o *noventa*. (ochenta)
El número es setenta u ochenta.

1. Es una chica bonita y *hacendosa*. (inteligente)   2. Se llama Pedro o *Pablo*. (Horacio)   3. Es una muchacha buena y *trabajadora*. (honrada)   4. Me faltan setecientos o *novecientos* dólares para comprar el televisor. (ochocientos)   5. Tengo muchos amigos griegos y *españoles*. (italianos)   6. Esta caja está hecha de cobre y *acero*. (hierro)   7. ¿Es la sortija de platino o *cobre*? (oro)   8. Pablo es un chico guapo y *simpático*. (interesante)

B.   Complete the following sentences.

1. Ricardo gasta mucho dinero obsequiando a sus amigos. No es tacaño sino _____   2. Los asuntos de Carlos van de mal en peor. No es afortunado sino _____   3. Enrique es un poco tímido. Le gusta ir a las fiestas pero _____   4. Poco a poco Juan ha ganado más de un millón de dólares. No es pobre sino _____   5. Son las once y media. Ya no vamos a tomar

el desayuno sino _____   6. Pablo quiere a Gloria pero ella no le hace mucho caso. Anoche llevó a Ana al teatro pero él todavía _____

V.   Translate.

1. Little by little Pedro and Isabel, his wife, are getting (becoming) fatter and fatter.   2. She is not so fat as he, but apparently this is no consolation.   3. He does not eat as much as she [does] but nevertheless, he continues to get fatter than she.   4. The doctor advises him not to drink beer but water.   5. "How can I watch television without beer!   6. It is the best way to enjoy a good football game."   7. "Take me to the movies instead of watching television," Isabel said to him.   8. "We can eat popcorn and watch the most beautiful men and women in the world."   9. "The more popcorn you eat the more you want to eat."   10. "Most people enjoy the popcorn more than the picture," said Isabel.   11. Popcorn is most delicious (rico) and is less fattening than you think.   12. Since they loved each other very much, they came to an agreement.   13. He watches television not more than four times a (por) week and they go to the movies the other nights.   14. They don't have the slightest (least) difficulty in leading a peaceful life.   15. Pedro has stopped seeing the doctor who, incidentally, is fatter than Pedro.

VI.   A.   Fill in the blanks by translating the English words in parentheses.

Una carta a Dios

Lencho miraba el cielo esperando que cayera la lluvia que tanto necesitaba. Pronto se alegró mucho al ver caer gruesas gotas de lluvia.

—(So much the better) _____ —dijo para sí Lencho.

Poco duró su alegría pues empezaron a caer granizos (as big as) _____bellotas.

—Esto es (more than) _____ esperaba— dijo Lencho y vio que (little by little) _____ los granizos iban destruyendo su cosecha.

(His eldest son) _____ se puso a llorar, pues sabía que (the more) _____ granizaba, (the more) _____ difícil sería salvar la cosecha.

Las cosas fueron (from bad to worse) _____ , y el pobre Lencho no sabía qué hacer. El granizo es (the worst thing in the world) _____ , pensaba, pero hay alguien que nos protege, es Dios. Nadie nos quiere (as much as) _____ Dios.

Lencho decidió escribirle una carta, pidiéndole a Dios que le enviara (more than) _____ cien pesos. Al día siguiente echó la carta en la casa de correos.

Un cartero, al ver el sobre dirigido «A Dios,» (took) _____ la carta al jefe, riéndose. Éste se rió también, (but) _____ pronto, siendo un hombre (extremely compassionate) _____ quería contestar la carta. Al ver que se necesitaba dinero se lo pidió a los empleados, pero pudo reunir (only) _____ setenta (or) _____ ochenta pesos.

—Esto es menos dinero (than) _____ necesita, —dijo el jefe—pero es mucho (better than) _____ nada.

Al día siguiente Lencho volvió y preguntó si había una carta para él. Se la entregaron y Lencho se alejó para leerla.

El jefe y (the majority) _____ de los empleados miraban a Lencho desde lejos. Abriendo la carta, no mostró (the slightest) _____ sorpresa al ver los billetes. (But) _____ , al contar los billetes, hizo un gesto de cólera. En seguida pidió papel y tinta y se puso a escribir. Terminada la carta, la echó y salió, (angrier) _____ antes.

El jefe y los empleados se apresuraron a abrir la carta. Decía la carta:

—Dios, del dinero que pedí, llegaron a mis manos (only) _____setenta pesos. Mándame el resto, que me hace mucha falta, (but) _____ por otro camino, porque los empleados aquí son (the worst thieves in the world) _____ .

ADAPTED FROM THE STORY BY THE
FAMOUS MEXICAN NOVELIST, GREGORIO
LÓPEZ Y FUENTES (1897–1966)

B.   Answer the questions based on the above story, as if you were Lencho.

1. ¿Qué pensaste cuando viste el granizo?   2. ¿Por qué se puso a llorar tu hijo mayor?   3. ¿Cómo te vino la idea de pedirle ayuda a Dios?   4. ¿Por qué le pediste más de cien pesos?   5. ¿Por qué te envió Dios el dinero?   6. ¿Crees que Dios enviará dinero a cualquier persona que se lo pida?   7. ¿Cuánto te mandará la próxima vez?   8. ¿De qué modo, crees tú, llegará el dinero a tus manos?   9. ¿Qué significa para ti la fe?

VII.   Review of Lesson IX

A.   Insert a preposition, if necessary, in the blank spaces.

1. Se empeñaron _____ que la fiesta tuviera lugar el domingo.   2. Estoy pensando ahora _____ mi futura carrera.   3. Estábamos esperando _____ nuestros amigos.   4. Se puso a trabajar fuerte _____ ser tan pobre.   5. A todo el mundo le gusta quejarse _____ todos los otros. 6. ¿Su hijo le pidió _____ dinero? 7. ¿Viniste _____ el televisor? 8. ¿Conoces _____ un chico que quiera ayudarnos?   9. Es la tercera vez que me enamoré _____ una chica llamada Rosa.   10. Los soldados sacrificaron la vida _____ la patria.

B. Translate the English, using an infinitive or a present participle.

1. Me gusta escuchar (the falling) de la lluvia.   2. (While waiting for) Dolores, encontré a mi profesora.   3. (Doing good) para el público debe ser el propósito de todos los gobiernos.   4. (By closing) la ventana, tendrás más calor.   5. Oímos (the birds singing).   6. Después de (having lunch) se puso a estudiar.   7. (Since it is still early) vamos a dar un paseo.   8. (Swimming) es bueno para la salud.   9. No conseguirás nada (by complaining).   10. (On seeing her) por poco me desmayo.

VOCABULARY

acero steel
aguja needle
alejarse to go away
alquiler *m.* rent
amorío love affair
apresurarse to hurry

bellota acorn

carrera race; career
cartero mailman
cobre *m.* copper
cólera anger
complacer to please
conejo rabbit
conseguir (i, i) to succeed
correos: casa de — post office
cosecha harvest

desgracia misfortune
desmayarse to faint
dirigido addressed; directed

echar to mail; to throw
emocionante exciting (emotional)
empeñarse to insist
empleado employee
entregar to deliver
equipo team

falta: me hace — I need it
fe *f.* faith

gesto gesture, face (grimace)
gota drop
granizar to hail (storm)
granizo hailstone
grueso thick

hábil skillful
hierba grass
hierro iron
hilo thread

inquilino tenant
irlandés Irish

jefe chief, boss

negocio(s) business

obsequiar to treat

platino platinum
prever to foresee
propósito purpose
proteger to protect

reunir to gather, collect

sobre *m.* envelope

tacaño miserly, stingy

virtud *f.* virtue

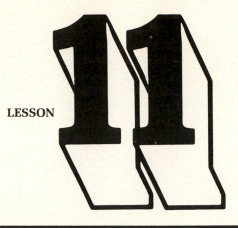

LESSON 11

Relatives
Interrogatives
Exclamations
Idioms and Word Study
Indefinites
Negatives

I. RELATIVES

Relatives connect the subordinate clause with an antecedent in the main clause.

A. Que (*that, which, who, whom*)

1. **Que,** the most commonly used of all relative pronouns is invariable in form, and it may refer to both persons and things, regardless of gender or number, and may be a subject or object.

El hombre que dijo eso es mi ayudante.

The man who said that is my assistant.

Los objetos que cuestan mucho no se venden fácilmente.

Objects that cost a lot are not easily sold.

La casa que compramos está en malas condiciones.	The house (which, that) we bought is in poor condition.
Las señoras que ayudaste a cruzar la calle son vecinas nuestras.	The ladies (whom) you helped to cross the street are neighbors of ours.

NOTE: While English may sometimes omit the relative pronoun when it is an object in the subordinate clause (*which, that, whom* as in the last two sentences), it is never omitted in Spanish.

2. **Que** is normally used with reference to things after the prepositions **a, de, con** and **en.*** (See also section C.1 on page 193.)

Las novelas de que hablamos son bastante cortas.	The novels of which we are speaking are quite short.
El presidente presentó a los senadores las plumas con que firmó el documento.	The president presented to the senators the pens with which he signed the document.
La casa en que vivimos es grande.	The house in which we live is big.

B. **Quien, quienes** (*who* or *whom*) refer only to persons.

1. **Quien** is normally used after the prepositions **a, de, con** and **en** (See also Section C.1 on page 193.)

Los jóvenes con quienes salía eran españoles.	The young men with whom she went out were Spaniards.
El ingeniero de quien te hablé acaba de entrar.	The engineer I spoke to you about has just come in.

2. **Quien** may be used instead of **que** as subject of a clause used parenthetically (set off by commas and not essential to the identification of the antecedent). In popular speech, however, **que** is used more frequently. (See also Section C.2 on page 193.)

Mi primo José, quien (or que) estuvo en México el verano pasado, vive en la casa de al lado.	My cousin José, who was in Mexico last summer, lives in the house next door.

3. **Quien** may be used instead of **que** as direct object of a verb, in which case it must be preceded by the personal **a.**

Los ladrones a quienes (or que) cogieron serán encarcelados.	The thieves whom they caught will be jailed.

---

* As a mnemonic device, the word **condena** (*he/ she condemns*) contains the four prepositions: **con, de, en,** and **a.**

4. **Quien** is used, especially in proverbs, in the sense of *he who*, etc. as a subject including its own antecedent:

Quien mucho habla, mucho yerra. (Proverb)	He who talks a lot, makes many mistakes.
Quien calla, otorga. (Proverb)	He who keeps quiet, consents. (Silence gives consent.)
Quien busca, halla. (Proverb)	He who seeks, finds. (Seek and you shall find.)
Quien canta, sus males espanta. (Proverb)	He who sings, frightens away his cares.
Quien no se atreve, no pasa la mar. (Proverb)	He who doesn't dare, does not cross the sea. (Nothing ventured, nothing gained.)
Quien dice eso, miente.	He who says that is lying.

In normal speech, **el que**, etc. is usually used in this construction. (See Section C.3 on page 194.)

C. **El cual (la cual, los cuales, las cuales)**
El que (la que, los que, las que)

1. After prepositions (sometimes even after **a, de, con, en**) referring to persons or things, a form of **el que** or **el cual** is used. There is a popular preference for **el cual**.

Estoy buscando el edificio delante del cual (del que) dejé el coche.	I am looking for the building in front of which I left the car.
Finalmente realizaron las metas por las cuales (las que) habían luchado.	They finally achieved the goals for which they had struggled.
Leandro y sus hermanos, entre los cuales (los que) nunca hubo ninguna riña antes de la muerte de sus padres, ahora pelean siempre.	Leandro and his brothers, among whom there never was any dispute before the death of their parents, now quarrel all the time.
Los jóvenes con los cuales (los que) ella salía no les gustaban a sus padres.	Her parents did not like the young men with whom she went out.
El ingeniero del cual (del que) te hablé acaba de entrar.	The engineer I spoke to you about has just come in.

2. These forms are sometimes used in place of **quien** or **que** in parenthetical clauses to avoid ambiguity:

El consejero de la reina, el cual (el que) estaba fuera del país, no supo lo que había sucedido.	The adviser of the queen, who was out of the country, did not learn what had happened.

3.   As a compound relative including its own antecedent, **el que**, etc. (*not* **el cual**) is used:

El que dice eso miente.   *He who says that is lying.*

From popular songs, quoted previously:

El que tenga un amor, que lo
  cuide . . .
Los que dicen «adiós, che»,
  ésos no son de allí . . .

*He who may have a love, let
  him take care of it . . .
Those who say "adiós, che,"
  they are not from there . . .*

D.   Lo que, lo cual

1.   When referring to a whole idea, rather than to a specific word, **lo que** and **lo cual** are used as the equivalents of *which*:

Nadie había preparado la
  lección, lo que (lo cual)
  enojó al profesor.

*No one had prepared the
  lesson, which annoyed the
  teacher.*

2.   **Lo que** (*not* **lo cual**) is used to express the English relative pronoun *what (that which)*.

No comprendí lo que dijo.   *I did not understand what he
  said.*

From a love poem by the Peruvian poet and politician Manuel González Prada (1848–1918):

Algo me dicen tus ojos,

pero lo que dicen no sé . . .

*Your eyes are saying
  something to me,
but what they are saying I do
  not know . . .*

E.   Cuanto (*all that, as much as*) is sometimes used, especially in literary style, in place of **todo lo que**:

Les dio cuanto (todo lo que)
  tenía.
Trabajó cuanto pudo.

He gave them all that he had.

*He worked as much as he
  could.*

As an adjective **cuanto, -a, -os, -as** + a noun is similarly used in place of **todo el (toda la, todos los, todas las)** + a noun + **que**:

Nos ofreció cuanto dinero
  (todo el dinero que) tenía.
Ella saludó a cuantas amigas
  encontró.

*He offered us all the money he
  had.
She greeted all the friends she
  met.*

F. **Cuyo, -a, -os, -as** *(whose)* is a relative possessive adjective and agrees in gender and number with the noun it modifies:

La pintora, cuyos cuadros   *The artist, whose paintings*
    ganaron varios premios, es   *won several awards, is my*
    mi esposa.   *wife.*

The opening words of Cervantes' *Don Quijote de la Mancha* (1605):

En un lugar de la Mancha,   *In a town of La Mancha,*
    de cuyo nombre no quiero   *whose name I do not wish to*
    acordarme . . .   *recall . . .*

Whose as an interrogative **(¿de quién?)** is discussed in Section II, B. 3 on page 197.

EXERCISE 1.

A. Fill in the blanks with **que** or **quien(-es).**

1. El hombre _____ llegó conmigo es extranjero. 2. Los extranjeros _____ viven en este país trabajan mucho. 3. El avión _____ acaba de llegar vino de Buenos Aires. 4. Esas mujeres, _____ son muy jóvenes, son profesoras. 5. El país _____ lleva el nombre del gran general Simón Bolívar se llama Bolivia. 6. Benito Juárez, _____ era indio, fue un gran presidente de México.

B. Fill in the blanks with **que, quien(es), el cual (la cual, los cuales, las cuales)** or **el que (la que, los que, las que).**

1. Son ellos de _____ hablábamos. 2. Esa es la puerta por _____ entramos. 3. Seguimos un curso en _____ hay que leer mucho. 4. ¿Ves el grupo de estudiantes entre _____ está Pedro? 5. Llegaron a la casa detrás de _____ encontraron el cadáver. 6. Mañana tendrá lugar la conferencia de _____ ya os hablé. 7. Hablamos a nuestros amigos con _____ pensamos dar un paseo. 8. Esta es la mujer sin _____ no puedo vivir—mi esposa. 9. ¿Es María a _____ hablaste por teléfono? 10. Le gusta salir con José y Elena, _____ es muy amable (clause refers to Elena).

C. Substitute **el que (la que, los que, las que)** for **quien(es).**

1. Quien dijo eso mentía. 2. Quienes no hagan el trabajo, no recibirán su sueldo completo. 3. No es él quien pronunció ese magnífico discurso. 4. Rosa es quien me lo ha dicho. 5. Son los jóvenes de hoy quienes serán los líderes del futuro.

D.   Translate the English words in parentheses.

1. Al juez no le gustó (what) dijo el abogado.   2. San Martín y Bolívar se pusieron de acuerdo, (which) facilitó el éxito de la revolución.   3. *Evita* es una revista musical (which) trata de la vida de Eva Perón, (whose) marido fue Juan Perón, el dictador argentino.   4. El profesor me dio una F, (which) no me gustó nada.   5. (What) te dijeron no era verdad.   6. Los aztecas, (who) eran muy poderosos, tenían miedo de Cortés porque creían (that) era un dios.   7. Pizarro exigió (that) Atahualpa le diera casi (all the gold) tenía.   8. Inglaterra, (whose) tropas ocuparon la península de Gibraltar, dice que es suya.   9. El señor Ferrer, (whom) visitasteis anoche, es un viejo amigo mío.   10. Este es el curso sin (which) no podré graduarme.

II.   INTERROGATIVES

A.   All interrogatives, whether in a direct or in an indirect question, bear a written accent:

¿Quién lo rompió?	*Who broke it?*
Quiero saber quién lo rompió.	*I want to know who broke it.*
Dime con quién andas y te diré quién eres. *(Proverb)*	*Tell me whom you go with and I will tell you who you are. (A person is judged by the company he keeps.)*

From a popular song:

¿Qué pasó? ¿Qué sucedió?	*What happened? What occurred?*
Yo no sé qué pasó . . .	*I don't know what happened . . .*

B.   The most common interrogative pronouns and adjectives are:

¿qué?	*what?*
¿cuál?, ¿cuáles?	*what, which?*
¿quién?, ¿quiénes?	*who?*
¿a quién?, ¿a quiénes?	*whom?*
¿cuánto?, ¿cuánta?	*how much?*
¿cuántos?, ¿cuántas?	*how many?*

1.   **¿Qué?** may be a pronoun (standing alone) or an adjective (before a noun):

¿Qué quiere decir esta palabra?	*What does this word mean?*
¿Qué poemas has leído recientemente?	*What poems have you read recently?*

Qué is used for English *what* when asking for an explanation or definition:

¿Qué es una república?   *What is a republic?*

Two classic examples from Spanish poetry, cited earlier: From Calderón's *La vida es sueño:*

¿Qué es la vida? Un frenesí.
¿Qué es la vida? Una ilusión . . .

One of Bécquer's best known *rimas*, quoted previously:

¿Qué es poesía? dices mientras clavas
en mi pupila tu pupila azul.
¿Qué es poesía? ¿Y tú me lo preguntas?
Poesía . . . eres tú.

---

2.   **¿Cuál? (¿cuáles?)** is a pronoun and implies a choice among several possibilities:

¿Cuál de estas dos corbatas va   *Which (one) of these two ties*
   mejor con mi camisa?   *goes better with my shirt?*
¿Cuál es tu número de   *What is your telephone*
   teléfono?   *number?*
¿Cuáles son tus colores   *What are your favorite colors?*
   favoritos?
¿Cuál es la república más   *Which (one) is the largest*
   grande de Latinoamérica?   *republic in Latin America?*

¿Cuál? is used instead of **¿qué?** by many people as an adjective:

¿Cuál cerveza prefieres?   *What (which) beer do you*
                                      prefer?

3.   **¿Quién? ¿Quiénes?** may refer only to persons:

¿Quién sabe?   *Who knows?*
¿A quiénes vieron Vds.?   *Whom did you see?*
¿De quién recibiste una tarjeta? *From whom did you receive a*
                                      card?

¿De quién? (¿de quiénes?) is used to express *whose* in the interrogative sense.

¿De quién es esta bicicleta?   *Whose bicycle is this?*

4.   **¿Cuánto, -a?** and **¿cuántos, -as?** may be pronouns or adjectives.

¿Cuánto cuesta?   *How much does it cost?*

¿Cuánto vale?	How much does it cost? (**or** is it worth?)
¿Cuánto es?	How much is it?
¿Cuántos compraron?	How many did they buy?
¿Cuánto tiempo nos queda?	How much time do we have left?
¿Cuántos nietos tiene su abuela?	How many grandchildren does his grandmother have?

C. The common interrogative adverbs are:

¿Por qué?	Why?	¿Dónde?	Where?
¿Cuándo?	When?	¿Cómo?	How? What?

1.   The usages in both languages generally correspond:

¿Por qué no?	Why not?
¿Cuándo terminarán?	When will they finish?
¿Dónde lo hallaron?	Where did they find it?
¿Cómo está Vd.?	How are you?

The following witty *copla*, by the Spanish fabulist, Tomás de Iriarte (1750–1791), contains the four interrogative adverbs listed above:

—He reñido a un hostelero.	I scolded an innkeeper,.
—¿Por qué? ¿Cuándo? ¿Dónde? ¿Cómo?	Why? When? Where? How?
Porque cuando donde como sirven mal, me desespero.	Because when where I eat they serve badly, I become furious.

From the song *Quizás*, popular in English as *Perhaps*:

Siempre yo te pregunto	I always ask you
¿cuándo? ¿cómo? y ¿dónde?	When, how and where.
Tú siempre me respondes:	You always answer me,
—Quizás, quizás, quizás.	"Perhaps, perhaps, perhaps."

2.   With verbs of motion, *Where?* is expressed by **¿Adónde?** rather than by **¿Dónde?**

The opening line of the plaintive song, *La Golondrina*:

¿Adónde irá veloz y fatigada,	Where will the swallow go, swift though exhausted,
la golondrina que de aquí se va?	Which flies (goes) away from here?

3. **¿Cómo?** has the homonym (a word that is written or pronounced in the same way) **como**, which may mean *like* or *I eat* (from **comer**).

—¿Cómo como?   How do I eat?
—Como como como.   I eat the way I eat.

If *how* is used in the sense of asking for an opinion, **¿qué tal?** is used. The following sentences illustrate the difference between **¿cómo?** and **¿qué tal?**:

¿Cómo te gustan los huevos?   How do you like the (your) eggs? (fried, scrambled, etc.)

¿Qué tal te gustan los huevos?   How do you like the eggs? (Are they good, tasty, etc.)

EXERCISE 2.

A.   Fill in the blank space with either **¿qué?** or **¿cuál? (cuáles)**:

1. ¿ _____ la capital de Chile?   2. ¿ _____ es la libertad?
3. ¿ _____ casa es la tuya?   4. ¿ _____ es su apellido?
5. ¿_____ significa esto?   6. ¿_____ chicos son tus compañeros de cuarto?   7. ¿En _____ residencia vivía?   8. ¿ _____ es la fecha de vuestro aniversario?

B.   Write questions for which the following sentences would be the answers, using the interrogative indicated:

1. Mi número de teléfono es 367—9400. (What?)   2. Prefiero el café con leche. (How?)   3. Leímos quince novelas este semestre. (How many?)   4. Mi hermana es abogada. (What?)   5. Ese hombre es el decano. (Who?)   6. Mis compañeras son Ana y Elena. (Who?)   7. Este libro es de Pablo. (Whose?)   8. Me quejo de las largas horas de estudio. (What?)   9. Anoche conocí a dos muchachas simpatiquísimas. (Whom?)   10. Fui a mi casa. (Where?)   11. Anoche estuve en casa de Emilio. (Where?)   12. Tomaron un litro de leche. (How much?)   13. Fui a casa de Ana para estudiar con ella. (Why? For what reason?)   14. Necesito una cuchara para tomar la sopa. (Why? For what purpose?)

III. EXCLAMATIONS

Some interrogative words are also used as exclamations.

A. ¡Qué!

1.   When used before an adjective or adverb, **¡qué!** is the equivalent of *how*.

¡Qué gracioso eres!   How witty you are!

¡Qué macho!	*How masculine! (What a he-man!)*
¡Qué tontos son!	*How foolish they are!*
¡Qué rápidamente lo hizo!	*How quickly he did it!*

2. When used with a noun, **¡qué!** may be translated as *what* or *what a*. (Note that the indefinite article is not used in Spanish.)

¡Qué hombre!	*What a man!*
¡Qué noche!	*What a night!*
¡Qué problemas!	*What problems!*

Vaya plus the indefinite article is sometimes used in this construction instead of **¡qué!**:

¡Vaya una noche!	*What a night!*
¡Vaya unos problemas!	*What problems!*

3. If the noun is modified by an adjective the following word order is used: **¡qué** + noun + **tan** or **más** + adjective.

¡Qué noche tan oscura!	*What a dark night!*
¡Qué libro más pesado!	*What a dull book!*
¡Qué montañas tan altas!	*What tall mountains!*

If the adjective precedes the noun, **¡qué!** alone is used without **tan** or **más**.

¡Qué buenos niños!	*What good children!*

The opening lines of the beautiful *Malagueña salerosa*:

¡Qué bonitos ojos tienes	*What beautiful eyes you have*
debajo de esas dos cejas!	*beneath those two eyebrows!*

Federico García Lorca (1898–1936), the brilliant poet and dramatist, who met a tragic death at the outbreak of the Spanish civil war, wrote the haunting *Canción de jinete* (Rider's Song). The horseman has a foreboding that disaster will overtake him before he reaches Córdoba. One stanza goes:

¡Ay, qué camino tan largo!	*Alas, what a long way!*
¡Ay, mi jaca valerosa!	*Alas, my brave pony!*
¡Ay, que la muerte me espera	*Alas, death awaits me*
antes de llegar a Córdoba!	*before I reach Córdoba!*

B. **¡Cuánto!** equals *how (much)!* **¡Cuántos!** equals *how many! How* alone is frequently expressed by **¡cómo!**

¡Cuánto (cómo) te quiero!	How I love you!
¡Cuánto (cómo) lo siento!	How sorry I am!
¡Cuánto (cómo) me alegro de verte!	How glad I am to see you!
¡Cuántas veces se lo había dicho!	How many times I had told it to him!
¡Cómo engañó a todo el mundo!	How he fooled everyone!
¡Cómo nos mintió!	How he lied to us!

Gil Vicente (1470–1539), the great Portuguese poet and dramatist, wrote a number of beautiful lyrics in Spanish. One of them begins with the following two lines:

Muy graciosa es la doncella,	Very charming is the maiden,
¡cómo es bella y hermosa!	How lovely and beautiful she is!

EXERCISE 3.

Make exclamations of the following sentences using the word indicated:

1. Estoy muy alegre. (qué) 2. Es una chica muy linda. (qué) 3. Es un jugador maravilloso. (vaya) 4. Se espantaron. (cuánto) 5. Tenía muchos enemigos. (cuántos) 6. Me aburren los profesores. (cómo) 7. Es una casa grande. (qué) 8. Tienes bonitos ojos. (qué) 9. Es un sinvergüenza. (vaya) 10. Ganaron mucha plata. (cuánta)

IV. IDIOMS AND WORD STUDY

A.

a la vez (al mismo tiempo)	at the same time
a tiempo	on time
¡Cómo no!	Of course! Why not?
de buena gana	willingly
de mala gana	unwillingly
en ninguna parte por ninguna parte	nowhere
es decir	that is to say
haber de	to be to, to be supposed to
¿Qué más . . . ?	What else?
¡Qué va!	Nonsense! Not at all! Of course not!
valer la pena	to be worth while, worth the trouble
vale	all right, o.k.

B. hora — hour, time of day, time (to do something)

tiempo — duration of time, time (abstract), weather

vez — time (once, twice, etc.)

Salió con dos chicos a la vez.	She went out with two boys at the same time.
Son las tres, es decir, es tarde.	It's three o'clock, that is to say, it is late.
Hemos de terminar el trabajo para mañana.	We are to finish the work by tomorrow.
Estudiamos (por) dos horas.	We studied for two hours.
Es hora de acostarnos.	It's time for us to go to bed.
No tengo tiempo para eso.	I don't have time for that.
No lo hagas ni una vez más.	Don't do it even once more.
¿Cuántas veces tengo que decírtelo?	How many times do I have to tell you (it)?

EXERCISE 4.

Fill in the blanks with one of the above words or expressions:

1. Cuando es la _____ de trabajar, siento un dolor de estómago.   2. Ya te di cien mil pesos, ¿ _____ quieres?   3. Es una lástima que no _____ hacerlo.   4. Lo único que quiero es que lo hagas _____ .   5. El tren _____ partir a las tres pero no salió _____ .   6. Busqué a Carlota pero no la encontré _____ .   7. Si tuviésemos _____ , podríamos ir a la playa.   8. Hoy en día la costumbre es casarse por lo menos dos _____ .   9.—¿Te gustarían algunos bombones, Juanito? —¿ _____ ?   10.—¿Te molestaría que te trajera un regalito? —¿ _____ ?   11. Mi amigo me prestó mil dólares pero lo hizo _____ porque verdaderamente no quería prestármelos.   12. Es difícil hablar y comer _____ aunque algunas personas lo hacen.

V.   INDEFINITES

A.   The most common indefinites are:

alguien	someone
algo	something
alguno, -a, -os, -as	some, someone (of several)

1.   **Alguien** (someone, somebody, anyone) refers only to persons. A personal **a** precedes **alguien** when it is a direct object.

Alguien viene.	Someone is coming.
¿Ves a alguien?	Do you see anybody?

2. **Alguno, -a, -os, -as** (some, any, a few), used as a pronoun or an adjective, implies reference to a person or thing in a group. When it is a direct object referring to a person it is preceded by a personal **a**. Before a masculine singular noun **alguno** becomes **algún**.

Algunos de Vds. ya me conocen.	Some of you already know me.
Algún día me lo agradecerás.	Some day you will thank me for it.
Ya he saludado a algunos de los invitados.	I have already greeted some of the guests.

The opening lines of the old-time rumba, *Perfidia:*

Mujer, si puedes tú con Dios hablar,	Woman, if you can talk with God
pregúntale si yo alguna vez	ask him if I have ever
te he dejado de adorar . . .	stopped adoring you . . .

3. **Algo** (something, anything)

Algo ocurre.	Something is happening.
Busco algo diferente.	I am looking for something different.
¿Tienes algo para mí?	Do you have something for me?

The previously quoted opening lines of a poem by Manuel González Prada:

Algo me dicen tus ojos,
pero lo que dicen no sé . . .

Algo may be used adverbially in the sense of *somewhat, rather:*

Esto es algo rebuscado.	This is rather farfetched.

4. *Something* or *anything* (at all) may also be expressed by **cualquier cosa**. This should not be confused with **algo**.

¿Me has traído algo?	Have you brought me anything (something)?
Haría cualquier cosa por ti.	I would do anything (at all) for you.

EXERCISE 5.

Change the negative words to the affirmative and make other changes if necessary:

1. Nunca hace su trabajo de buena gana.   2. No invitaré a ningún amigo suyo.   3. No había nada que me gustase más.   4. Estos ejercicios no son nada difíciles.   5. Ni Gloria ni Elena querrán decírtelo.   6. ¿No conoce Vd. a nadie que siga el mismo curso?   7. Ningún estudiante me ofreció su ayuda.   8. No le des nada.   9. El no quiere darte nada; ni yo tampoco.   10. Nadie me ha pedido que vaya al baile.   11. Nada tengo en la mano izquierda.   12. No es verdad que ninguna de esas muchachas tenga la culpa.

VI. NEGATIVES

A. The indefinites have corresponding negatives:

alguien	nadie	*no one, nobody*
alguno, -a, -os, -as	ninguno, -as, -os, -as	*no one, none (of several)*
algún	ningún	*no one, none (before a masculine, singular noun)*
algo	nada	*nothing*

The negative word may be used before the verb, or it may follow the verb, in which case **no** precedes the verb and creates a "double negative" (wrong in English, but correct in Spanish). As a general guide, **nadie, ninguno** and **nada** preferably precede the verb when they are the subject of the verb; they follow the verb when they are the object. A personal **a** is used before **nadie** and **ninguno** (referring to a person) when they are direct objects.

Nadie viene *or* No viene nadie.	*No one is coming.*
No veo a nadie *or* A nadie veo.	*I do not see anyone.*

From the song *Frenesí:*

Nadie comprende lo que sufro yo . . .	*Nobody understands what I am suffering . . .*

Ninguno de Vds. me conoce *or* No me conoce ninguno de Vds.	*None of you knows me.*
No he saludado a ninguno de los invitados.	*I have not greeted any of the guests.*
No tengo ningún dinero.	*I don't have any money at all.*
Nada ocurre *or* No ocurre nada.	*Nothing is happening.*

Ramón de Campoamor (1817–1901) was very popular in his day for his short poems containing folksy philosophy:

Y es que en el mundo traidor	*In this treacherous world*
nada hay verdad ni mentira;	*Nothing is true or false;*
todo es según el color	*It all depends on the color*
del cristal con que se mira.	*of the glass one looks through.*

Nada may be used adverbially in the sense of *not at all*:

Esto no es nada interesante.	*This is not at all interesting.*
—¿Vd. no nada nada?	*You don't swim at all?*
—No, señor, no traje traje.	*No, sir, I didn't bring a suit.*
—¡Vaya, vaya!	*My, oh my! You don't say!*

B. Other negative words and their affirmative parallels are:

nunca, jamás	*never*	siempre	*always, ever*
tampoco	*neither*	también	*also*
ni tampoco	*not . . . either*	y también	*and also*
ni siquiera	*not even*	y también	*and also*
ni . . . ni	*neither . . . nor*	o . . . o	*either . . . or*

These negatives may be used before the verb, or may follow it; in the latter case **no** precedes the verb.

1. **Nunca** and **jamás** both mean *never*, but **nunca** is more common in everyday speech.

Siempre estudia.	*He is always studying.*
Nunca estudia *or* No estudia nunca.	*He never studies.*

Jamás or **alguna vez** is used in an interrogative sentence to mean *ever*.

¿Han visto Vds. jamás (alguna vez) tanta destrucción?	*Have you ever seen so much destruction?*

Nunca jamás is a strong negation meaning *never ever* or *never again*.

Nunca jamás le prestaré dinero.	*I shall never again lend him money.*

2. **Tampoco** may be used alone, with **no** or with **ni**.

—¿Conoces a Pablo? —No.	*"Do you know Pablo?" "No."*
—Y a su hermano?	*"And his brother?" "Not him either."*
—Tampoco.	
No me ayuda tampoco *or* Tampoco me ayuda.	*He doesn't help me either.*

—¿Has estado alguna vez en Veracruz? / *"Have you ever been to Veracruz?"*

—No, señor. Ni en Tampico tampoco. / *"No, sir. Nor in Tampico either."*

—No quiero ver esa película. / *"I don't want to see that movie."*

—Ni yo tampoco. / *"Neither do I."*

From the song *Te lo juro*, quoted previously:

Yo no quiero que me digas tus amores,
ni tampoco que me cuentes tu pasado . . .

---

3. **Ni . . . ni, ni, ni siquiera** (*neither . . . nor, not even*)

No habla ni francés ni italiano. / *He doesn't speak either French or Italian.*

Ni siquiera me dio las gracias. / *He didn't even thank me.*

The opening lines of the popular *copla* quoted previously:

Ni contigo ni sin ti
mis penas tienen remedio . . .

When used with the subject of the sentence the **ni . . . ni** construction usually has the verb in the plural.

Ni Margarita ni su hermana vinieron a la fiesta. / *Neither Margarita nor her sister came to the party.*

A single **ni** is sometimes used with the force of *not even*:

No entiendo ni jota de lo que dijo. / *I don't understand even a little bit of what he said.*

4. The various negatives are often combined in one sentence. If one of the negative words precedes the verb, **no** is not used.

—Tu nuevo novio no es ni inteligente ni guapo. / *"Your new boyfriend is neither intelligent nor handsome."*

—Ni rico tampoco. Por eso ninguna de mis amigas tratará nunca de quitármelo. / *"Nor rich either. That's why none of my friends will ever try to take him away from me."*

5. After comparisons when a negative is implied and after **sin** or **sin que** the negative is used in Spanish.

Mejor que nunca. / *Better than ever.*
Más que nada. / *More than anything.*
Más vale tarde que nunca. (Proverb) / *Better late than never.*

Más vale algo que nada.
  (Proverb)
	Something is better than
	  nothing.

Llegó sin que nadie lo supiera.	He arrived without anyone's knowing it.

A popular *copla:*

Niña de los veinte novios,	Girl with twenty boyfriends,
y conmigo veintiuno.	And with me twenty-one.
Si todos son como yo,	If all are like me,
te quedarás sin ninguno.	You'll be left without any.

EXERCISE 6.

A. Change the affirmative words to the negative and make other changes if necessary:

1. Carlos es algo tacaño.   2. También vino Ana.   3. Dígale que algún compañero lo visitará.   4. Siempre escribe la tarea de mala gana.   5. O Pedro o Pablo ha prometido llevarme a la estación.   6. Mi prima es algo perezosa. 7. Los niños mayores, es decir, los de más de doce años, siempre se quedan en casa.   8. He escrito a tres amigos y sé que alguno me contestará.

B.   Translate the English portion of the following sentences:

1. Me gusta nadar (more than ever).   2. (I don't know anything) del asunto. 3. Puedes hacer (anything).   4. ¿Ha llamado Pedro (anyone)?   5. Elena está (prettier than ever).   6. Me gusta la pintura (more than anything).

CLASS EXERCISES

I. A.   Substitute the italicized words with the words indicated and make any other changes if necessary:

1. No son *ellos* con quienes soñé anoche.
    a. María   b. la barca   c. mis amigas   d. el partido de fútbol.
2. Allí ves *a Pablo* detrás del cual está Dolores.
    a. a María   b. la casa   c. a Roberto y Pedro   d. los edificios
3. No es *tu hermano* el que acaba de llegar.
    a. Elvira   b. sus profesores   c. Juan   d. mis compañeras
4. Esta es *la casa* sin la cual sería difícil vivir.
    a. la mujer   b. el hombre   c. las cosas   d. los medios
5. ¿Qué es *la lealtad?*
    a. su número de teléfono   b. la filosofía   c. la capital de Honduras   d. su nombre
6. Vinimos con Enrique *cuyo hijo* es inteligentísimo.
    a. hija   b. sobrinos   c. nietas   d. perros

B.   Combine the two sentences to form one.

>   EXAMPLE: Ayer vimos al señor Gómez. Su hija es profesora.
>   *Ayer vimos al señor Gómez cuya hija es profesora.*

1. Balboa era español. Descubrió el Océano Pacífico.   2. Mis amigos dieron
un paseo sin invitarme. Eso no me gustó.   3. Mis amigos y yo dimos un
paseo. El paseo no me gustó.   4. Porfirio Díaz fue un dictador. Tiranizó a
los mexicanos por más de treinta y cinco años.   5. Hay muchos temas in-
teresantes. Se puede escribir mucho sobre ellos.   6. ¿Ves aquella ventana?
Por ella entró el ladrón.   7. Allí viene Elena. Seguí un buen curso con ella.
8. Tiene muchas amistades. Entre ellas hay varias mujeres ilustres.   9. Isabel
de Castilla se casó con Fernando de Aragón. Esto es muy importante en la
historia de España.   10. Vale la pena conocer al señor Blanco. Fue él quien
me ayudó mucho.

C.   Complete the sentences using your imagination.

1. Esa chica, con quien yo _____   2. Mi madre es la mujer sin la cual
_____   3. María es la que _____   4. Lo que me dijiste _____
5. Esta cajita, dentro de la que encontrarás _____   6. Este verano no
pude ir a México, lo que _____   7. No fue Roberto quien _____
8. Si sales conmigo te daré cuanto _____   9. El autor cuyas novelas
_____   10. No voté por ese candidato, el cual _____

D.   Substitute **cual(es)** for **que** in the following sentences only where possible.

1. Nadie sabe lo que estoy sufriendo.   2. Doña Marina sirvió de intérprete
a Cortés, lo que fue sumamente importante en su expedición.   3. El que
quiera, puede venir conmigo.   4. Los autores del Siglo de Oro, entre los que
figuraba Lope de Vega, gozaban de gran fama en la literatura europea de la
época.   5. Carlos vino a la fiesta con Elena, la que es modista.

II.   A.   Give the questions which would be answered by the following sentences.

>   EXAMPLE: Fui a la estación.
>   *¿Adónde fuiste?*

1. Me llamo José López.   2. No tengo ningún dinero.   3. Nos casó el cura
don Fermín.   4. Me gustó muchísimo la comedia.   5. La etimología es el
estudio del origen y desarrollo lingüístico de las palabras.   6. Soy dentista.   7. Costa Rica está en la América Central.   8. Asisto a la Universidad
de Puerto Rico.   9. Es un ingeniero muy bueno.   10. Domingo Faustino
Sarmiento escribió la novela *Facundo*.

B.   Ask a student the following.

1. in what city he/she was born.   2. how old he/she is.   3. what sociology
is.   4. what his/her philosophy of life is.   5. which he/she prefers, wealth
or happiness.   6. on whom his/her happiness depends.   7. who his/her

favorite author is. 8. what novel he/she has read and what he/she thinks of it. 9. how he/she likes coffee—with sugar or without it. 10. what are the qualities he/she likes to see in a person.

III. A. Write an exclamation based on the information supplied.

EXAMPLE: Ese joven es muy alto.
¡Qué joven más alto!

1. José está muy gordo. 2. Come muchísimo. 3. Le gustan más los bombones y los pasteles. 4. Siempre anda muy despacio. 5. Es un joven alegre. (Use *vaya*) 6. Su mujer es delgada. 7. Quiere mucho a su marido. 8. Sabe guisar muy bien.

B. Make indirect exclamations about the persons mentioned, using the **lo** construction as in the example.

EXAMPLE: No te puedes imaginar _____ Plácido Domingo. (canta)
No te puedes imaginar lo bien que canta Plácido Domingo.
Nos habla de _____ Sancho Panza. (gracioso)
Nos habla de lo gracioso que es Sancho Panza.

1. Me habló de _____ César Romero. (guapo) 2. Sabemos _____ el diablo. (malo) 3. Nos maravilla _____ Guillermo Vilas. (juega) 4. Sueño con _____ Raquel Welch. (linda) 5. No te puedes imaginar _____ Cantinflas. (cómico) 6. Siempre me acordaré de _____Pablo Picasso. (pintaba) 7. ¿Te das cuenta de _____ los banqueros? (ricos) 8. Me encanta _____ los Rolling Stones. (tocan y cantan)

IV. A. Some of the following sentences do not make sense. If this is the case, make them logical by substituting an idiom from Section IV, as in the examples.

EXAMPLE: ¿Quieres que te dé mil dólares sin tener que devolvérmelos? *¡Qué va!*
¿Quieres que te dé mil dólares sin tener que devolvérmelos? *¡Cómo no!*

1. Los trenes siempre deben llegar tarde. 2. Debemos hacer la tarea de mala gana. 3. Acabo de pedirte perdón de rodillas, ¿qué más quieres? 4. Nunca merece la pena estudiar un idioma. 5. Mis padres han de visitarme mañana. 6. Hay hombres de tres cabezas en todas partes. 7. Es posible escuchar la radio y estudiar a la vez. 8. ¿Quieres darme diez mil dólares, papá? —¡Qué va! 9. Mario es alto, es decir, comparado con José lo es.

B. Translate the English section of the following sentences.

1. Hemos comido (four times) hoy. 2. ¿Sabes (what time) es? 3. (It is time) de acostarnos. 4. (We don't have time) para eso. 5. (At times) mis niños me vuelven loca. 6. Ya te dije (a thousand times) que no salieras con ese vago.

V.   Answer the questions using **alguien, alguno, -a, -os, -as,** or **algo**.

> EXAMPLE: ¿Quién te besó?
> *Alguien me besó.*

1. ¿Quién ha llamado a la puerta?   2. ¿Qué tiene Vd. en la mano?   3. ¿Cuántos amigos vendrán a la fiesta?   4. ¿Es difícil esta lección?   5. ¿Cuándo piensas graduarte?   6. ¿No hay nada en la caja?   7. ¿Hará Vd. el viaje solo (-a)?   8. ¿Es pintoresca esta ciudad?

VI.   A.   Answer the following questions using one of the negative words in Section VI.

> EXAMPLE: ¿A quién visteis ayer?
> *No vimos a nadie. (A nadie vimos.)*

1. ¿Conoce Vd. un muchacho que sepa hablar bien el español?   2. ¿En el verano ¿prefieres nadar o jugar al tenis?   3. ¿Ha visitado Vd. alguna vez las Islas Canarias?   4. ¿Ha visitado Vd. también las Islas Baleares?   5. ¿Es algo difícil aprender el español?   6. ¿Con quién piensas casarte?   7. ¿Cuál de tus amigos ya está casado?   8. ¿Ha hablado Vd. a alguien en español hoy? 9. ¿Hay algo difícil en la lección de hoy?   10. ¿Cuál es más difícil, el español o el inglés?

B.   Translate the English portion of the following sentences.

1. Estoy (better than ever).   2. Tuve la culpa (more than anyone).   3. Lo haré (without anyone's knowing it).   4. Te quiero (more than anything). 5. Prefiero andar (without anyone).

VII.   Translate.

1. There has never been any character like Don Quixote, who was created by Cervantes.   2. The novel is one of the greatest of all times.   3. The first time I read it I laughed and cried at the same time.   4. What a marvelous novel it is!   5. What is its full [complete] title?   6. I don't know anyone who has not read it.   7. Nonsense! I know someone who has not read it. 8. What is life if you don't read some of the great books?   9. They are books through which we learn what life is.   10. Cervantes is one of the ones who best reflect reality.   11. He is an author whose works are read more than ever, that is to say, he is a universal writer.

VIII.   Answer the following questions.

1. ¿Cuál es la carrera que Vd. ha escogido?   2. ¿En qué consiste la felici- dad?   3. Si Vd. tuviera que trasladarse a otro país, ¿a qué país iría?   4. ¿Conoce Vd. a alguien que haya tenido que ir a otro país de mala gana? 5. ¿Tiene Vd. algún amigo en un país hispano?   6. ¿Se da cuenta Vd. de lo difícil que es vivir en un país extranjero?   7. ¿Qué es lo que le gustaría hacer más que nada?   8. ¿De quién es el coche que Vd. conduce?   9. ¿Tiene Vd. amigos entre los cuales hay celos?   10. ¿Quién es el que más ha influido en su vida?

IX. Review of Lesson X

Translate the English portion of the following sentences:

1. España produce casi (as much wine as) Italia. 2. No es (as expensive as that of Italy but) es muy bueno también. 3. (Most of) la gente del norte de España es (taller than) la del sur. 4. Cuando (Ferdinand and Isabella) se casaron, unieron los reinos de Aragón y Castilla. 5. En el siglo diez y seis España era (the most powerful country in the world). 6. En el siglo diez y siete el país iba (from bad to worse). 7. Si alguien hace algo bien sin esperar hacerlo no le decimos ("so much the worse" but "so much the better"). 8. María e Irene no son (younger than) Jorge (but are much older than) él. 9. El reloj me costó (less than) quinientos pesos. 10. Vinieron a la fiesta como (seventy or eighty) invitados.

VOCABULARY

amistad *f.* friendship, acquaintance
apellido last name, surname
asesinar to assassinate

barco boat
bombón *m.* candy

conferencia lecture
cuchara spoon

decano dean
discurso; pronunciar un— to make a speech

etimología etymology

guisar to cook

invitado guest

jugador *m.* player

mentir (ie, i) to lie
modista dressmaker

pastel *m.* pie, pastry
poderoso powerful
prestar to lend

reino kingdom

sueldo salary

tiranizar to tyrannize
trasladarse to move (one's home, office, etc.)

LESSON 12

Numerals
Time of Day
Idioms and Word Study
Dates
Diminutives and Augmentatives

I. NUMERALS

A. Cardinal Numbers

The cardinal numbers are invariable except **uno** and the compounds of **ciento**. **Uno** is shortened to **un** before a masculine noun.

1. **0–19.**

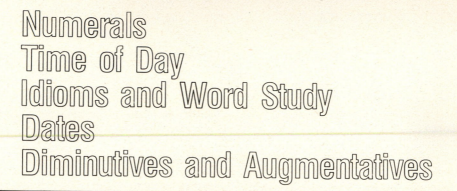

0	cero	11	once
1	un(o), una	12	doce
2	dos	13	trece
3	tres	14	catorce
4	cuatro	15	quince
5	cinco	16	dieciséis (diez y seis)
6	seis	17	diecisiete (diez y siete)
7	siete	18	dieciocho (diez y ocho)
8	ocho	19	diecinueve (diez y nueve)
9	nueve		
10	diez		

2. **20—29.** The numbers 21—29 may be written as three words or as one word.

20 veinte
21 veintiuno (veinte y uno)
    veintiún libros   *21 books*
    veintiuna lecciones   *21 lessons*
22 veintidós (veinte y dos)
23 veintitrés (veinte y tres)
24 veinticuatro (veinte y cuatro)
25 veinticinco (veinte y cinco)
26 veintiséis (veinte y seis)
27 veintisiete (veinte y siete)
28 veintiocho (veinte y ocho)
29 veintinueve (veinte y nueve)

3. **30—99.** Counting by tens from 30—90, the numbers end in **-nta.** The compound numbers 31 through 99 must be written as three separate words.

30 treinta
31 treinta y uno(-a)
    treinta y un niños   *thirty-one children (boys)*
    treinta y una niñas   *thirty-one children (girls)*
32 treinta y dos
40 cuarenta
50 cincuenta
60 sesenta
70 setenta
80 ochenta
90 noventa
99 noventa y nueve

4. **100—999. Ciento** is followed directly by a number smaller than itself, without an intervening **y** (**ciento uno**, etc.). **Ciento** becomes **cien** before a noun or number that it modifies (**cien casas, cien mil**). Standing alone, **ciento** is normally used, although **cien** is used by many speakers.

Tengo ciento *or* Tengo cien.   *I have a hundred.*

Ciento por ciento, *or*
  Cien por cien, *or*   *One hundred percent.*
  Cien por ciento.

    Two hundred, etc. is expressed as *two hundreds,* etc., written as one word (**doscientos**) with agreement in gender with the noun it modifies.
    Note the irregular forms 500, 700 and 900.

100 cien(to)
102 ciento dos
117 ciento diez y siete
200 doscientos, (-as)
    doscientos lápices   *200 pencils*
    doscientas quince plumas *215 pens*
300 trescientos, (-as)
400 cuatrocientos, (-as)
500 quinientos, (-as)
600 seiscientos, (-as)
700 setecientos, (-as)
800 ochocientos, (-as)
900 novecientos, (-as)
    novecientos noventa y   *999 dollars*
      nueve dólares
    novecientas noventa y   *999 pesetas*
      nueve pesetas.

5.   1000 **(mil).** In both Spanish and English the equivalent of 2000, etc. does not use a plural form of *thousand* or **mil** (*two thousand,* **dos mil**). Both English and Spanish use the plural in *thousands of dollars, thousands and thousands:* **miles de dólares, miles y miles**.

In counting above 1000, in English we may use either *a (one) thousand* or *hundred*. (1456: *one thousand four hundred fifty-six* or *fourteen hundred and fifty-six*). In Spanish we must use **mil** in this construction (1456: **mil cuatrocientos cincuenta y seis**).

The *and* of English *a thousand and one* is not expressed in Spanish.

1000 mil
    Mil gracias.   *A thousand thanks. Many thanks.*
1001 mil uno
1010 mil diez
1492 mil cuatrocientos noventa y dos
1776 mil setecientos setenta y seis
2001 dos mil uno
100.000 cien mil
200.000 doscientos mil

NOTE: Spanish uses a period in numerals where English uses a comma.

6.   1.000.000 **(un millón).** The construction is **un millón de** + noun.

Un millón de habitantes   *A million inhabitants*
Dos millones de pesos   *Two million pesos*

A million and a half is **millón y medio (de)** without the indefinite article.

If there is an intervening number before the noun, **de** is not used.

Tres millones ochocientos cincuenta mil paquetes	*3,850,000 packages*

B. Ordinal numbers

1. They are seldom used beyond *tenth*. They agree in gender and number with the nouns they modify.

1st	primero
2nd	segundo
3rd	tercero
4th	cuarto
5th	quinto
6th	sexto
7th	séptimo (*usually pronounced* sétimo)
8th	octavo
9th	noveno (nono *is used in titles*)
10th	décimo

2. Ordinal numbers generally precede the noun. As was pointed out in Lesson III, Section I. D, **primero** and **tercero** drop the **-o** before a masculine singular noun.

el primer día	*the first day*
la primera vez	*the first time*
el tercer hombre	*the third man*
la segunda fila	*the second row*
la Quinta Avenida	*Fifth Avenue*
la quinta columna	*the fifth column*

C. Special uses of cardinal and ordinal numbers

1. With days of the month, except for **primero**, the cardinal numbers are used (See Section IV. B of this lesson).

el primero de enero	*January 1st.*
el dos de mayo	*May 2nd.*

2. With volumes, chapters, streets, etc., either an ordinal or cardinal numeral may be used up to *ten* (*tenth*). Above *eleven*, usually a cardinal numeral is used.

el segundo capítulo	*the second chapter*
capítulo dos	*chapter two*
el quinto párrafo	*the fifth paragraph*

párrafo cinco	*paragraph five*
el siglo veinte	*the 20th century*
la Calle cuarenta y dos	*42nd Street*

3.   In expressions containing both a cardinal and an ordinal, in English the ordinal usually comes first. In Spanish the cardinal precedes.

las diez primeras páginas	*the first ten pages*

4.   In titles the ordinal numbers are used only through *tenth*: above that the cardinals are used. The definite article of this construction in English *(Philip the Second)* is omitted in Spanish.

Carlos V (quinto) fue el padre de Felipe II (segundo).	*Charles V was the father of Philip II.*
Alfonso XIII (trece) abdicó en 1931.	*Alfonso XIII abdicated in 1931.*
Isabel II (segunda) reinó durante la época de las guerras carlistas.	*Isabel II reigned during the period of the Carlist Wars.*

C.   Fractions

1.   *One half, a half* or *half a* is **(un) medio. Medio** is used as an adjective and agrees with the noun it modifies. **La mitad (de)** is a noun and means *half of.*

Cómprame un kilo y medio de cebollas.	*Buy me one and a half kilos of onions.*
Necesitamos también media docena de huevos.	*We also need half a dozen eggs.*
Usamos solamente la mitad de las zanahorias.	*We used only half of the carrots.*
La mitad de los obreros participaron en la huelga.	*Half of the workers took part in the strike.*

Medio may also be used adverbially.

Está todavía medio dormida.	*She is still half asleep.*

2.   *One third* is **un tercio**. The fractions from *one fourth* to *one tenth* are formed as in English, with a cardinal number on top and an ordinal number on bottom.

1/4	un cuarto	2/5	dos quintos	1/8	un octavo
3/4	tres cuartos	1/6	un sexto	1/9	un noveno
1/5	un quinto	1/7	un séptimo	1/10	un décimo

3.   In popular usage the word **parte** *(part)* is often used:

1/3	la tercera parte	1/5	la quinta parte
2/3	dos terceras partes		

D. Collective numbers

un par (de)	*a pair (of), a couple (of)*
una docena	*a dozen*
una decena	*ten*
una centena or un centenar	*a hundred*
un millar	*a thousand*
un par de zapatos	*a pair of shoes*
una docena de huevos	*a dozen eggs*

Some examples of numerals in songs, poems and proverbs:
From a previously quoted *copla*:

Niña de los veinte novios,
y conmigo veintiuno;
si todos son como yo,
te quedarás sin ninguno.

Another *copla*:

Dos besos hay en el mundo	*There are two kisses in this world*
que no se apartan de mí:	*which do not leave me:*
el último de mi madre,	*the last one of my mother,*
y el primero que te di.	*and the first one I gave you.*

A stirring stanza from the *Canción del pirata* by one of Spain's greatest romantic poets, José de Espronceda (1810–1842):

Veinte presas	*Twenty ships*
hemos hecho	*we have seized*
a despecho	*despite*
del inglés,	*the English,*
y han rendido	*and a hundred nations*
sus pendones	*have surrendered*
cien naciones	*their banners*
a mis pies.	*at my feet.*

Más vale pájaro en mano que cien(to) volando. (Proverb)	*A bird in the hand is worth 100 flying (or two in the bush).*

A verse from the popular Mexican song, *La cucaracha*:

Las de quince son de oro,	*The 15-year-olds (girls) are golden,*
Las de veinte son de plata,	*The 20-year-olds are of silver,*
Las de treinta son de cobre,	*The 30 year-olds are of copper,*
y las otras son de lata.	*and the others of tin.*

From a dramatic recitation about a would-be Don Juan:

Rubias, morenas, tengo centenas,	*Blondes, brunettes, I have hundreds,*
Tengo un surtido de todo color.	*I have a supply of every color.*
Tengo mil novias, tengo mil novias,	*I have a thousand girl friends, I have a thousand girl friends,*
de los amores yo soy el campeón . . .	*in love affairs I am the champion . . .*

EXERCISE 1.

Write out the following completely in Spanish:

1. 906 casas.   2. 531 inglesas.   3. Enrique IV.   4. Luis XIV.   5. 100.000 pesos.   6. 5 más 16 son 21.   7. ¾.   8. *one dozen* naranjas.   9. 104 páginas.   10. 2.781 ciudades.   11. 41 menos 15¼ son 25¾.   12. 3.000.000 de soldados.   13. el año 1469.   14. el 15 de abril   15. el 1° de julio.   16. el *7th* capítulo.   17. Pío IX.   18. *half* muerta.   19. ½ kilo.   20. ½ de mi dinero.   21. el *17th* siglo.

II.   TIME OF DAY

A.   The verb **ser** is used to express *to be* in telling time.

1.   With the exception of **es** for one o'clock, the plural **son** is used to indicate the hour. In the past tense, the imperfect is used.

¿Qué hora es?	*What time is it?*
Es la una.	*It is one o'clock.*
Son las dos.	*It is two o'clock.*
¿Qué hora era?	*What time was it?*
Era la una.	*It was one o'clock.*
Eran las dos.	*It was two o'clock.*
¿Qué hora será?	*What time can it be?*
Serán las seis y media.	*It must be 6:30.*
¿Qué hora sería?	*What time could it have been? (I wonder what time it was.)*
Serían las nueve.	*It must have been nine o'clock.*

2.   Minutes after the hour are indicated by **y** plus the number. *Half past* is expressed by **y media** or **y treinta**. *A quarter after* is **y cuarto** or **y quince**.

Es la una y veinte.	*It is 1:20.*
Son las tres y cinco.	*It is 3:05.*

Eran las ocho y veinte.	It was 8:20.
Son las seis y media (treinta).	It is 6:30.
Eran las cuatro y cuarto (quince).	It was 4:15.

3. Time after the half hour is usually expressed by giving the next hour and using **menos** plus the number of minutes.

| Son las dos menos veinte y cinco. | It is twenty-five to two. (It is 1:35) |
| Eran las diez menos cuarto (quince). | It was a quarter to ten. (It was 9:45) |

A popular alternate way of expressing time before the hour is to use the verb **faltar**.

| Faltan diez minutos para las siete. | It is ten minutes to seven. (It is 6:50) |

B. *At* is expressed by **a**.

¿A qué hora?	At what time?
a la una y cuarto	at 1:15
a las once menos cinco	at five to eleven (at 10:55)

At about is **a eso de** or **como a**:

| Llegaron a eso de las cinco (como a las cinco). | They arrived at about five o'clock. |

C. *A.M.* is **de la mañana**, *P.M.* is **de la tarde** (until about 7 P.M.) and **de la noche** (generally after 8 P.M.).

| Los bancos abren a las nueve de la mañana y cierran a las tres de la tarde. | Banks open at 9 A.M. and close at 3 P.M. |
| Son las diez de la noche. | It is 10 P.M. |

De la madrugada is used to refer to the very early hours between 1 and 4 A.M.

| Se durmió a las dos de la madrugada. | He fell asleep at 2 A.M. |

If the hour is not specified, *in the morning, in the afternoon, in the evening* are rendered by **por la mañana, por la tarde, por la noche**. In Mexico and some other countries of Spanish America **en la mañana**, etc. is preferred.

| Por la mañana voy a la escuela, por la tarde trabajo y por la noche estudio. | In the morning I go to school, in the afternoon I work and in the evening I study. |

De noche means *at* (or *by*) *night*; **de día,** *by day.*

Es peligroso caminar en el parque de noche.	*It's dangerous to walk in the park at night.*

The lascivious Corregidor (mayor), attempting to seduce Frasquita, the miller's beautiful wife, in Pedro Antonio de Alarcón's (1833–1891) delightful novelette, *El sombrero de tres picos,* says:

¡De día, de noche, a todas horas, en todas partes, sólo pienso en ti!	*By day, by night, at all hours, everywhere, I think only of you!*

D. In railroad, airline, theater, movie and other official schedules, the 24 hour timetable is usually used:

El tren sale a las 14:20. (catorce y veinte)	*The train leaves at 2:20 P.M.*
La última función es a las 21 (veintiuna) horas.	*The last performance is at 9 P.M.*

The talented Spanish playwright and poet Federico García Lorca (1898–1936) wrote a gripping elegy on the death of his friend, the bullfighter Ignacio Sánchez Mejías. The opening line, *a las cinco de la tarde,* is repeated in every other line of the entire first part of the poem.

A las cinco de la tarde.	*At five o'clock in the afternoon.*
Eran las cinco en punto de la tarde.	*It was exactly five o'clock in the afternoon*

The *copla* about the number of days in the months of the year:

Treinta días trae noviembre, con abril, junio y septiembre;	*November has thirty days, along with April, June and September;*
de veinte y ocho sólo hay uno;	*there is only one of twenty-eight;*
los demás de treinta y uno.	*the rest (have) thirty-one.*

EXERCISE 2.

A.   Write out the following:

1. 1:30 P.M.   2. 9:40 A.M.   3. 2:15 P.M.   4. 10:30 P.M.   5. 3:10 A.M.

B.   Translate the English section of the following sentences:

1. Prefiero quedarme en casa (in the morning).   2. (At night) me gusta bailar.   3. Cuando llegué a casa (it was 2 A.M.).   4. Me encontraré con Silvia (about ten-thirty).   5. El tren sale para Barcelona (at 11 o'clock

P.M.).   6. Mañana te quiero aquí (at 1 o'clock).   7. Nos veremos (about four-twenty).   8. (It was five-forty) cuando llegamos al aeropuerto.

III.   IDIOMS AND WORD STUDY

A.   a estas horas — at this time (hour), at such an hour

a fines de (marzo) — toward the end of (March)
a mediados de (abril) — toward the middle of (April)
a principios de (mayo) — toward the beginning of (May)
a tiempo — on time
amanecer — to get light, to dawn
anochecer — to grow dark, to be nightfall
anteayer — the day before yesterday
da la una, dan las dos — the clock strikes one, the clock strikes two
de hoy en ocho (quince) días — a week (two weeks) from today
madrugar — to rise early
a (la) medianoche — at midnight
a (or al) mediodía — at noon
pasado mañana — the day after tomorrow
el reloj se adelanta (se atrasa) — the watch is fast (is slow)
en adelante — henceforth, from now on, from then on
en punto — sharp (on the dot)
hacerse tarde — to be (get) late
llegar tarde — to be (arrive) late
(las siete) y pico — a little after (seven)

B.   devolver — to return (give back)
volver — to return (to a place)
volver loco — to drive crazy
echar de menos — to miss (a person or something, mentally)
perder — to miss a thing (train, etc.)

¿Qué haces aquí a estas horas? — What are you doing here at this hour?
Lo haré a mediados de junio. — I'll do it around the middle of June.
Vámonos; se está haciendo tarde. — Let's go; it's getting late.
Volveré a casa para el jueves. — I'll return home by Thursday.
Nunca me devuelven los libros que les presto. — They never return the books I lend them.
Cuando me abandones, te echaré de menos. — When you leave me I will miss you.

EXERCISE 3.

Complete the sentences in column A with a phrase from column B:

<table>
<tr><td align="center">A</td><td align="center">B</td></tr>
<tr><td>1. Es el 18 de diciembre; de hoy en ocho días</td><td>a. pero María siempre llega a las once y pico.</td></tr>
<tr><td>2. Cuando me gradúe</td><td>b. siempre me da un besito.</td></tr>
<tr><td>3. La clase empieza a las once</td><td>c. o se lo diré al maestro.</td></tr>
<tr><td>4. Con sus preguntas estos niños</td><td>d. celebramos la Navidad.</td></tr>
<tr><td>5. Cuando vuelvo a casa mi mujer</td><td>e. echaré de menos la vida universitaria.</td></tr>
<tr><td>6. Me levanté tarde</td><td>f. me vuelven loca.</td></tr>
<tr><td>7. Hoy es miércoles;</td><td>g. y por eso perdí el tren.</td></tr>
<tr><td>8. Devuélveme mi bicicleta</td><td>h. anteayer fue lunes.</td></tr>
<tr><td>9. En adelante piénsalo bien</td><td>i. antes de decir que sí.</td></tr>
<tr><td>10. Es preciso</td><td>j. no llegar tarde a la clase.</td></tr>
</table>

B. Fill in the blanks with one of the above words or idioms:

1. Siempre **debemos** llegar a clase _____ . 2. Casi todo el mundo paga el alquiler _____ mes. 3. Cuando _____ doce, sabemos que es medianoche. 4. Si son realmente las seis, y mi reloj dice las seis y diez, _____ . 5. Si son realmente las seis, y mi reloj dice las seis menos diez, _____ . 6. Cuando llego a casa a las dos de la madrugada, mi madre me dice: «¿Cómo te atreves a llegar _____ »? 7. Mi novia me dijo que saliera de su casa porque _____ . 8. Como quería ver a mi amiga dentro de varias semanas le dije: «Nos veremos _____ ». 9. Salen los espectros _____ en punto. 10. En el verano _____ a eso de las ocho de la noche y _____ a eso de las seis de la mañana.

IV. DATES

Spanish does not use capitals for months of the year or days of the week.

A. The months

enero	julio
febrero	agosto
marzo	septiembre (*pronounced and often written* setiembre)
abril	octubre
mayo	noviembre
junio	diciembre

B. Day of the month

¿Cuál es la fecha?
¿Qué fecha es?   *What is the date?*
¿A cuántos estamos?

Hoy es el 15 (quince) de enero. *Today is January 15.*
Estamos a 15 de enero de 1981 *It is January 15, 1981.*
 (mil novecientos ochenta y
 uno).

Note that **de** is used before the month and before the year.
In giving the day of the month, Spanish uses the ordinal number only for the *first* **(primero)**. The cardinal numbers are used in all other cases.

El primero de enero. *January 1st.*
El dos de mayo. *May 2nd.*
Es el catorce de marzo (or *It is March 14.*
 Estamos a catorce de marzo).

English *on* (a certain date) is not expressed in Spanish:

Las clases empiezan el primero *Classes begin on February 1st*
 de febrero y terminan el *and end on May 24th.*
 veinticuatro de mayo.
¿Cuándo es tu cumpleaños? Es *When is your birthday? It is*
 el treinta de abril. *April 30th.*

The **el** is omitted before a date when following a day of the week.

Llegó el martes, doce de julio. *He arrived on Tuesday, July*
  12th.

C. Days of the week

 lunes *Monday*   viernes *Friday*
 martes *Tuesday*   sábado *Saturday*
 miércoles *Wednesday* domingo *Sunday*
 jueves *Thursday*

D. Day of the week

 The definite article is used before the days of the week except after the verb **ser**. The *on* is not translated.

¿Qué día es (hoy)? *What day is it (today)?*
Hoy es lunes. *Today is Monday.*
Ayer fue domingo. *Yesterday was Sunday.*
Tuvimos un examen el jueves. *We had an exam on Thursday.*
Los domingos van a la iglesia. *They go to church on*
  Sundays.

EXERCISE 4.

Write out the dates:

1. La Guerra de la Independencia Española empezó (May 2, 1808). 2. El reinado de Isabel II de España empezó (on November 8, 1843) y duró hasta

(September 30, 1868) cuando la revolución la obligó a salir de España.   3.
La Guerra Civil empezó en España (on July 17, 1936) y terminó (on April 1,
1939).   4. La victoria de los rebeldes en la batalla de Ayacucho dio fin a la
Guerra de la Independencia de Hispanoamérica (October 9, 1824).   5. (In
January, 1531) Francisco Pizarro partió para conquistar el imperio incaico
con menos de doscientos soldados.   6. Hoy es martes, (November 14).

V.   DIMINUTIVES AND AUGMENTATIVES

A.   There are a number of endings which may be added to nouns and
adjectives to give a feeling of smallness and/or affection. They
are especially common in "babytalk" and when one is trying to
be "cute" or affectionate.

1.   The most common diminutive ending is **-ito**. A final **c** or **g**
changes to **qu** or **gu**. Some of the more usual words are:

abuela	abuelita	*granny*
libro	librito	*little book*
hija	hijita	*little (dear) daughter, child*
casa	casita	*(cute) little house*
chico	chiquito	*little boy*
barco	barquito	*little boat*
amigo	amiguito	*(little) friend*
delgado	delgadito	*nice and thin*
trago	traguito	*little drink, "shot"*
pájaro	pajarito	*little (cute) bird*
hembra	hembrita	*baby girl*
Juan	Juanito	*Johnny*
estrella	estrellita	*little star*
Isabel	Isabelita	*little (dear) Isabel*
querida	queridita	*darling, dearest*
Paco	Paquito	*Frankie*
adiós	adiosito	*bye bye*

Certain adverbs may take the **-ito (-ita)** ending:

Ahorita vengo.	*I'm coming right away.*
En seguidita	*At once*
Tempranito	*Bright and early*

2.   Another common ending is **-cito**.

mamá	mamacita	*mommy, dear mother*
papá	papacito	*papa, daddy*
joven	jovencito	*young man, young fellow*
mujer	mujercita	*little woman*
bote	botecito	*little boat*

madre	madrecita	*dear mother*
viaje	viajecito	*little trip*
varón	varoncito	*baby boy*
amor	amorcito	*dear love*

3.   Other endings include **-ecito, -illo, -ecillo, -uelo**:

ventana	ventanilla	*little window, ticket window, box office*
chico	chiquillo	*little boy, kid*
pan	panecillo	*roll*
flor	florecita	*little flower*
plaza	plazuela	*little square*
voz	vocecita	*little voice*
viejo	viejecito	*little old man*
pueblo	pueblecito	*little town, village*

4.   Paradoxically, some diminutive endings sometimes have a sarcastic or pejorative connotation:

autor	autorcillo	*second-rate author, so-called author*
rey	reyezuelo	*petty king*

Since it is sometimes difficult for a non-native speaker to know which diminutive ending is to be added, the student is advised not to use diminutives unless he/she has seen or heard them used correctly.

B.   There are also augmentative endings, which denote largeness and/ or ugliness. The most common augmentative ending is **-ón, -ona**. **-Ona** is associated with female persons while **-ón** is used with male persons or things of either gender.

hombre	hombrón	*big man*
mujer	mujerona	*big woman*
silla	sillón	*armchair*

In two fairly common words, however, the **-ón** ending expresses a reverse meaning:

rata	*rat*	ratón	*mouse*
calle	*street*	callejón	*alley*

Diminutives appear quite frequently in popular songs. The opening lines of a lively song about a woodpecker:

Muy tempranito se levanta	*He gets up very early*
y casi al brotar el sol,	*almost as the sun comes up,*
y el ritmo que da su piquito	*and the rhythm his little beak makes*
es un repiquetear de son . . .	*is a constant merry tapping sound . . .*

Some lines from the song *El botecito:*

Yo nunca me he subido en un barquito,	*I've never gotten into a little boat,*
sólo sé que hay grandes y chiquitos . . .	*I only know there are big ones and little ones . . .*
Ay, en mi botecito,	*Ah, in my little boat,*
tan lindo y tan chiquito . . .	*so pretty and so small . . .*
Solos bien solitos cantaremos	*Alone, very much alone, we shall sing*
la canción del botecito	*the song of the little boat*
en recuerdo de nuestro amor.	*in remembrance of our love.*

Another popular favorite, *Muñequita linda:*

Muñequita linda,	*Pretty little doll,*
de cabellos de oro,	*with golden hair,*
de dientes de perla,	*with teeth of pearl,*
y labios de rubí . . .	*and ruby lips . . .*

From *Qué será, será:*

Cuando yo era chiquitito	*When I was a very little boy*
a mi mamita le pregunté . . .	*I asked my mother . . .*

And from the Mexican *ranchera, Adiós mi chaparrita:*

. . . Las moñitas pa' tus trenzas,	*Narrow ribbons for your braids,*
y pa' tu mamacita,	*and for your dear mother*
rebozo de bolita	*a woolen shawl*
y naguas de percal . . .	*and percale petticoat . . .*

EXERCISE 5.

Replace the diminutives and augmentatives with the base word:

1. Ven acá, Miguelito. 2. Espérame un ratito. 3. Su hermano es un abogadillo que no vale nada. 4. Comí un pedacito de pan con queso. 5. ¿Me quieres hacer un favorcito? 6. ¡Juanito, cierra la ventanilla! 7. Pablo es un muchachón de catorce años. 8. Vuelve en seguidita. 9. Adiosito, amorcito. 10. Vino con todo su familión.

CLASS EXERCISES

I.   A.   Write out the numerals in Spanish.

1. Granada fue conquistada por los Reyes Católicos en 1492.   2. En México hay unos 53.000.000 de habitantes.   3. Hay aproximadamente 21 países de habla española.   4. Alfonso XIII tuvo que abdicar en 1931.   5. Según varios historiadores, Hernán Cortés empezó la conquista de México en 1519 con unos 509 soldados, 200 indios, 32 caballos y 4 piezas de artillería.   6. Más tarde, 1000s de indios, enemigos de los aztecas, lo ayudaron.   7. Durante la conquista murieron más de la ½ de sus soldados.   8. Ésta es la lección 12.   9. Felipe V fue el 1er rey borbón de España.   10. Compré las acciones a 3¼ y las vendí a 7⅜.

B.   Answer the questions in Spanish.

1. ¿Cuántos habitantes hay en los Estados Unidos?   2. ¿Cuál fue su primera clase hoy?   3. ¿Cómo se llama el papa actual de los católicos?   4. ¿En qué año terminó la Segunda Guerra Mundial?   5. ¿En qué año nació Vd.?   6. ¿Cuántos días hay en un año?   7. Si yo le ofreciera compartir un millón de dólares conmigo, ¿preferiría la mitad o cinco octavos?   8. ¿Cuántos centímetros hay en un metro?   8. ¿En qué siglo vivimos?

II.   Answer the questions in Spanish.

1. ¿Qué hora es?   2. ¿A qué hora empieza esta clase?   3. ¿A qué hora almuerzan la mayor parte de los norteamericanos?   4. ¿Cómo se dice de otra manera «faltan veinte minutos para las once?»   5. ¿Qué suele hacer Vd. el domingo por la mañana?   6. ¿A qué hora de la mañana suele Vd. levantarse?   7. ¿Prefiere Vd. trabajar de día o de noche?   8. ¿A qué hora se acuesta Vd.?

III.   A.   Complete the sentences by selecting one of the items indicated.

1.   Cuando se rompió el compromiso, Ana no quiso _____ la sortija.
     a. volver   b. tomar   c. devolver
2.   _____ no comas los guisantes con el cuchillo.
     a. Al otro día   b. En adelante   c. Si tienes sed
3.   Cuando mi novio mira la televisión, _____ .
     a. se hace daño   b. tiene frío   c. me vuelve loca
4.   Cuando me case, _____ a mis amigos.
     a. colgaré   b. echaré de menos   c. volveré locos
5.   ¿Qué dirá su novia si _____ ?
     a. se vuelve Vd. loco   b. llega Vd. tarde.   c. ella desaparece

B.   Translate the English portion of the following sentences.

1. (If I don't arrive on time), perderé la apuesta.   2. (The clock was striking eleven) cuando entraron los ladrones.   3. Siempre (at the end of the month)

me encuentro sin dinero.   4. Mi reloj no anda bien. (Either it is slow or it is fast.)   5. (Two weeks from today) ya no seré soltera.   6. Dame el último besito pues (it is getting late).   7. (At this time) estarán ya cerca de su casa. 8. Te devolveré el libro (around the middle of the month).   9. En junio (it gets dark at) las ocho y media.   10. (The day after tomorrow) será viernes.

IV.   A.   Match the date with the event; then write out the date.

1. descubrimiento de las Américas
2. Declaración de Independencia
3. nacimiento de Abraham Lincoln
4. comienzo de la Segunda Guerra Mundial
5. nacimiento de Jorge Washington
6. comienzo de la Primera Guerra Mundial
7. nacimiento de Cervantes
8. comienzo de la Guerra de la Independencia en México

a. February 12, 1809
b. July 28, 1914
c. October 12, 1492
d. September 16, 1810
e. October 9, 1547
f. July 4, 1776
g. September 1, 1939
h. February 22, 1732

B.   Answer the following questions.

1. ¿Cuándo nació Vd.?   2. ¿A cuántos estamos?   3. ¿En qué mes y año piensa Vd. graduarse de esta universidad?   4. ¿En qué día del mes pagan sus padres el alquiler?   5. ¿Qué días de la semana tiene Vd. la clase de español?   6. ¿Qué día de la semana prefiere Vd.?   7. ¿Cuántos meses tienen veinte y ocho días?   8. ¿En qué meses tiene Vd. vacaciones?   9. ¿En qué mes del año le gustaría casarse? ¿Por qué?   10. ¿Qué mes del año prefiere Vd.? ¿Por qué?

V. A.   Translate.

1. ¡Mira a Luisito! ¡Ya es un hombrecito!   2. ¿Dónde está el museo? — ¡Adelantito!   3. Los chicuelos estaban jugando en la calle.   4. Se cree gran cosa pero es un autorcillo de mala muerte.   5. No me beses; tu boca tiene un olorcillo a ajo.   6. El niño se puso el traje nuevecito.   7. A las diez suena la campanilla.   8. Mi hermano es ya un solterón de cuarenta años.   9. Su casa tenía dos salas y un salón para las fiestas.   10. Tenía dos polluelos preciosísimos.

B.   Make one sentence from each of the following groups of words.

EXAMPLE: Tomasito/varoncito/mono.
Tomasito es un varoncito muy mono.

1. Teresa/besito/novio.   2. Ana/vocecita/fina.   3. Mario/paseo/plazuela. 4. no/consultar/abogadillo.   5. fiesta/salón.   6. hermano/casarse/mujerona.   7. ahorita/venir/ver.   8. amiguitos/andar/despacito.   9. tener miedo/salir/hombrón.   10. amiguito/Luisito/jovencito/bajito.

VI. Translate.

1. Paquita was born on April 1, 1961. 2. She invited twenty-one friends to a birthday party on Saturday, April 3rd. 3. It seems incredible that that night some of them arrived late, at ten forty-five, and were half tipsy (diminutive of *borrachos*). 4. She was really ashamed of them but they said that henceforth they would be the first to arrive. 5. To animate the party they came dressed like Henry the Eighth, Louis the Fourteenth and Charles the Fifth. 6. Everyone made fun of Henry the Eighth, calling him the petty king of England. 7. The guests almost drove him crazy, taking away his crown for having murdered so many wives. 8. At midnight sharp they stopped dancing to allow Paquita to open the packages with the gifts. 9. One gift was a little gold watch (use diminutive) that must have cost hundreds of dollars. 10. Her fiancé, who was thousands of kilometers away (away thousands of kilometers), had sent it to her with a letter telling her how much he missed her. 11. Paquita cried a little, thinking about her dear Michael (diminutive of Miguel). 12. At one-twenty in the morning everyone went home, somewhat tipsy, but happy.

VII. Fill in the blanks with one or more words.

PEDRO: Hola, corazoncito, ¿a qué hora te levantaste hoy?

ANA: _____ .

PEDRO: ¿Las dos de la madrugada o las dos _____ ?

ANA: . . . de la tarde. Anoche me _____ tarde. ¿Por qué me estás tomando el pelo siempre?

PEDRO: Porque te quiero tanto y _____ celos. Quiero saber si me echas _____ .

ANA: Por supuesto. No pienso más que _____ .

PEDRO: Y en tu básquetbol. A propósito, ¿quién _____ ?

ANA: Los Monstruos _____ .

PEDRO: ¿De veras? Me sorprende que esos jovencitos _____ .

ANA: Tú verás. El próximo partido será el _____ de _____ a las _____ contra los Rayos. Esos «jovencitos» son unos hombrones que aplastarán a cualquier _____ .

PEDRO: Anita, queridita. Me estás _____ loco con tus deportes. Ya tienes _____ años y debes _____ con un joven guapo e inteligente como yo y olvidar _____ .

ANA: Tienes razón. Si pierden los Monstruos _____ . La fecha será _____ .

PEDRO: De acuerdo. Me has hecho _____ . De regalo te daré _____ con una piedra en forma de básquetbol.

ANA: Trato hecho. Pero sólo si _____ los Monstruos.

VIII.   Review of Lesson XI

A.   Fill in the blanks with an exclamation, or an interrogative or relative adjective or pronoun.

1. ¿ _____ vendrás a verme?   2. Allí viene el profesor _____ hijos son amigos míos.   3. No comprendo _____ estás diciendo.   4. Tráeme la cajita dentro de _____ metí mi sortija.   5. ¡ _____ comida tan rica!   6. _____ llegue primero, ése recibirá un premio.   7. Perdió sus guantes sin _____ tendrá las manos muy frías.   8. ¡ _____ una chica inteligente!   9. María tiene un novio muy guapo _____ es vice-presidente de su compañía.   10. ¡ _____ me quería mi abuelita!

B.   Translate the English section of the following sentences.

1. No lo encuentro (anywhere).   2. ¿Conoces (anyone) que hable italiano? 3. (They are to) darme la respuesta mañana.   4. Tú no te puedes imaginar (how high they are).   5. No tengo (any time at all) para esas cosas.   6. ¿(How many times) tengo que decirte que no lo hagas?   7. ¿Quieres que te ayude? (Of course!)   8. Tiene mucho dinero, (that is), es riquísimo.   9. Se lo pregunté a varios estudiantes pero (no one) supo contestar.   10. Espe-ramos que (it has been worth while) estudiar este libro.

VOCABULARY

actual   present (now)
aplastar   to crush
apuesta   bet
atreverse (a)   to dare

borbón   Bourbon

colgar(se) (ue)   to hang (oneself)
compromiso   engagement
   (to marry)

espectro   ghost

fin; dar—   to end

guisante m.   pea

historiador m.   historian

mojarse   to get wet
mono   cute
monstruo   monster

muerte; de mala —   of little importance

nacimiento   birth

partido   game (match)
pelo hair; **tomar el—**   to tease, "kid"
polluelo   chick
premio   prize

rayo   ray (of lightning)
rebelde m., f.   rebel
reinado   reign

soler (ue)   to be accustomed to, usually
soltero   bachelor

trato hecho   It's a deal. (deal made)

varón   male child

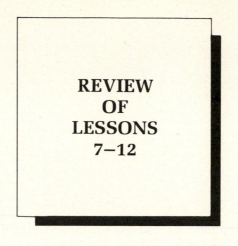

REVIEW
OF
LESSONS
7–12

I. Write the appropriate form of the verb in parentheses.

1. Prefieren que lo (coger) tú.   2. Querían que (cantar) nosotros.   3. Sabíamos que ellos no se lo (decir) ayer.   4. Aunque tú (volver) al poco rato, no te esperaré.   5. Si nosotros no (ponerse) de acuerdo, no podremos hacer nada.   6. Siento que tú no (venir) ayer.   7. No hay nadie que (tener) la culpa.   8. Habría sido mejor que Vd. (seguir) un curso de historia.   9. Me miran como si yo (ser) un tonto.   10. En cuanto ellos nos (ver), se pusieron a gritar.   11. Ojalá que vosotros les (escribir) ayer.   12. No te habrías hecho daño si tú (tener) cuidado.   13. No puedo hacerlo sin que ellos (darse) cuenta.   14. Su padre le dio diez mil dólares para que él se (comprar) un coche nuevo.   15. ¿Conoces a alguien que (tocar) la guitarra?   16. Iré contigo después que nosotros (tomar) el desayuno.   17. Se cayó en la calle, de modo que (llamar) la atención de todos.   18. La eché de menos aun antes de que ella (salir) para el Perú.   19. Aunque (llover) ayer, jugaron al fútbol.   20. Lo haré sin que vosotros me lo (mandar).

II. Complete the suspended sentence by making the first sentence subordinate.

1. Has llevado una vida tranquila. Nos alegramos de que _____   2. Me estaba tomando el pelo. Era posible que _____   3. Juan tiene celos. Parece mentira que _____   4. Habían andado calle arriba. Era posible que _____   5. La mayor parte de los estudiantes estudian mucho. No dudo que _____ 6. No hemos llegado tarde. Basta que _____ 7. Lo habrían hecho ellas. Había prometido darles un regalo con tal que _____   8. Volvió ayer. Me sorprende que _____   9. Me habéis tomado por español. Es imposible que _____   10. Mis amigos me llamaron. Yo no estaba en casa cuando _____

III. Fill in the blanks with either **por** or **para**.

1. _____ médico, sabe pintar muy bien.   2. Se sacrificó _____ su hermano.   3. Fueron a la fuente _____ agua.   4. El trabajo estará listo _____ la semana que viene.   5. Compré un regalo _____ el jefe de mi hermana porque ella estaba enferma.

IV. Express the relationship of the first sentence to the second.

1. David es guapo. Roberto es más guapo.   2. Ana tiene muchas flores. Carmen también tiene muchas flores.   3. Su hermano tiene veinte y tres años. El mío tiene veinte.   4. Elena canta bien. Rosa canta mejor.   5. Eduardo y Pedro son vagos. Tomás también es vago.   6. María es gorda. Carlos es menos gordo.

V. Fill in the blanks with **de, que, de lo que,** or **del que (de la que, de los que, de las que)**.

1. Esta taza de café tiene menos azúcar _____ la otra.   2. Su hijo es más guapo _____ él.   3. Tu profesor es más amable _____ decías.   4. Compró su coche por más _____ diez mil dólares.   5. Tenía más corbatas _____ necesitaba.   6. Juega mejor _____ creíamos.

VI. Fill in the blanks with the correct form of one of the following: **que, qué, quien, quién, cual, cuál, el cual, lo que, cuyo, cuanto, cuánto, el que, qué tal, lo cual**.

1. ¿De _____ es este ensayo?   2. ¿_____ es su dirección?   3. ¡_____ nariz tan larga!   4. Salí con Roberto, _____ hermanas son hermosísimas.   5. Ahí vienen varios chicos entre _____ veo a Pablo.   6. ¡_____ me alegro de verte, chico!   7. Esa es la ventana por _____ entraron los ladrones.   8. Los héroes _____ más hicieron por la independencia fueron Bolívar y San Martín.   9. _____ estudia mucho, sabe mucho.   10. Su novio llegó tarde a la cita, _____ la enojó mucho.   11. ¿_____ valen estas corbatas?   12. ¿_____ te gusta el baile?

VII. Change the negative words to the affirmative and vice-versa, making any other necessary changes.

1. Tengo algo en la mano izquierda.   2. Esta lección no es nada difícil.   3. ¿No has visto a ningún compañero hoy?   4. Nosotros también fuimos a la conferencia.   5. Prefiero o el grande o el pequeño.   6. No conozco a nadie que sepa bailar el tango.

VIII. Translate.

1. I was born on the twenty-fifth of July, nineteen hundred thirty-five.   2. It was ten-thirty in the morning when we got home.   3. I was (quedar) astonished at (de) how tall she was. (2 ways)   4. She didn't even look at me.   5. Have you ever gone to a bullfight?   6. By getting up at six o'clock you can be there in time.   7. After eating, I like to rest.   8. Reading a great deal will improve your vocabulary.

APPENDIX A
ANSWERS
TO SECTION
EXERCISES

LESSON I

EXERCISE 1.

1. la juventud   2. el tema   3. la educación   4. la cabeza   5. la artista   6. la inmortalidad   7. la mano   8. el día   9. la cumbre   10. el Misisipí   11. la sobrina   12. el tren   13. el artista   14. la flor   15. el martes   16. la b   17. la libertad   18. el agente   19. el mapa   20. el cura

EXERCISE 2.

1. las crisis   2. las mujeres   3. los comedores   4. las luces   5. los jueves   6. los idiomas   7. los cafés   8. las lumbres   9. los corazones   10. los portugueses   11. las paredes   12. los paraguas   13. los poetas   14. los reyes   15. los exámenes   16. las ciudades   17. los sofás   18. las noticias

EXERCISE 3.

A.   1. no   2. sí   3. no   4. sí   5. sí   6. sí   7. sí   8. no   9. sí   10. sí   11. sí   12. sí   **B.**   1. ¿quién sabe?   2. no sabe nada   3. Conozco . . . no sé   4. no saben bailar.   5. No conozco . . . conocerla.   **C.**   1. a. Nos gusta   b. Nos gusta   c. Nos gustan   d. Nos gustan   e. Nos gusta   2. a. Me gusta   b. Me gusta   c. Me gusta   d. Me gustan   e. Me gusta   **D.**   1. gusta   2. gustan   3. gusta . . . gusta   4. gustan . . . gustan

EXERCISE 4.

A.   1. a. nosotros vendemos   b. ellos venden   c. vosotros vendéis   d. tú vendes   e. yo vendo   2. a. Pedro espera   b. tú esperas   c. yo espero   d. María y Elena esperan   e. vosotros esperáis   3. a. nosotros volvemos   b.

yo vuelvo   c. ellos vuelven   d. vosotros volvéis   e. tú vuelves   4. a. vosotros no cerráis   b. tú no cierras   c. Vds. no cierran   d. yo no cierro   e.
ella no cierra   5. a. yo sirvo   b. Vd. sirve   c. vosotros servís   d. mi hermano
y yo servimos   e. tú sirves.   6. a. tú prefieres   b. vosotros preferís   c. Juan
y Ana prefieren   d. la gente prefiere   e. nosotros preferimos   **B.**   1. ellos
traducen, están, piensan, van, tienen, salen   2. yo traigo, sé, cojo, conozco,
sigo, vengo   3. nosotros merecemos, decimos, somos, caemos, conseguimos,
vencemos   4. él quiere, puede, oye, dice, vale, sigue   5. yo salgo, doy, soy,
venzo, pongo, hago   6. tú oyes, eres, estás, duermes, dices, vienes   7. Vds.
envían, acuestan, continúan, construyen, cogen   **C.**   1. I have been hop-
ing to marry you for two years.   2. We have been eating for three hours and
now my stomach hurts me.   3. They have been living in Buenos Aires since
last month.   4. I have been in love with you since the first day I met you.
5. They have not smoked for one year.   **D.**   1. Hace cuatro años que
estudiamos francés.   2. Hace diez horas que duermen.   3. ¿Desde cuándo
(¿Cuánto tiempo hace que) toca Vd. el piano?   4. Hace dos meses que están
en el Ecuador.   5. Espero aquí desde las dos.

LESSON II

EXERCISE 1.

1. —   2. El   3. el   4. —   5. el   6. El   7. La   8. El   9. —   10. —   11. el
12. la   13. la   14. el   15. (El) (optional)

EXERCISE 2.

1. lo alta que era, qué alta era.   2. lo mejor.   3. lo misterioso.   4. lo bien que
toca, qué bien toca.   5. lo más pronto posible, cuanto antes.   6. lo bello, lo
hermoso.

EXERCISE 3.

1. —   2. —   3. —   4. un   5. —   6. una, una   7. un   8. — or unos

EXERCISE 4.

1. hace frío, hace mal tiempo   2. hace calor   3. hay luna   4. hay (hace)
viento   5. hay (hace) sol   6. nieva   7. llueve   8. sale   9. salgo   10. dejas

EXERCISE 5.

A.   1. Nosotros tomábamos, comíamos, vivíamos, hacíamos, queríamos   2.
yo sacaba, cogía, comenzaba, hacía, era   3. Vd. encontraba, volvía, sentía,
pedía, ponía   4. tú decías, pagabas, leías, empezabas, te vestías   5. vosotros
sabíais, robabais, preferíais, hablabais, podíais   6. ellas reñían, se divertían,
empezaban, tenían, iban   **B.**   1. I hadn't seen my friend Consuelo for

many years.   2. We had been eating for four hours when I got sick.   3. We had been living in Buenos Aires for a year when we had to return to the United States.   4. How long had you been waiting for the train?

EXERCISE 6.

A. 1. Nosotros tomamos, comimos, vivimos, hicimos, quisimos   2. Vd. encontró, volvió, sintió, pidió, puso   3. yo saqué, cogí, comencé, hice, pude   4. tu dijiste, pagaste, leíste, empezaste, te vestiste   5. vosotros supisteis, robasteis, preferisteis, hablasteis, pudisteis   6. ellas riñeron, se divirtieron, empezaron, tuvieron, fueron   **B.** 1. Eran   2. tenía   3. hacía, salimos   4. conocimos   5. sabías, tenía   6. era, tenía   7. fuiste, vi   8. compró, era   9. querían, respetaban   10. jugamos or jugábamos   11. Hacía, eran   12. dejó

LESSON III

EXERCISE 1.

1. la chica inglesa   2. una niña encantadora   3. los temas fáciles   4. los lápices azules   5. el famoso dramaturgo Calderón   6. una muchacha cortés   7. los parientes alemanes   8. los verdes pinos   9. mi viejo profesor   10. mi tía vieja   11. el primer capítulo   12. el pobre millonario   13. las casas populares   14. la mujer burlona   15. los animales feroces   16. una actriz grande or una gran actriz   17. un buen orador   18. la tercera lección   19. Santo Domingo   20. las lecciones difíciles

EXERCISE 2.

A. 1. felizmente   2. difícilmente   3. alegremente   4. ruidosamente   5. inteligentemente   6. lentamente   **B.** 1. rápidos   2. apresurada   3. lentos y cuidadosos   4. felices y contentas   5. tranquilos

EXERCISE 3.

1. está . . . está   2. es   3. es   4. es   5. es   6. es   7. está   8. está   9. es   10. es . . . están   11. es   12. es . . . es   13. está   14. está   15. estás   16. estás   17. son   18. Es   19. Estáis   20. eres . . . eres

EXERCISE 4.

1. c   2. b   3. b   4. b   5. c   6. a   7. b   8. c

EXERCISE 5.

1. volverá, dudará, sabrá, escribirá, vendrá   2. empezaremos, sentiremos, diremos, entenderemos, tendremos   3. saldrás, comprenderás, llegarás,

pondrás, vivirás   4. devolveréis, podréis, insistiréis, pediréis, seréis   5. dor-mirán, cabrán, dirán, valdrán, cogerán   6. estaré, vendré, haré, perderé, saldré

EXERCISE 6.

1. a. comprendería   b. comprenderíamos   c. comprenderían   d. comprenderías   e. comprenderíais   2. a. preferirían   b. preferirías   c. preferiríais   d. preferiría   e. preferiría   3. a. haríamos   b. haría   c. haría   d. harían   e. haríais   4. a. tendrías   b. tendría   c. tendríais   d. tendrían   e. tendríamos

LESSON IV

EXERCISE 1.

1. su   2. mis   3. nuestros   4. mío   5. suyo   6. su   7. su   8. sus   9. tu   10. vuestro   11. suya   12. nuestro

EXERCISE 2.

A.   1. . . . en el mío   2. La mía y la tuya . . .   3. . . . en el suyo   4. . . . es (la) mía   5. . . . a la suya   6. El tuyo y el nuestro . . .   7. . . . (los) míos . . . los tuyos   8. . . . el suyo   9. el mío . . . el vuestro   10. . . . las suyas y la mía   **B.**   3. el de él   5. la de ellos (ellas)   8. el de ella   10. las de él

EXERCISE 3.

1. esta   2. ese   3. este   4. estos   5. esas   6. estas   7. estos   8. aquella   9. esas   10. aquel

EXERCISE 4.

A.   1. ésos   2. éste   3. éstos   4. éstas   5. ésas   6. aquél   7. la de Juan   8. la   **B.**   1. eso   2. esto   3. esta   4. éstos   5. ese   6. eso   7. esto   8. las

EXERCISE 5.

A. 2   B. 1   C. 3   D. 2   E. 3   F. 2   G. 3   H. 2

EXERCISE 6.

1. has vuelto   2. hemos dicho   3. habrá sabido   4. habría puesto   5. habías escrito   6. habremos terminado   7. había visto   8. habían aprendido   9. había abierto   10. he traído   11. Habrían sido   12. habéis hecho   13. has llegado   14. habrá pasado

LESSON V

EXERCISE 1.

A. 1. Ellos 2. ella 3. ella 4. él 5. él 6. él, ella 7. ellas 8. él   **B.** 1. conmigo 2. tú y yo 3. ni a él ni a ella 4. sí 5. Ella y ellos 6. él 7. sí 8. ellos 9. ti, contigo 10. ellas 11. él y ella 12. mí

EXERCISE 2.

1. Queremos hacerla. 2. El niño está poniéndola (la está poniendo) en la silla del profesor pero no le hará daño porque es muy gordo. 3. ¿Lo (le) habéis visto? 4. Díganle que su mujer está buscándolo. 5. Ya se lo dije. 6. No lo coja Vd. 7. El profesor ya se las hizo. 8. Mi madre ya no se lo enseña porque ya no se parece a ella. 9. Guillermo Tell no dio en la manzana y su hijo se la comió. 10. Dándosela, esperaba que su novia se casara con él. 11. La aceptó pero al día siguiente se la devolvió. 12. ¿Os las escribió el Presidente? 13. Los ladrones le robaron mucho dinero. 14. Quítasela.

EXERCISE 3.

1. se 2. casarnos 3. — 4. se 5. te 6. Se 7. Se 8. — 9. me 10. os 11. — 12. se

EXERCISE 4.

1. d 2. g 3. h 4. a 5. l 6. j 7. b 8. f 9. n 10. m 11. k 12. i

EXERCISE 5.

A. 1. Se abrió la ventana. 2. Se encenderán las luces más tarde. 3. Se ha terminado la lección. 4. Se cerraron las puertas. 5. Se limpia el cuarto a menudo. 6. Ya se ha lavado el coche. 7. No se invitó a mi hermana. 8. Se escogerá a los mejores alumnos mañana.   **B.** 1. Abrieron la ventana. 2. Encenderán las luces más tarde. 3. Han terminado la lección. 4. Cerraron las puertas. 5. Limpian el cuarto a menudo. 6. Ya han lavado el coche. 7. No invitaron a mi hermana. 8. Escogerán a los mejores alumnos mañana. **C.** 1. está 2. es 3. fue 4. serán 5. están 6. fue

EXERCISE 6.

A. 1. tomando 2. escribiendo 3. diciendo 4. teniendo 5. durmiendo 6. pidiendo 7. volviendo 8. acostándose 9. saliendo 10. vistiéndose   **B.** 1. estoy haciendo 2. se está poniendo (está poniéndose) 3. Estábamos dando 4. Está lloviendo 5. Estábamos vistiéndonos (nos estábamos vistiendo) 6. estáis haciendo 7. estoy llamando 8. estás diciendo 9. está pasando 10. Estoy levantándome (me estoy levantando)

LESSON VI

EXERCISE 1.

yo: rompa, escriba, piense, haga, diga
ellos: se acuesten, cojan, aprendan, pidan, discutan
tú: charles, saques, sigas, vuelvas, pierdas
nosotros: sintamos, nos durmamos, entendamos, devolvamos, empecemos
Vd.: goce, pague, ponga, conozca, caiga
vosotros: traigáis, busquéis, lleguéis, traduzcáis, os quedéis
yo: sea, vaya, haya, sepa, esté

EXERCISE 2.

A. 1. No volváis temprano. 2. No se acuesten Vds. 3. No me des un beso. 4. No se lo digan Vds. 5. No comas ahora. 6. Que no se acuesten los niños. 7. No nos levantemos a las seis. 8. No traduzcan Vds. las frases. 9. No se vayan Vds. 10. No estén Vds. tranquilos. 11. No le pida Vd. dinero a su padre. 12. Que no vuelvan en seguida. 13. No os acostéis. 14. No te levantes. 15. No lo hagas. **B.** 1. Contesta esas preguntas. 2. Llega mañana. 3. Vuelve temprano. 4. Escribe la lección. 5. Di eso. 6. Ponte el abrigo. 7. Sigue hablando. 8. Dale tu rubí. 9. Levantaos temprano. 10. Véndele tu casa. 11. Que empiece a cantar Ana. 12. Acuéstate ahora. 13. Sácalo. 14. Sal de tu cuarto. 15. Hacedle caso. 16. Que se vaya Carlos. **C.** 1. Demos un paseo. 2. Acostémonos. 3. No se lo digamos. 4. Saquemos el dinero. 5. No los veamos.

EXERCISE 3.

1. c 2. b 3. c 4. a 5. b 6. c 7. b 8. b 9. a 10. c

EXERCISE 4.

A. 1. Será necesario que nosotros estudiemos (estudiemos nosotros). (Subject may go before or after the verb.) 2. Tengo miedo de que mi hija no se case. 3. Creo que tú la has visto. 4. Conviene que Vds. vayan de compras ahora. 5. Se alegran de que yo pueda venir mañana. 6. No creo que se equivoquen ellos. 7. Bastará que los conozcáis vosotros. 8. Ha sido imposible que nosotros lo empecemos antes. 9. Dudan que lo hayas olvidado. 10. En cambio, saben que yo escojo lo mejor. **B.** 1. devuelva 2. tengo 3. esté (estoy) mintiendo 4. piense 5. salgamos 6. es 7. se hayan equivocado 8. pasen 9. sabe 10. expliques

LESSON VII

EXERCISE 1.

1. haya hecho   2. hayan tenido   3. se haya hecho   4. hayas vuelto   5. me haya enfermado   6. lo hayan dicho   7. hayamos sido   8. hayáis querido

EXERCISE 2.

A. 1. saliéramos (saliésemos), tradujéramos (tradujésemos), volviéramos (volviésemos)   2. te dieras (dieses) cuenta, vencieras (vencieses), siguieras (siguieses)   3. lo supieran (supiesen), pudieran (pudiesen), se alegraran (se alegrasen)   4. dijera (dijese), enviara (enviase), vendiera (vendiese)   5. me levantara (me levantase), me fuera (me fuese), empezara (empezase)   6. os divirtierais (os divirtieseis), vinierais (vinieseis), os acostarais (os acostaseis)   **B.** 1. Quería que lo hicieras (hicieses) tú.   2. Era (Fue) necesario que hicieran (hiciesen) las maletas.   3. Me habían pedido que se lo trajera (trajese).   4. Prefería (Preferí) que fueran (fuesen).   5. Dijo (Decía) que le recomendaría a Juan que estudiara (estudiase) más.   6. Sabían que llegaría cuanto antes.   7. Dudaban (Dudaron) que supiéramos (supiésemos) hacerlo.   8. Era (Fue) mejor que lo tradujerais (tradujeseis) vosotros.   9. Se habían dado cuenta de que no era (fue) fácil hacerlo.   10. Dijo (Decía) que le aconsejaría a Carlos que tocara (tocase) el piano.

EXERCISE 3.

1. hubieras (hubieses) vuelto.   2. hubiera (hubiese) sucedido.   3. hubieras (hubieses) dado   4. hubieran (hubiesen) dicho   5. hubiera (hubiese) llevado   6. hubieran (hubiesen) estado

EXERCISE 4.

1. encendiera (encendiese)   2. realizó (or any indicative tense)   3. dé   4. volviéramos (volviésemos)   5. escojamos   6. leyeran (leyesen)   7. estuvieran (estuviesen) [hubieran (hubiesen) estado]   8. era (fue, había sido)   9. podáis   10. acompañaras (acompañases)

EXERCISE 5.

1. hubiéramos (hubiésemos) tenido   2. hace   3. prestaran (prestasen)   4. diera (diese)   5. íbamos   6. fuera (fuese)   7. habría (hubiera) dicho   8. durmieras (durmieses), estudiaras (estudiases)   9. quieres   10. fuera (fuese), hubiera (hubiese) sido

EXERCISE 6.

A. 1. Quisiera . . .   2. Pudieras . . .   4. Quisiéramos . . .   4. Debiéramos . . .   5. Pudieran . . .   **B.** 1. vengan mañana   2. lo harán   3. lo hagan   4.

lleva mañana   5. (que) me dé una A   6. hizo ella   **C.**   1. ¡Ojalá (que) fuera (fuese, sea) posible!   2. ¡Ojalá (que) hubiera (hubiese) sido así!   3. Tal vez (quizá(s)) lo haga.   4. Tal vez (Quizá(s)) lo dijo.   5. ¡Ojalá (que) no llueva!   6. ¿Dijo eso? ¡Ojalá que sí! (¡Ojalá!)

EXERCISE 7.

1. calle arriba (abajo)   2. puse un telegrama   3. realizó   4. lleva una vida   5. nos dimos cuenta   6. ¿Qué le parece . . . ?   7. no tengo nada que ver con   8. dio las gracias   9. calle arriba (abajo)   10. están de acuerdo

LESSON VIII

EXERCISE 1.

A.   1. ¿Conoces una secretaria que hable español?   2. ¿Buscáis un chico que toque la guitarra? 3. Espero casarme con un hombre que se enamore perdidamente de mí.   4. ¿Dónde tienes un televisor que funcione bien?   5. Llame un abogado que se especialice en divorcios.   6. Vamos a pasar las vacaciones en un país que sea verdaderamente interesante.   7. Vamos a comer en un restaurante que no esté cerca de aquí.   8. ¿Han visto un mago que sea una maravilla?   **B.**   1. No tenemos ninguna secretaria que hable griego.   2. No hay nadie aquí que quiera hablarte.   3. No tengo ningún televisor que funcione bien.   4. No busco nada que esté caliente.   5. Dijo que no tenía nada que me gustara (gustase).   6. No vi ninguna casa que quisiera (quisiese) comprar.   7. No encontré a nadie que hablara (hablase) perfectamente el francés.   8. Ana no tiene ninguna amiga que llame la atención.   **C.**   1. The one who arrives first will dance with the queen. *El que* is an indefinite (unknown) person.   2. Those who did the work well passed the exams. *Los que* refers to specific persons.   3. He doesn't understand what you told him yesterday. *Lo que* is a known quantity (what you said).   4. He will not understand what you will (may) tell him. *Lo que* refers to an unknown quantity; you haven't told him yet.   5. Wherever you (may) go, you will not be well received. *Dondequiera* refers to an indefinite place.   6. However much he strived, he got nothing out of it. The clause makes a statement of fact.   7. Whoever you are (may be), I will not open the door. *Quienquiera* refers to an indefinite person.   8. Whoever told you that was lying. *Quien* refers to a specific person.   9. Whichever house you (may) buy, you will have to pay a great deal for it. *Cualquier casa* refers to an indefinite house.

EXERCISE 2.

A.   1. Aunque tuviera (tuviese) tiempo, no iría contigo.   2. Te di ocho mil dólares para que te compraras (comprases) un coche.   3. Te di ocho mil dólares de modo que podías (pudiste) comprarte un coche. 4. Dijo que volvería cuando tuviera (tuviese) más dinero. 5. Siempre cuando venía, le ofrecía una taza de café. 6. Lo haría con tal de que estuviéramos (estuviésemos) de acuerdo. 7. A veces salía de casa sin que se dieran (diesen) cuenta mis padres. 8. Aunque no tenía la culpa, la castigaban (castigaron). 9. Me lo dijo antes de que yo se lo pidiera (pidiese). 10. No te lo diría a menos que prometieras (prometieses) callarlo. **B.** 1. Eduardo tomaba una copa de vino antes que Juanita tocara (tocase) la guitarra. 2. María siempre venía a mi casa cuando se lo pedía. 3. Mi padre me dio quinientos dólares para que me comprara (comprase) una nevera. 4. No me quedaré en casa aunque venga José mañana. 5. La profesora me dio una F, de modo que quedé muy triste. 6. Dijeron que no vendrían conmigo a menos que Ana viniera (viniese) con Pedro. 7. Ha dicho que hará el viaje con tal que yo la acompañe. 8. Escribieron que habían enviado un regalo para que se lo diera (diese) a mi madre. 9. Nos saludaron en cuanto nos vieron. 10. Se lo diré cuando lo vea.

EXERCISE 3.

1. A veces 2. dejar de 3. llama la atención 4. a la derecha o a la izquierda 5. Al principio or A veces 6. pensáis 7. de nuevo 8. pienso en 9. piensas

LESSON IX

EXERCISE 1.

A. 1. con 2. — 3. en 4. De 5. — 6. de 7. a 8. de 9. a 10. — 11. de 12. de 13. — 14. de 15. en **B.** 1. — 2. a 3. a 4. a 5. a

EXERCISE 2.

A. 1. on behalf of or for the sake of 2. implied comparison (considering the fact that) 3. intended for 4. through 5. in exchange for 6. for a period of time 7. by a certain time 8. destination 9. object of an errand 10. for the sake of 11. because of 12. on behalf of . . . intended for **B.** 1. por la mañana 2. por favor 3. por lo menos 4. por casualidad 5. por primera vez 6. por fin 7. por lo visto 8. Por todas partes or Por aquí 9. por todas partes or por aquí 10. ¡por Dios! or por favor

EXERCISE 3.

1. Le (Lo) tomé por 2. la conoció 3. por poco se rompe 4. se puso a 5. Estábamos para 6. no es para tanto 7. al otro día 8. a las dos horas 9. Encontré 10. Estábamos por 11. De ningún modo (De ninguna manera) 12. Al poco rato

EXERCISE 4.

A. 1. Comiendo 2. El comer 3. ver 4. No fumar 5. siguió trabajando
6. cantar 7. Al ver 8. Estarán esperándonos (nos estarán esperando) 9.
Repitiendo 10. El estudiar 11. Esperándolos 12. Andaban diciendo **B.**
1. Yendo. 2. Esperándola 3. Siendo temprano 4. Viviendo 5. Hablando

LESSON X

EXERCISE 1.

1. Mis hermanos tienen tantos amigos como mis hermanas. 2. María es tan
inteligente como Carlos. 3. Yo duermo tan profundamente como una
piedra. 4. Nuestra casa es tan hermosa como la suya. 5. Hemos escrito
tantas cartas como ellos. 6. Las niñas corren tanto como los niños. 7. Hace
tanto calor en Miami como en Nueva York. 8. Mi padre es tan fuerte como
el tuyo. 9. A mí me gusta leer tanto como a ti. 10. En esta universidad
hay tantas mujeres como hombres.

EXERCISE 2.

A. 1. El presidente tenía más enemigos que amigos. 2. El tercer capítulo
es más difícil que el primero. 3. Ellos gastaron más dinero que nosotros.
4. Yo puedo nadar más lejos que tú. 5. Tendremos más prisa que ellos.
6. Ellos estudiaban menos que Vds. 7. Ana es menos encantadora que
Dolores. 8. Los hombres son menos ágiles que los animales. 9. El dinero
es menos importante que la virtud. 10. No jugamos menos que Vds. **B.** 1.
mejor 2. mejor 3. más grandes 4. más 5. peor 6. más guapo 7. peor
8. menor **C.** 1. larguísimo 2. lindísimas 3. riquísima 4. felicísima
5. inteligentísimos **D.** 1. Ana es la más linda de la familia. 2. Su casa
es la más hermosa del barrio. 3. Los Andes son las montañas más altas de
Sudamérica. 4. Estos métodos son los más eficaces de todos. 5. Estos
capítulos son los más difíciles del libro. 6. Buenos Aires es la ciudad más
grande de la Argentina. 7. Esas son las sortijas más caras de la colección.
8. El inglés es el idioma más difícil de la escuela. 9. Alicia es la actriz
más brillante de la compañía. 10. Mario y Pedro son los chicos más hábiles
del equipo. **E.** 1. que 2. de lo que 3. de 4. de los que 5. que 6.
de lo que 7. de 8. del que 9. que (de) 10. de lo que **F.** 1. No es
tan malo. 2. Cuanto más mira su foto, tanto más se enamora de ella. 3.
Le gustan muchísimo. 4. El perro es el mejor amigo del hombre. 5.
Cuanto menos veo, tanto menos me duele. 6. Es una muchacha
inteligentísima (sumamente inteligente).

EXERCISE 3.

1. g 2. e 3. h 4. a 5. c 6. b 7. i 8. j 9. k 10. f 11. l 12. d

EXERCISE 4.

A. 1. e 2. u 3. y 4. e 5. u 6. y 7. e 8. u **B.** 1. pero 2. pero
3. sino que 4. sino 5. sino 6. pero 7. sino 8. pero 9. sino que

LESSON XI

EXERCISE 1.

A. 1. que 2. que 3. que 4. quienes (que) 5. que 6. quien (que) **B.** 1.
quienes (los cuales) 2. la cual (la que) 3. que (el cual) 4. los cuales
(quienes) 5. la cual (la que) 6. que (la cual) 7. quienes (los cuales) 8.
la cual (la que) 9. quien (la cual, la que) 10. la cual **C.** 1. El que 2.
Los que 3. el que 4. la que 5. los que **D.** 1. lo que 2. lo cual (lo
que) 3. que . . . cuyo 4. lo cual (lo que) 5. Lo que 6. quienes (los cuales)
. . . que 7. que . . . todo el oro que (cuanto oro) 8. cuyas 9. a quien
(que) 10. el cual (el que)

EXERCISE 2.

A. 1. Cuál 2. Qué 3. Qué (Cuál) 4. Cuál 5. Qué 6. Qué (Cuáles) 7.
qué (cuál) 8. Cuál **B.** 1. ¿Cuál es tu (su) número de teléfono? 2.
¿Cómo prefieres (prefiere) el café? 3. ¿Cuántas novelas leyeron Vds. (leísteis) este semestre? 4. ¿Qué es tu (su) hermana? or ¿Cuál es la profesión
de tu (su) hermana? 5. ¿Quién es ese hombre? 6. ¿Quiénes son tus (sus)
compañeras? 7. ¿De quién es este (ese) libro? 8. ¿De qué te quejas (se
queja Vd.)? 9. ¿A quiénes conociste (conoció Vd.) anoche? 10. ¿Adónde
fuiste (fue Vd.)? 11. ¿Dónde estuviste (estuvo Vd.)? 12. ¿Cuánta leche
tomaron? 13. ¿Por qué fuiste (fue Vd.) a casa de Ana? 14. ¿Para qué necesitas (necesita Vd.) una cuchara?

EXERCISE 3.

1. ¡Qué alegre estoy! 2. ¡Qué chica tan (más) linda! 3. ¡Vaya un jugador
maravilloso! 4. ¡Cuánto se espantaron! 5. ¡Cuántos enemigos tenía! 6.
¡Cómo me aburren los profesores! 7. ¡Qué casa tan (más) grande! 8. ¡Qué
bonitos ojos tienes! 9. ¡Vaya un sinvergüenza! 10. ¡Cuánta plata ganaron!

EJERCICIO 4.

1. hora 2. ¿qué más? 3. valga la pena 4. de buena gana 5. había de . . . a
tiempo. 6. en ninguna parte 7. tiempo 8. veces 9. ¡Cómo no! 10. ¡Qué
va! 11. de mala gana 12. a la vez

EXERCISE 5.

1. Siempre hace su trabajo de buena gana. 2. Invitaré a algún amigo suyo.
3. Había algo que me gustaba (gustó) más. 4. Estos ejercicios son algo

difíciles.   5. O Gloria o Elena querrá decírtelo.   6. ¿Conoce Vd. a alguien que siga el mismo curso?   7. Algún estudiante me ofreció su ayuda.   8. Dele algo.   9. El quiere darte algo; y yo también.   10. Alguien me ha pedido que vaya al baile.   11. Tengo algo en la mano izquierda.   12. Es verdad que alguna de esas muchachas tiene la culpa.

EXERCISE 6.

A.   1. Carlos no es nada tacaño.   2. Tampoco vino Ana or Ana no vino tampoco.   3. Dígale que ningún compañero lo visitará.   4. Nunca escribe la tarea de mala gana.   5. Ni Pedro ni Pablo ha(n) prometido llevarme a la estación.   6. Mi prima no es nada perezosa.   7. Los niños mayores, es decir, los de más de doce años, nunca se quedan en casa.   8. He escrito a tres amigos y sé que ninguno me contestará.   **B.**   1. más que nunca   2. No sé nada. (Nada sé.)   3. cualquier cosa   4. a alguien   5. más bonita que nunca.   6. más que nada

LESSON XII

EXERCISE 1.

1. novecientas seis   2. quinientas treinta y una   3. Cuarto   4. Catorce   5. cien mil   6. cinco más dieciséis (diez y seis) son veintiuno (veinte y uno)   7. tres cuartos   8. una docena de   9. ciento cuatro   10. dos mil setecientas ochenta y una   11. cuarenta y uno menos quince y un cuarto son veinticinco (veinte y cinco) y tres cuartos   12. tres millones   13. mil cuatrocientos sesenta y nueve   14. quince   15. primero   16. séptimo   17. Nono   18. medio   19. medio   20. la mitad   21. el siglo diez y siete

EXERCISE 2.

A.   1. la una y media (y treinta) de la tarde.   2. las diez menos veinte de la mañana   3. las dos y cuarto (y quince) de la tarde   4. las diez y media de la noche   5. las tres y diez de la madrugada   **B.**   1. por la mañana   2. De noche (por la noche)   3. eran las dos de la madrugada   4. a eso de las diez y media   5. a las veintitrés (veinte y tres)   6. a la una   7. a eso de las cuatro y veinte   8. Eran las seis menos veinte

EXERCISE 3.

A.   1. d   2. e   3. a   4. f   5. b   6. g   7. h   8. c   9. i   10. j   **B.**   1. a tiempo   2. a principios del   3. dan las doce   4. mi reloj se adelanta   5. mi reloj se atrasa   6. a estas horas   7. se hacía tarde (se estaba haciendo tarde, estaba haciéndose tarde)   8. de hoy en quince días   9. a (la) medianoche   10. anochece . . . amanece

EXERCISE 4.

1. el dos de mayo de mil ochocientos ocho   2. el ocho de noviembre de mil ochocientos cuarenta y tres . . . el treinta de septiembre de mil ochocientos sesenta y ocho   3. el diecisiete (diez y siete) de julio de mil novecientos treinta y seis . . . el primero de abril de mil novecientos treinta y nueve   4. el nueve de octubre de mil ochocientos veinte y cuatro   5. en enero de mil quinientos treinta y uno   6. catorce de noviembre

EXERCISE 5.

1. Miguel   2. rato   3. abogado   4. pedazo   5. favor   6. Juan . . . ventana   7. muchacho   8. en seguida   9. Adiós, amor.   10. toda su familia

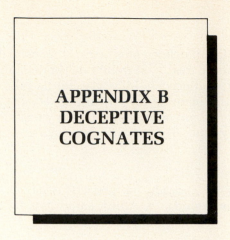

APPENDIX B
DECEPTIVE
COGNATES

There are literally thousands of words that are the same or similar in appearance in English and Spanish and have the same meaning in both languages. There are also, however, many instances where appearances are deceiving and words that look alike are quite different in meaning. The following list includes some of the most common words in this category:

acción   In addition to meaning *action*, it is also used in business to mean *share*, *stock*. **Las acciones de la compañía:** *The company's stock* (or *shares*).

actual   Means *present, current* and not *actual* which is **real, verdadero. El presidente actual no ejerce el verdadero poder:** *The present president does not exercise the actual power.* **Actualmente:** *at the present time.* *Actually:* **en realidad, de veras, realmente.**

asistir   Means *to attend* and requires **a** before a noun. **Casi nunca asiste a sus clases:** *He almost never attends class.* *To assist is* **ayudar.**

colegio   General term for *school* rather than *college*, which is **universidad.**

conferencia   *Lecture* as well as *conference.*

decepción   *Disappointment, deception. Deception* is usually **engaño.**

desgracia   *Misfortune.* **¡Qué desgracia!:** *What a misfortune!* **Desgraciadamente:** *unfortunately. Disgrace:* **deshonra.**

disgusto   *Unpleasantness, annoyance* rather than *disgust* **(asco).**
Me da asco: *It disgusts me.* **Tuve un disgusto con mi cuñado:** *I had an unpleasant incident with my brother-in-law.*

embarazado   Does not mean *embarrassed*, which is **avergonzado, desconcertado,** or **turbado. Está embarazada** is one way of saying *She is pregnant.*

éxito   *Success.* **Su nueva comedia tuvo un gran éxito:** *His new play was a great success. Exit:* **salida.**

fastidioso   *Annoying, bothersome.* **Fastidiar** is a commonly used verb. **No me fastidies:** *don't bother (annoy) me.* Likewise, the noun **fastidio. Es un fastidio:** *It's a bother (nuisance, inconvenience).* It is difficult to find an equivalent for *fastidious.* Several possibilities are **melindroso, quisquilloso, exigente, difícil de complacer.**

firma   *Signature.* A business firm is **compañía** or **casa (comercial).**

grosería   The adjective **grosero** means *rude, coarse* and **grosería** is *rudeness or coarseness.* The English word *grocery* is known by a variety of terms in the various parts of the Hispanic world. Usually **tienda de ultramarinos** in Spain; **tienda de abarrotes** in Mexico; **bodega** in Cuba and Venezuela; **almacén** in Argentina, Uruguay and Chile; **colmado** in Puerto Rico.

idioma   *Language. Idiom* is **modismo. Hay muchos modismos en cada idioma.** *There are many idioms in every language.*

indiano   This is a special term used to refer to a Spaniard who went to the Spanish colonies in the new world and returned to Spain with great wealth. *Indian* is **indio.**

introducir   Means *introduce* in the sense of bringing up a topic in conversation or to insert physically. *To introduce a person* is **presentar.**

largo   *Long. Large* is **grande.**

lectura   *Reading. Lecture* is **conferencia.**

librería   *Bookstore. Library* is **biblioteca.**

molestar   May mean *molest* but usually is the equivalent of to *bother, disturb, annoy.* **Siento molestarlo:** *I'm sorry to bother you.* **No es ninguna molestia:** *It's no trouble* (or *bother*).

oficio   *Trade, occupation. Office* is **despacho** or **oficina.**

pariente   This is the general word for a *relative. Parent* is **padre** or **madre;** *parents:* **padres.**

pretender   *To attempt, try to. To pretend:* **fingir.**

propaganda   Not only *propaganda* but also *advertising, publicity.*

regular   In addition to *regular* may mean *average, so-so, O.K.* **¿Cómo estás? Regular:** *How are you? So-so; O.K.*

sano   *Healthy* rather than *sane,* which is **cuerdo.** Note the expression **sano y salvo:** *safe and sound.*

sensible   *Sensitive. Sensible* may be **sensato, cuerdo, razonable, de buen sentido. Es una persona muy sensible:** *He is a very sensitive person.*

sentencia   Means *sentence* only in a judicial sense. May also mean a *saying* or *proverb.* The Spanish word for *sentence* in grammar is **frase** or **oración.**

simpático   This is one of the finest compliments that can be given to a person. It is roughly the equivalent of *pleasant, charming, congenial, nice. Sympathetic:* **compasivo.**

suceso   *Event, occurrence, happening.* The verb **suceder** means *to happen, occur. Success:* **éxito.**

sujeto   Means *subject* only in the grammatical sense. It may also mean, colloquially, *fellow, guy,* in a derogatory sense. A subject in school is **asignatura, materia, curso.** When it is the equivalent of *topic, subject* is rendered by **tema.** When it refers to a citizen of a country, *subject* is **súbdito, ciudadano.**

tipo   Not only *type* but also colloquially used in a derogatory sense for *guy, character.* **No me gusta ese tipo:** *I don't like that guy.* Note the expression **tipo de cambio:** *rate of exchange.*

APPENDIX C
SONGS

A CANTAR A UNA NIÑA

A cantar a una niña yo le enseñaba,
y un beso en cada nota ella me daba;
y aprendió tanto, y aprendió tanto,
que de todo sabía, menos del canto.

El nombre de las estrellas saber quería,
y un beso en cada nombre yo le pedía.
Qué noche aquella, qué noche aquella,
en que inventé mil nombres a cada estrella.

Pero pasó la noche, llegó la aurora,
se fueron las estrellas, quedó ella sola;
y me decía, y me decía, lástima que
no haya estrellas también de día.

ADIOS, MUCHACHOS

Adiós, muchachos, compañeros de mi vida,
barra querida de aquellos tiempos.
Me toca a mí hoy emprender la retirada,
debo alejarme de mi buena muchachada.
Adiós, muchachos, ya me voy y me resigno,
contra el destino nadie la talla;
se terminaron para mí todas las farras,
mi cuerpo enfermo no resiste más.

Acuden a mi mente
recuerdos de otros tiempos
de los bellos momentos
que antaño disfruté
cerquita de mi madre,
santa viejita,

y de mi noviecita
que tanto idolatré.
Se acuerdan que era hermosa,
más bella que una diosa,
y que ebrio yo de amor
le di mi corazón,
mas el Señor, celoso
de sus encantos,
hundiéndome en llanto
me la llevó.

ALLÁ EN EL RANCHO GRANDE

Allá en el rancho grande,
allá donde vivía,
había una rancherita
que alegre me decía, que alegre me decía.

Te voy a hacer tus calzones,
como los usa el ranchero;
te los comienzo de lana,
te los acabo de cuero.

AMAPOLA

Amapola, lindísima Amapola,
será siempre mi alma tuya sola.
Yo te quiero, amada niña mía,
igual que ama la flor la luz del día.
Amapola, lindísima Amapola,
no seas tan ingrata y ámame.
Amapola, Amapola,
¿cómo puedes tú vivir tan sola?

AMOR

Amor, amor, amor,
nació de ti, nació de mí,
de la esperanza.

Amor, amor, amor,
nació de Dios, para los dos,
nació del alma.

Sentir que tus besos anidaron en mí,
igual que palomas mensajeras de luz,
saber que mis besos se quedaron en ti,
haciendo en tus labios la señal de la cruz.

BÉSAME

Bésame, bésame mucho,
como si fuera esta noche la última vez.
Bésame mucho, que tengo miedo perderte,
perderte después.

Quiero tenerte muy cerca,
mirarme en tus ojos,
estar junto a ti.
Piensa que tal vez mañana
ya estaré lejos, muy lejos de aquí.

CANCIÓN MIXTECA

¡Qué lejos estoy del suelo donde he nacido!
Intensa nostalgia invade mi pensamiento.
Y al verme tan solo y triste cual hoja al viento,
quisiera llorar, quisiera morir, de sentimiento.

¡Oh, tierra del sol, suspiro por verte!
Ahora que lejos yo vivo sin luz, sin amor.
Y al verme tan solo y triste cual hoja al viento,
quisiera llorar, quisiera morir, de sentimiento.

CIELITO LINDO

De la Sierra Morena, Cielito lindo, viene bajando
un par de ojitos negros, Cielito lindo, de contrabando.

Ay, ay, ay, ay, canta y no llores,
porque cantando se alegran
Cielito lindo, los corazones.

Ese lunar que tienes, Cielito lindo, junto a la boca,
no se lo des a nadie, Cielito lindo, que a mí me toca.

LA CUCARACHA

La cucaracha, la cucaracha,
ya no puede caminar
porque no tiene, porque le falta
marijuana que fumar.

Las muchachas son de oro,
las casadas son de plata,
las viudas son de cobre,
las viejas de hojalata.

Las de quince son de oro,
las de veinte son de plata,
las de treinta son de cobre,
y las otras son de lata.

Para sarapes, Saltillo,
Chihuahua para soldados;
para mujeres, Jalisco,
y para amar, toditos lados.

ISABELITA

A las cinco por Florida
muy bien vestida pasa Isabel;
su silueta distinguida
es perseguida como la miel;
pues no hay hombre que al mirarla
no se empeñe en conquistarla,
pero nadie ha conseguido
ser preferido por Isabel.

    Isabelita, porteña bonita,
    figura exquisita de gracia sin par,
    Isabelita, la calle palpita,
    la gente se agita al verla pasar,
    y nadie sabe su gran dolor,—
    Isabelita busca un amor.

Cuando fina y elegante,
rosa fragante pasa Isabel,
va arrastrando tras su gracia
y aristocracia todo un tropel;
pues no hay hombre que en seguida,
no le ofrezca su alma y vida,
mas el príncipe soñado
aún no ha llegado, . . . ¡Pobre Isabel!

MALAGUEÑA SALEROSA

¡Qué bonitos ojos tienes, debajo de esas dos cejas,
debajo de esas dos cejas, qué bonitos ojos tienes!
Ellos me quieren mirar, pero si tú no los dejas,
pero si tú no los dejas, ni siquiera parpadear.

Malagueña salerosa, besar tus labios quisiera,
besar tus labios quisiera, malagueña salerosa,
y decirte, niña hermosa, que eres linda y hechicera,
que eres linda y hechicera, como el candor de una rosa.

Si por pobre me desprecias, yo te concedo razón,
yo te concedo razón, si por pobre me desprecias.
Yo no te ofrezco riqueza, te ofrezco mi corazón,
te ofrezco mi corazón a cambio de mi pobreza.

LAS MAÑANITAS

Estas son las mañanitas
que cantaba el Rey David,
a las muchachas bonitas
se las cantamos aquí.

Despierta, mi bien, despierta,
mira que ya amaneció;
ya los pajarillos cantan,
la luna ya se metió.

MUÑEQUITA LINDA

Muñequita linda, de cabellos de oro,
de dientes de perla, y labios de rubí.
Dime si me quieres, como yo te adoro,
si de mí te acuerdas, como yo de ti.

A veces escucho un eco divino,
que envuelto en la brisa parece decir:
yo te quiero mucho, mucho, mucho, mucho,
tanto como entonces, siempre hasta morir.

TE LO JURO

Yo no quiero que me digas tus amores,
ni tampoco que me cuentes tu pasado,
pues la historia del ayer no me interesa,
yo te amo y sólo quiero que me quieras.

Si me quieres al igual que yo te quiero,
si eres mía como dices que lo eres,
yo te juro, vida mía, y te prometo
adorarte para siempre, adorarte con pasión.
Y aunque digan y comenten de tu vida
no me importa, yo te quiero,
te lo juro por mi amor.

TENGO MIL NOVIAS

Yo no sé por qué mi corazón hace así—
tiquitic, tiquitac, tiquitic, tiquitac—
ese ruido con su repicar a mí
no me deja comer ni dormir.
Yo me quiero en seguida casar,
porque con mil novias, señor,
hay un lío mayor,
pero, ¡qué hago si son como mil y yo
con las mil no me puedo casar!
Me gustan todas, me gustan todas,
¡qué voy a hacerles si soy picaflor!
Rubias, morenas, tengo centenas,
tengo un surtido de todo color.
Tengo mil novias, tengo mil novias,
de los amores yo soy el campeón.
Muchas novias hermosas yo tengo . . .
(coro) ¡Él las tiene en la imaginación!
Una rubia se quiso matar—(coro) ja, ja, ja.
Por mi amor—(coro) ja, ja, ja.
Es verdad—(coro) ja, ja, ja.
Al saberlo después su papá gritó,
y del mapa me quiso borrar.
Y es por eso que mi corazón hace así—
tiquitic, tiquitac, tiquitic, tiquitac—
pero ¡qué hago si son como mil y yo
con las mil no me puedo casar!

VALS DEL ESTUDIANTE

Yo tengo un amor que me tiene penando,
por el que dejé de seguir estudiando.
Dejando los libros y en vez de estudiar,
con ansias me pongo a cantar.
   Yo por ti no voy a la escuela,
   yo por ti no voy a estudiar,
   yo por ti no voy al colegio,
   y es por ti que no soy colegial.
Yo tengo un amor que me causa tormento,
su ardiente mirar no lo olvido un momento,
Cogiendo los libros y en vez de cantar,
con ansias me pongo a estudiar.
   Yo por ti he vuelto a la escuela,
   yo por ti he vuelto a estudiar,
   yo por ti he vuelto al colegio,
   y es por ti que tendré que triunfar.

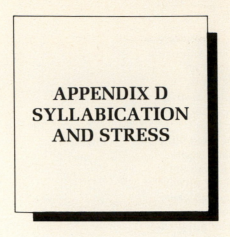

APPENDIX D
SYLLABICATION
AND STRESS

Syllabication

A single consonant between single vowels goes with the following vowel: **a-me-ri-ca-no, a-mi-go, Pa-na-má**. Two consonants together are usually divided: **has-ta, don-de, Ar-gen-ti-na**. If, however, the second consonant is **l** or **r**, both consonants generally go with the following vowel: **ha-blar, fe-bre-ro, Ma-drid**. Note: **ch, ll** and **rr** are letters of the alphabet and must not be divided: **mu-cha-cho, ca-lle, ja-rro**.

A diphthong is a combination of two weak vowels (**i** and **u**) or a strong (**a, e, o**) and weak vowel. Strong vowels are separated: **ve-o, le-er, ma-es-tro**. A combination of a strong and weak vowel or two weak vowels is treated as a single vowel for syllabication purposes: **pia-no, ciu-dad, Bue-nos Ai-res**, unless a written accent mark on a weak vowel breaks up the diphthong: **rí-o, pa-ís, ba-úl, Ma-rí-a**.

Stress

1. Words that end in a vowel or **n** or **s** are normally stressed on the next to the last syllable: **hom-bre, es-cri-ben, sa-lu-dos**.
2. Words that end in a consonant, except **n** or **s**, are stressed on the last syllable: **se-ñor, pa-red, a-ni-mal**.
3. All exceptions to the above rules are indicated by a written accent on the stressed vowel: **a-quí, es-ta-ción, Mé-xi-co**.

APPENDIX E

REGULAR VERBS

1 (-ar)	2 (-er)	3 (-ir)

Infinitive

tomar *to take*	**comer** *to eat*	**vivir** *to live*

Present Participle

tomando *taking*	**comiendo** *eating*	**viviendo** *living*

Past Participle

tomado *taken*	**comido** *eaten*	**vivido** *lived*

Present Indicative

I take, etc.	*I eat, etc.*	*I live, etc.*
tomo	**como**	**vivo**
tomas	**comes**	**vives**
toma	**come**	**vive**
tomamos	**comemos**	**vivimos**
tomáis	**coméis**	**vivís**
toman	**comen**	**viven**

Imperfect Indicative

I was taking, etc.	*I was eating, etc.*	*I was living, etc.*
tomaba	comía	vivía
tomabas	comías	vivías
tomaba	comía	vivía
tomábamos	comíamos	vivíamos
tomabais	comíais	vivíais
tomaban	comían	vivían

Preterite

I took, etc.	*I ate, etc.*	*I lived, etc.*
tomé	comí	viví
tomaste	comiste	viviste
tomó	comió	vivió
tomamos	comimos	vivimos
tomasteis	comisteis	vivisteis
tomaron	comieron	vivieron

Future

I shall take, etc.	*I shall eat, etc.*	*I shall live, etc.*
tomaré	comeré	viviré
tomarás	comerás	vivirás
tomará	comerá	vivirá
tomaremos	comeremos	viviremos
tomaréis	comeréis	viviréis
tomarán	comerán	vivirán

Conditional

I should take, etc.	*I should eat, etc.*	*I should live, etc.*
tomaría	comería	viviría
tomarías	comerías	vivirías
tomaría	comería	viviría
tomaríamos	comeríamos	viviríamos
tomaríais	comeríais	viviríais
tomarían	comerían	vivirían

Present Subjunctive

(that) I take, etc.	*(that) I eat, etc.*	*(that) I live, etc.*
(que) tome	(que) coma	(que) viva
(que) tomes	(que) comas	(que) vivas
(que) tome	(que) coma	(que) viva
(que) tomemos	(que) comamos	(que) vivamos
(que) toméis	(que) comáis	(que) viváis
(que) tomen	(que) coman	(que) vivan

Imperfect Subjunctive (-ra form)

(that) I took, etc.	*(that) I ate, etc.*	*(that) I lived, etc.*
(que) tomara	(que) comiera	(que) viviera
(que) tomaras	(que) comieras	(que) vivieras
(que) tomara	(que) comiera	(que) viviera
(que) tomáramos	(que) comiéramos	(que) viviéramos
(que) tomarais	(que) comierais	(que) vivierais
(que) tomaran	(que) comieran	(que) vivieran

Imperfect Subjunctive (-se form)

(que) tomase	(que) comiese	(que) viviese
(que) tomases	(que) comieses	(que) vivieses
(que) tomase	(que) comiese	(que) viviese
(que) tomásemos	(que) comiésemos	(que) viviésemos
(que) tomaseis	(que) comieseis	(que) vivieseis
(que) tomasen	(que) comiesen	(que) viviesen

Command Forms

take	*eat*	*live*
toma (tú)	come (tú)	vive (tú)
tomad (vosotros)	comed (vosotros)	vivid (vosotros)

Compound Tenses of Regular Verbs

Perfect Infinitive

haber tomado	haber comido	haber vivido
to have taken	*to have eaten*	*to have lived*

Perfect Participle

habiendo tomado	habiendo comido	habiendo vivido
having taken	*having eaten*	*having lived*

Present Perfect Indicative

I have taken, eaten, lived, etc.

he
has
ha
hemos
habéis
han
} tomado   comido   vivido

Past Perfect Indicative

I had taken, eaten, lived, etc.

había
habías
había
habíamos   tomado   comido   vivido
habíais
habían

Preterite Perfect

I had taken, eaten, lived, etc.

hube
hubiste
hubo
hubimos   tomado   comido   vivido
hubisteis
hubieron

Future Perfect

I will have taken, eaten, lived, etc.

habré
habrás
habrá
habremos   tomado   comido   vivido
habréis
habrán

Conditional Perfect

I would (should) have taken, eaten, lived, etc.

habría
habrías
habría
habríamos   tomado   comido   vivido
habríais
habrían

Present Perfect Subjunctive

(that) I have taken, eaten, lived, etc.

(que) haya			
(que) hayas			
(que) haya	tomado	comido	vivido
(que) hayamos			
(que) hayáis			
(que) hayan			

Past Perfect Subjunctive (-ra form)

(that) I had taken, eaten, lived, etc.

(que) hubiera			
(que) hubieras			
(que) hubiera	tomado	comido	vivido
(que) hubiéramos			
(que) hubierais			
(que) hubieran			

Past Perfect Subjunctive (-se form)

(que) hubiese			
(que) hubieses			
(que) hubiese	tomado	comido	vivido
(que) hubiésemos			
(que) hubieseis			
(que) hubiesen			

STEM-CHANGING VERBS

(**Note:** only tenses with stem-changing forms are included.)

1st or 2nd Conjugation, **e**>**ie**
pensar (ie) *to think*
Present: pienso, piensas, piensa; pensamos, pensáis, piensan
Present Subjunctive: (que) piense, pienses, piense; pensemos, penséis, piensen
Formal Commands: piense Vd., piensen Vds.

1st or 2nd Conjugation, **o>ue**
volver (ue) *to return*
Present: vuelvo, vuelves, vuelve; volvemos, volvéis, vuelven
Present Subjunctive: (que) vuelva, vuelvas, vuelva; volvamos, volváis, vuelvan
Formal Commands: vuelva Vd., vuelvan Vds.

3rd Conjugation, **e>ie, e>i**
mentir (ie, i) *to tell a lie*
Present Participle: mintiendo
Present: miento, mientes, miente; mentimos, mentís, mienten
Preterite: mentí, mentiste, mintió; mentimos, mentisteis, mintieron
Present Subjunctive: (que) mienta, mientas, mienta; mintamos, mintáis, mientan
Imperfect Subjunctive: (que) mintiera (-se), mintieras, mintiera; mintiéramos, mintierais, mintieran
Formal Commands: mienta Vd., mientan Vds.

3rd Conjugation, **e>i**
pedir (i, i) *to ask for*
Present Participle: pidiendo
Present: pido, pides, pide; pedimos, pedís, piden
Preterite: pedí, pediste, pidió; pedimos, pedisteis, pidieron
Present Subjunctive: (que) pida, pidas, pida; pidamos, pidáis, pidan
Imperfect Subjunctive: (que) pidiera (-se), pidieras, pidiera; pidiéramos, pidierais, pidieran
Formal Commands: pida Vd., pidan Vds.

3rd Conjugation, **o>ue, o>u**
dormir (ue, u) *to sleep*
Present Participle: durmiendo
Present: duermo, duermes, duerme; dormimos, dormís, duermen
Preterite: dormí, dormiste, durmió; dormimos, dormisteis, durmieron
Present Subjunctive: (que) duerma, duermas, duerma; durmamos, durmáis, duerman
Imperfect Subjunctive: (que) durmiera (-se), durmieras, durmiera; durmiéramos, durmierais, durmieran
Formal Commands: duerma Vd., duerman Vds.

IRREGULAR VERBS

(**Note:** only tenses with irregular forms are included.)

andar *to go, walk*
Preterite: anduve, anduviste, etc.
Imperfect Subjunctive: (que) anduviera (-se), anduvieras, etc.

caer *to fall*
Present Indicative: caigo, caes, etc.
Present Subjunctive: (que) caiga, caigas, etc.
Preterite: caí, caíste, cayó; caímos, caísteis, cayeron
Imperfect Subjunctive: (que) cayera (-se), cayeras, etc.
Present Participle: cayendo
Past Participle: caído

dar *to give*
Present Indicative: doy, das, etc.
Present Subjunctive: dé, des, etc.
Preterite: di, diste, etc.
Imperfect Subjunctive: (que) diera (-se), dieras, etc.

decir *to say*
Present Indicative: digo, dices, dice; decimos, decís, dicen
Present Subjunctive: (que) diga, digas, etc.
Preterite: dije, dijiste, dijo; dijimos, dijisteis, dijeron
Imperfect Subjunctive: (que) dijera (-se), dijeras, etc.
Future: diré, dirás, etc.
Conditional: diría, dirías, etc.
Command: di (tú)
Present Participle: diciendo
Past Participle: dicho

estar *to be*
Present Indicative: estoy, estás, está; estamos, estáis, están
Present Subjunctive: (que) esté, estés, esté; estemos, estéis, estén
Preterite: estuve, estuviste, etc.
Imperfect Subjunctive: (que) estuviera (-se), estuvieras, etc.

haber *to have*
Present Indicative: he, has, ha; hemos, habéis, han
Present Subjunctive: (que) haya, hayas, etc.
Preterite: hube, hubiste, etc.
Imperfect Subjunctive: (que) hubiera (-se), hubieras, etc.
Future: habré, habrás, etc.
Conditional: habría, habrías, etc.

hacer *to make*
Present Indicative: hago, haces, etc.
Present Subjunctive: (que) haga, hagas, etc.
Preterite: hice, hiciste, hizo; hicimos, hicisteis, hicieron
Imperfect Subjunctive: (que) hiciera (-se), hicieras, etc.
Future: haré, harás, etc.
Conditional: haría, harías, etc.
Command: haz (tú)
Past Participle: hecho

ir *to go*
Present Indicative: voy, vas, va; vamos, vais, van
Present Subjunctive: (que) vaya, vayas, etc.
Imperfect Indicative: iba, ibas, iba; íbamos, ibais, iban
Preterite: fui, fuiste, fue; fuimos, fuisteis, fueron
Imperfect Subjunctive: (que) fuera (-se), fueras, etc.
Command: ve (tú)
Present Participle: yendo

oír *to hear*
Present Indicative: oigo, oyes, oye; oímos, oís, oyen
Present Subjunctive: (que) oiga, oigas, etc.
Preterite: oí, oíste, oyó; oímos, oísteis, oyeron
Imperfect Subjunctive: (que) oyera (-se), oyeras, etc.
Future: oiré, oirás, etc.
Conditional: oiría, oirías, etc.
Present Participle: oyendo
Past Participle: oído

poder *to be able*
Present Indicative: puedo, puedes, puede; podemos, podéis, pueden
Present Subjunctive: (que) pueda, puedas, pueda; podamos, podáis, puedan
Preterite: pude, pudiste, etc.
Imperfect Subjunctive: (que) pudiera (-se), pudieras, etc.
Future: podré, podrás, etc.
Conditional: podría, podrías, etc.
Present Participle: pudiendo

poner *to put*
Present Indicative: pongo, pones, etc.
Present Subjunctive: (que) ponga, pongas, etc.
Preterite: puse, pusiste, etc.
Imperfect Subjunctive: (que) pusiera (-se), pusieras, etc.
Future: pondré, pondrás, etc.
Conditional: pondría, pondrías, etc.
Command: pon (tú)
Past Participle: puesto

querer *to want, love*
Present Indicative: quiero, quieres, quiere; queremos, queréis, quieren
Present Subjunctive: (que) quiera, quieras, quiera; queramos, queráis, quieran
Preterite: quise, quisiste, etc.
Imperfect Subjunctive: (que) quisiera (-se), quisieras, etc.
Future: querré, querrás, etc.
Conditional: querría, querrías, etc.

saber *to know*
Present Indicative: sé, sabes, etc.
Present Subjunctive: (que) sepa, sepas, etc.
Preterite: supe, supiste, etc.
Imperfect Subjunctive: (que) supiera (-se), supieras, etc.
Future: sabré, sabrás, etc.
Conditional: sabría, sabrías, etc.

salir *to go out, leave*
Present Indicative: salgo, sales, etc.
Present Subjunctive: (que) salga, salgas, etc.
Future: saldré, saldrás, etc.
Conditional: saldría, saldrías, etc.
Command: sal (tú)

ser *to be*
Present Indicative: soy, eres, es; somos, sois, son
Present Subjunctive: (que) sea, seas, etc.
Imperfect Indicative: era, eras, era; éramos, erais, eran
Preterite: fui, fuiste, fue; fuimos, fuisteis, fueron
Imperfect Subjunctive: (que) fuera (-se), fueras, etc.
Command: sé (tú)

tener *to have*
Present Indicative: tengo, tienes, tiene; tenemos, tenéis, tienen
Present Subjunctive: (que) tenga, tengas, etc.
Preterite: tuve, tuviste, etc.
Imperfect Subjunctive: (que) tuviera (-se), tuvieras, etc.
Future: tendré, tendrás, etc.
Conditional: tendría, tendrías, etc.
Command: ten (tú)

traer *to bring*
Present Indicative: traigo, traes, etc.
Present Subjunctive: (que) traiga, traigas, etc.
Preterite: traje, trajiste, trajo; trajimos, trajisteis, trajeron
Imperfect Subjunctive: (que) trajera (-se), trajeras, etc.
Present Participle: trayendo
Past Participle: traído

valer *to be worth*
Present Indicative: valgo, vales, etc.
Present Subjunctive: (que) valga, valgas, etc.
Future: valdré, valdrás, etc.
Conditional: valdría, valdrías, etc.

venir *to come*
Present Indicative: vengo, vienes, viene; venimos, venís, vienen
Present Subjunctive: (que) venga, vengas, etc.
Preterite: vine, viniste, etc.
Imperfect Subjunctive: (que) viniera (-se), vinieras, etc.
Future: vendré, vendrás, etc.
Conditional: vendría, vendrías, etc.
Command: ven (tú)
Present Participle: viniendo

ver *to see*
Present Indicative: veo, ves, ve; vemos, veis, ven
Present Subjunctive: (que) vea, veas, etc.
Imperfect Indicative: veía, veías, veía; veíamos, veíais, veían
Preterite: vi, viste, etc.
Imperfect Subjunctive: (que) viera (-se), vieras, etc.
Past Participle: visto

VOCABULARY

Spanish–English

(**Note:** the Spanish-English vocabulary does not include easily recognizable cognates. Gender has not been indicated for masculine nouns ending in **-o**, and for feminine nouns ending in **-a, -ción, -dad, -tad, -tud** or **-umbre**.)

A

a at; to; for; from; on; _____ **(los tres días)** after (three days)
abierto open, opened
abogado lawyer
abono fertilizer; payment; installment; guarantee; endorsement; subscription
abrigo overcoat; shelter
abuela grandmother
abuelo grandfather; _____**-s** grandfathers, grandparents
aburrido bored; boring
aburrir to bore
acabar to end, finish; _____ **de** to have just
acaloradamente heatedly
acerca de about, concerning
acero steel
aconsejar to advise
acordarse (ue) (de) to remember
acostar (ue) to put to bed; _____**-se** to go to bed
actriz _f._ actress

actual present (time)
acudir to rush, hasten, come (to the aid of)
acuerdo agreement; **estar de** _____ to be in agreement, agree
adelante forward, onward; **en** _____ henceforth, from now on
además (de) beside, besides; moreover, in addition (to)
adonde where (with verbs of motion)
aeropuerto airport
afortunado lucky, fortunate
afuera outside
agente _m._ policeman; agent
(el) agua _f._ water
aguantar to tolerate, stand, put up with
aguja needle
ahí there (near person addressed)
ahogarse to drown; to choke
ahora now
ajo garlic
albañil _m._ mason, bricklayer
alegrarse (de) to be glad, happy (to)

alegre happy, cheerful, joyous
alejarse to go away, move off; to withdraw, be aloof
alemán German
algo something, anything; (adv.) somewhat
alguien someone, somebody; anyone, anybody
algún, alguno some, any; **algunos** a few, some
(el) **alma** f. soul
alquiler m. rent
alto tall
alumno pupil
allá there (over there)
allí there
(el) **ama** f. housewife
amable pleasant, nice, kind
amapola poppy
amar to love
amarillo yellow
amenazar to threaten
amigo (-a) friend
amistad acquaintance; friend (m. or f.); friendship
amor m. love
amorío love affair
ancho wide
andante: caballero _____ knight errant
andar (irreg.) to walk; to go
anidar to come to rest; to make a nest
anoche last night
ansia anxiety
antaño formerly, in the old days
antes before; (prep.) _____ **de** before; (conj.) _____ **(de) que** before; **cuanto** _____ as soon as possible
antiguo ancient, old, former
año year; **tener (tres)** _____**s;** to be (three) years old; **¿Cuántos años tiene Vd.?** How old are you?
aparecer (zc) to appear
apellido surname
aplastar to crush
aplazar to postpone
apoyar to support
aprender to learn
apresuradamente hurriedly, hastily
apresurarse to hurry
apuesta bet
apuntar to point, aim; to note (in writing); to mend, stitch; to sharpen
aquel (aquella) (adj.) that (over there); **aquellos (aquellas)** those; **aquél** etc. (pron.) that one, etc.

aquello (neuter) that
aquí here; **por** _____ this way, through here
árbol m. tree
archiduque m. archduke
arrastrar to drag (along)
arrepentirse (ie, i) to repent
artista m. or f. artist; actor; actress
ascender (ie) to go up, rise
así thus, in this manner, that way
asistir (a) to attend
asombrar to amaze
(el) **aspa** f. wing (of windmill)
asunto matter, subject
ataque m. attack
atreverse (a) to dare (to)
aumentar to increase
aunque although, even though, even if
aun even
aún still, yet
avión m. airplane
ayer yesterday
ayudar to help, assist
azúcar m. sugar
azul blue

B

bailar to dance
bailarín m. dancer (male); **bailarina** f. dancer (female)
baile m. dance
bajar to descend, go down
bajo under; (adj.) short
bandeja tray
baño bath; **cuarto de** _____ bathroom; **traje de** _____ bathing suit
barato cheap, inexpensive
barca boat
barco boat, ship; _____ **de vela** sailboat
barra (Argentina) "gang" of friends
bastante enough, quite
bastar to be enough, suffice
beber to drink
belleza beauty
bellota acorn
besar to kiss
beso kiss
bien well; very; good, fine; m.: good, benefit
billete m. bill
blanco white
bobo fool, "dummy"
boca mouth

boda wedding
bolsa bag (paper); handbag; stock exchange
bombón m. candy, sweet
bonito pretty
borbón m. Bourbon
borracho drunk; (noun) drunkard
borrador m. eraser
borrar to erase
bosque m. woods, forest
bostezar to yawn
bote m. (row) boat
brazo arm
bromear to joke
buen(o) good
burlón scoffing, mocking; (noun) scoffer
busca search; **en** _____ **de** in search of
buscar to look for

C

caballo horse
caballero gentleman; knight
cabello hair
caber (irreg.) to fit
cabeza head
cada each, every
caer (irreg.) to fall; _____-**se** to fall; **dejar** _____ to drop
café m. cafe; coffee
cafetera coffee pot
caja box; cash register
cajera cashier
cajón m. drawer (of a chest or desk)
calabacero pumpkin farmer
calabaza pumpkin
calentar (ie) to heat
caliente warm; hot
calor m. warmth, heat; **hace** _____ it is warm (weather); **tener** _____ to be warm (person)
calzones m. pl. trousers, breeches
callar(se) to keep quiet
calle f. street
camarero waiter
cambiar to change; to exchange
cambio exchange; change; **a** _____ **de** in place of; **en** _____ on the other hand
caminar to walk
camino road; way; **seguir el** _____ to continue on one's way
camisa shirt
campanilla bell
canción song

cansado tired; tiresome
cansar to tire; to bore; _____-**se** to become tired
cantar to sing
cantante m. or f. singer
capítulo chapter
cara face
caro dear, expensive
carrera race; career
carta letter
cartero mailman
casa house, home; **a** _____ home (with verb of motion); **en** _____ at home; **salir de** _____ to leave the house
casado married
casar to marry, match; _____-**se (con)** to get married (to)
casi almost
caso case; **hacer** _____ (**a** or **de**) to pay attention (to), heed
castigar to punish
ceder to yield, give in
ceja eyebrow
celos m. jealousy; **tener** _____ to be jealous
centenas hundreds
centro center; downtown
cerrar (ie) to close
cerveza beer
cielo sky, heaven
cine m. cinema, movies
cirujano surgeon
ciudad f. city
claro clear; clearly; certainly, of course
cobre m. copper
coche m. car, automobile; carriage
coger to seize, catch; to take; to pick up
colegial m. schoolboy
colegio school
cólera anger
colgar(se) (ue) to hang (oneself)
colina hill
comedia play, comedy
comenzar (ie) to begin, commence
comer to eat; _____-**se** to eat up
comida meal; food
como (adv.) as, as though, like, such as; how; (conj.) since, as long as; **¿cómo?** What? How?; **¡cómo no!** of course
cómoda chest of drawers
cómodo comfortable
compañero companion; _____ **de cuarto** roommate
compartir to share

complacer (zc) to please
comportarse to behave
compra purchase; **ir de** _____-s to go
 shopping
comprar to buy
comprender to understand, comprehend
compromiso engagement (to marry);
 appointment, date
conducir (zc) to lead; to drive
conejo rabbit
conferencia lecture
conmigo with me
conmoverse to be moved, affected
conocer (zc) to know, be acquainted
 with; to meet, make one's
 acquaintance
conocido known, well known
conseguir (i, i) to obtain; to succeed in
consistir (en) to consist of (be based
 upon)
contestar to answer
contigo with you
contra against
contraria: llevar la _____ to oppose,
 disagree with
contrario contrary; **al** _____ on the
 contrary
convenir _(irreg.)_ to be suitable,
 necessary, a good idea
convertir (ie, i) to convert, turn into; to
 change
copa goblet
corazón m. heart; **corazoncito** darling
corbata necktie
correo mail; **casa de** _____-s post office
cortar to cut
corte _f._ court (of justice); _m._ cut
correr to run
cosa thing
cosecha harvest
coser to sew
creer to think, believe
criada servant, maid
cruz _f._ cross
cruzar to cross
cuaderno notebook
cual like, as; **cada** _____ each one; **el
 (la)** _____, **los (las)** _____-es who,
 the one(s) who, whom, which; **lo**
 _____ which; **¿cuál?** which? which
 one? what (which)?
cualquier(a) any; anyone (at all)
cuando when, whenever; **de vez en**
 _____ from time to time
cuanto as much as, as many as; all that;
 _____ **antes** as soon as possible; **en**

_____ as soon as; **¿cuánto?** how
 much? how many?
cuarto quarter; room
cucaracha cockroach
cuchara spoon
cuchillo knife
cuenta bill (in a restaurant); account;
 tener en _____ to bear in mind, take
 into account
cuero leather
cuerpo body
cuidado care; **tener** _____ to be careful
cuidadoso careful
cuidar (de) to take care (of)
culpa blame, fault; **tener la** _____ to be
 to blame
culpable guilty
cumbre _f._ summit
cumpleaños _m._ birthday
cura _m._ priest
cuyo whose

Ch

chaqueta jacket
charla talk, chat
charlar to chat, talk
chico, (-a) boy, girl; **chiquillo, -a** little
 boy, little girl
chocar to collide
chófer (chofer) _m._ chauffeur; driver
choque _m._ collision

D

daño damage, harm; **hacer(se)** _____ to
 hurt (oneself)
dar _(irreg.)_ to give; **dar en** to strike, hit;
 _____-**se cuenta de** to realize, take
 into account
de of; from; about; in; by; made of; as,
 with
debajo (de) beneath, underneath
deber to be obliged to; should, ought to;
 to owe
decano dean
decir _(irreg.)_ to say, tell; **es** _____ that is
 (to say)
dedo finger
dejar to leave (behind), abandon; to let,
 allow; _____ **de** + _inf._ to stop; **no**
 _____ **de** not to fail to
delgado slim, thin

demasiado too, too much
deporte m. sport
derecho right; straight ahead; (noun) law; (customs) duty; **a la derecha** to (on) the right
derrota defeat
desarrollo development
desatar to untie
desayuno breakfast
descarnado skinny
descuidar to neglect
desde from, since
desdeñar to scorn, disdain
desear to want, wish, desire
desgracia misfortune
desgraciadamente unfortunately
desmayarse to faint
despacio slow(ly)
despedir (i, i) to dismiss, fire, send away; _____-**se (de)** to take leave of, say goodbye to
despertar (ie) to awaken; to wake up; _____-**se** to wake up
despreciar to scorn
después afterwards; then, later; _____ **(de)** after
desvanecerse to faint
detrás (de) behind, in back of
devolver (ue) to return, give back
día m. day; **de** _____ by day, in the daytime; **hoy (en)** _____ nowadays
dibujo drawing, sketch
difícil difficult
dinero money
dios, diosa god, goddess; **Dios** God; **¡Dios mío!** for Heaven's sake!
dirección address
dirigir to address; to direct; _____-**se a** to address; to go to
discurso speech; **pronunciar un** _____ to make a speech
discutir to discuss, argue
disfrutar (de) to enjoy
disparar to shoot, fire; to go off (gun)
disparate m. nonsense
distinto different
distraído absent-minded
divertirse (ie, i) to enjoy oneself, have a good time
doblar to fold; to turn (a corner)
doler (ue) to ache, hurt; **me duele la cabeza** my head aches
dolor m. pain, grief, sorrow
domingo Sunday
donde where, in which; _____-**quiera** wherever

dormir (ue, u) to sleep; _____-**se** to fall asleep, go to sleep
dos two; **los** _____ both
dramaturgo dramatist, playwright
dudar to doubt
dulce sweet
durante during
duro hard

E

e and (before words beginning with **i** or **hi**)
ebrio drunk
echar to throw; to mail; _____ **de menos** to miss
edad age; **¿Qué edad tiene?** How old is he/she?
eficaz efficient
ejercicio exercise
ejército army
el the; _____ **que** he who, the one who; **los que** those who, the ones who
elegir (i, i) to elect; to select
embargo; sin _____ however, nevertheless
embestir (i, i) to attack, assail
emocionante exciting, emotional
empeñarse (en) to insist (upon)
empezar (ie) to begin
empleado employee
en in; into; at; on; _____ **casa** at home; _____ **cuanto** as soon as; _____ **punto** on the dot; _____ **vez de** instead of
enamorado (de) in love (with)
enamorarse (de) to fall in love (with)
encantador charming
encantar to delight, charm, enchant; **le encanta bailar** she loves to dance
encanto charm
encender (ie) to light, to turn on (a light)
encontrar (ue) to find, meet; _____-**se (con)** to meet (with), run into
enfermo sick, ill
enfermarse to become (get) sick
engordar(se) to get fat
enojar to anger, annoy; _____-**se** to become (get) angry
ensayo essay
enseñar to teach; to show
entender (ie) to understand
enterarse (de) to find out (about), become informed (about)
enterrar (ie) to bury

entonces then, at that time

entrada entrance; ticket (to a movie, theater, etc.)

entre among, between

entregar to deliver, hand over

entretanto meanwhile, in the meantime

enviar to send

envuelto enveloped, wrapped

equipaje *m.* baggage, bags

equipo team

equivocarse to make a mistake, be mistaken

escándalo uproar, row, scandal

escaparate *m.* shop window

escoger to choose

esconder(se) to hide (oneself)

escritor *m.* writer

escuchar to listen (to)

escudero squire (of a knight)

escribir to write

escuela school

ese (-a, -os, -as) *(adj.)* that, those; **ése,** etc. *(pron.)* that one, those

esforzarse (ue) (por) to strive (to)

eso *(pron.)* that; _____ **es** that's it; **por** _____ for that reason

espantar to frighten

español Spanish; *(m.)* Spaniard

especializarse to specialize; to major

espectro ghost

esperanza hope

esperar to hope; to wait (for); to expect

esposo (-a) husband, wife

esquiar to ski

estado state

estar *(irreg.)* to be; **está bien** all right

este (-a, -os, -as) *(adj.)* this, these; *(pron.)* **éste,** etc. this one, these

estimado esteemed, highly regarded

esto this

estómago stomach

estudiantil student *(adj.)*

estudiar to study

exigir to demand, require

explicación explanation

explicar to explain

exterior: política _____ foreign policy

extranjero foreign, foreigner

F

fácil easy

falta lack; **hacer** _____ to need, be lacking; **me hace mucha falta** I need it very badly

faltar to be lacking; _____ **(a)** to be absent (from)

farra wild time, spree

fe *f.* faith

fecha date

felicidad happiness

feliz happy

feo ugly

feroz ferocious

fiesta fiesta; holiday; party

fin *m.* end; **a fines de** at the end of; **dar** _____ **(a)** to put an end (to); **por** _____ finally

final: al _____ at the end

fingir to pretend

flaqueza weakness

flor *f.* flower

fósforo match

francés French; *(m.)* Frenchman

frente *m.* front; *f.* forehead

frío cold; **hace** _____ it is cold (weather); **tener** _____ to be cold (person)

frontera border, boundary

fuente *f.* fountain; source; serving bowl

fuera (de) out, outside (of)

fumar to smoke

función function; performance (theater, film, etc.)

funcionar to work, function

fusilar to shoot, execute

fútbol *m.* soccer; _____ **americano** football

G

gana desire; **de buena** _____ willingly; **de mala** _____ unwillingly; **tener** _____**-s (de)** to feel like (doing something)

ganar to earn, win

general: por lo _____ in general

gente *f.* people

gesto gesture, face (expression)

gastar to spend (money)

gigante *m.* giant

gobierno government

golosina sweet, candy

golpe *m.* blow

gordo fat

gota drop

gozar (de) to enjoy; to possess

gracia grace, beauty; _____**-s** thanks, thank you

gran(de) big, large; great

granizar to hail (storm)
granizo hail (stone)
griego Greek
gris gray
gritar to shout
grueso thick; stout
guante *m*. glove
guapo handsome
guardar to keep, preserve
guerra war
guisante *m*. pea
guisar to cook
gustar to be pleasing; to like; _____ **más** to like better (best), prefer
gusto pleasure; taste

H

haber to have *(as auxiliary verb);* _____ **de** to be (supposed) to; **hay** there is, there are; **había** there was, there were
hábil skillful
hablador talkative
hablar to speak
hacendoso diligent
hacer *(irreg.)* to make, do; **hace buen (mal) tiempo** the weather is good (bad); **hace calor** it is warm; **hace frío** it is cold; **hace viento** it is windy; **¿qué tiempo hace?** what is the weather like? **hace (un año)** + *pret.* or *imp.* (one year) ago; **hace (un año) que** + *pres.* for (one year) . . . ; **¿cuánto tiempo hace . . . ?** how long has it been . . . ?; _____ **caso a** (or **de**) to pay attention to, heed; _____ **un papel** to play a role; _____ **un viaje** to take a trip; _____**-se** to become; _____**(-se) daño** to hurt (oneself); _____**-se tarde** to be (get) late
(el) **hacha** *f*. axe
hallar to find
(el) **hambre** *f*. hunger; **tener** _____ to be hungry
hasta even; until
hay there is, there are; _____ **que** it is necessary, one must
hechicero bewitching, enchanting
helado ice cream
herido wounded
hermano(-a) brother, sister; _____**-s** brothers; brother(s) and sister(s)
hermoso beautiful

hermosura beauty
hielo ice
hierba grass
hierro iron
hijo son; _____**-s** sons; children
hilo thread
historiador *m*. historian
hoja leaf
hojalata tin plate
hola hello
hombre *m*. man
honrado honest
hora hour; time; **¿a qué** _____ ? at what time?; **es** _____ **de** it is time to; **¿qué** _____ **es?** What time is it?
hortelano vegetable farmer
hospedar to give lodging
hoy today; _____ **(en) día** nowadays
huevo egg
huerta orchard; vegetable garden
hueso bone
huir to flee, run away
húmedo humid
hundir to submerge, drown; _____**-se** to sink, drown

I

idioma *m*. language
idolatrar to idolize
igual equal; **al** _____ **que** the same as
impedir (i, i) to impede, prevent
impermeable *m*. raincoat
importar to matter, be important; **no me importa** it doesn't matter to me
indio Indian
influir to influence
ingeniero engineer
Inglaterra England
ingrato ungrateful
inolvidable unforgettable
inquilino tenant
invierno winter
invitado guest
ir *(irreg.)* to go; _____**-se** to go (away), leave; **¡qué va!** go on! nonsense!
irlandés Irish
izquierdo left; **a la izquierda** to (on) the left

J

jardín *m* garden
jefe *m*. chief, head, boss

joven *m.* or *f.* young man; young woman; (*adj.*) young
jueves *m.* Thursday
juez *m.* or *f.* judge
jugador *m.* player
jugar (ue) to play (a game); _____ **al tenis** to play tennis
junto(s) together; **junto a** near, next to
jurar to swear
juventud *f.* youth

K

kilo(gramo) kilogram (2.2 lbs.)

L

la the; her; it; you; _____ **que** she who, the one who; **las que** the ones (*f.*) who
labrador *m.* farmer
ladrón *m.* thief, crook
lana wool
lápiz *m.* pencil
lástima pity
lavar(se) to wash (oneself)
leal loyal
lección lesson
leer to read
legumbre *f.* vegetable
lejos far; **a lo** _____ in the distance
lengua language
lento slow
leña wood, firewood
levantar to raise, lift; _____ **-se** to get up
ley *f.* law
libre free
libro book
líder *m.* leader
limpiar to clean
lindo pretty, beautiful
lío difficulty, mess
listo ready; smart, clever; **estar** _____ to be ready; **ser** _____ to be smart, clever
litro liter (slightly more than a quart)
loco crazy, insane
lograr to succeed in, achieve
luchar to fight, struggle
luego then, afterwards
lugar *m.* place; **tener** _____ to take place

lumbre light
luna moon; **hay** _____ the moon is out
lunar *m.* mole, beauty mark
lunes *m.* Monday
luz *f.* light

Ll

llamar to call; _____ **la atención** to attract attention; _____ **por teléfono** to phone; _____ **-se** to be named, called
llanto crying, weeping
llegar to arrive; _____ **tarde** to arrive late, to be late; _____ **a ser** to become (get to be)
lleno full; _____ **de** filled with, full of
llevar to carry, bring; to wear; disagree with; _____ **una vida** to lead a life; _____ **-se** to take (along), to carry off; _____ **-se bien** to get along well
llover (ue) to rain
lluvia rain

M

madrugada (early) morning
maestro (-a) teacher
mago magician
maíz *m.* corn
mal *m.* bad, evil
mal(o) bad; badly; **hace mal tiempo** the weather is bad
malagueña woman from Malaga
maleta suitcase, valise; **hacer la(s)** _____ **(s)** to pack one's bag(s)
mandar to send; to command, order
manejar to drive
mano *f.* hand
manzana apple
mañana morning; tomorrow; **de la** _____ A.M. (with time of day); **por la** _____ in the morning
mañanitas morning songs
máquina machine
marco frame
marido husband
marinero sailor
martes *m.* Tuesday
más more; most; any more; _____ **de** more than (before a number); _____ **que** more than; **¿qué** _____ **?** what else?

matar to kill
matricularse to register (for a course)
matrimonio matrimony; married couple
mayor greater, greatest; older, oldest; big, major, serious
medianoche *f.* midnight
médico doctor
medio means; **por** _____ **de** by means of
mejor better, best
menor less, least; younger, youngest; smaller, smallest
menos less; least; except; minus; **a** _____ **que** unless; **por lo** _____ at least
mensajero messenger
mente *f.* mind
mentir (ie, i) to lie, tell a lie
mentiroso liar
menudo: a _____ often
mercado market
merecer (zc) to merit, deserve
mes *m.* month
mesa table, desk
meter to put (in); to insert; **la luna se metió** the moon set
miedo fear; **tener** _____ to be afraid
miel *f.* honey
mientras (que) while
miércoles *m.* Wednesday
mil one thousand
mirar to look (at), watch
mismo same; very; **ahora** _____ right now; **aquí** _____ right here; **hoy** _____ this very day
mitad *f.* half
mixteca Mixtecan (Mexican Indian tribe)
modista dressmaker
mojar to wet; _____-**se** to get wet
molestar to bother, annoy
molino mill; _____ **de viento** windmill
mono cute; *(m.)* monkey
montar to mount; to assemble (machinery); _____ **a caballo** to ride horseback
moreno dark, brunet(te)
morir (ue, u) (-se) to die
mozo young man; porter; waiter
muchacha girl
muchachada group of friends
muchacho boy
mucho much, a great deal; _____-**s, (-as)** many
muchedumbre crowd
mudarse to move (one's home)

muerte *f.* death; **de mala** _____ of little importance
muerto dead
mujer *f.* woman; wife
mundial world *(adj.)*
mundo world; **todo el** _____ everybody
muñequita little doll
muy very

N

nacer (zc) to be born
nacimiento birth
nada nothing; (not) anything
nadar to swim
nadie no one, nobody; (not) anyone, (not) anybody
naranja orange
nariz *f.* nose
necesitar to need
negar (ie) to deny
negocio(s) business
negro black
nevar (ie) to snow
nevera refrigerator
ni nor; not even; _____ . . . _____ neither . . . nor
nieve *f.* snow
ningún, ninguno no; no one or none (of a group); not any; neither (of them); **de ningún modo, de ninguna manera** not at all
niña little girl
noche *f.* night; **de** _____ at night; **de la** _____ P.M. (with time of day); **esta** _____ tonight; **por la** _____ at night
nombrar to name; to appoint
nombre *m.* name
nota note; grade
noticia(s) news
novio (-a) boyfriend; girlfriend; fiancé(e)
nube *f.* cloud
nuevo new; **de** _____ again
nunca never, (not) ever

O

o or; _____ . . . _____ either . . . or
obedecer (zc) to obey
obsequiar to treat, make a gift to; to flatter with attention, to court
odiar to hate

ojalá I hope that . . ., I wish that . . ., if
　　only
ojo eye; ¡ _____ ! look out!
olvidar to forget; _____**-se de** to forget;
　　olvidársele to forget, **se me olvidó**
　　hacerlo I forgot to do it
orden *f.* order, command; *m.* order
　　(choronological, physical, etc.)
oreja ear
orilla shore
oro gold
otro other, another; **otra vez** again

P

padre *m.* father; _____**-s** father(s) and
　　mother(s), parents
pagar to pay (for)
página page
país *m.* country, nation
palabra word
pálido pale
paloma dove
Papa pope
papel *m.* paper; **hacer un** _____ to play
　　a role
paquete *m.* package
par *m.* pair; **sin** _____ without peer
para for, for the purpose of; in order to;
　　by (a certain time); toward; _____
　　que so that; ¿ _____ **qué?** why?;
　　estar _____ to be about to
paraguas *m.* umbrella
paraíso paradise
parecer (zc) to seem, appear; _____**-se**
　　(a) to resemble
pared *f.* wall
pareja couple
pariente *m.* relative
parpadear to wink, blink
parte *f.* part; **en (por) todas** _____**-s**
　　everywhere
partido game (match); _____ **de fútbol**
　　soccer game
pasado past, last; **el mes** _____ last
　　month
pasar to happen; to pass; to spend
　　(time); **¿qué le pasa?** what is the
　　matter with you (her, him)?; **¿qué**
　　pasa? what is the matter?
paseo walk, ride; **dar un** _____ to take a
　　walk, ride
pastel *m.* pie, pastry

patria fatherland
paz *f.* peace
pedir (i, i) to ask (for), request
pegar to stick, attach; to hit, strike
pelear to fight, quarrel
película film, movie
peligro danger
pelo hair; **tomar el** _____ to "kid," tease
penar to grieve, worry
pensar (ie) to think; to intend; _____ **en**
　　to think about (turn one's thoughts
　　to); _____ **de** to think about
　　(opinion)
peor worse; worst; **de mal en** _____
　　from bad to worse
pequeño small, little
perder (ie) to lose
perdidamente wildly, hopelessly
perezoso lazy
perla pearl
pero but
perro dog
perseguir (i, i) to pursue, follow closely;
　　to persecute
personaje *m.* person, character
pesado heavy; boring
pescar to fish
picaflor *m.* hummingbird
pico beak; point; bit; **El sombrero de**
　　tres picos The Three-Cornered Hat;
　　las siete y _____ a little after seven
piedra rock, stone
pierna leg
pino pine tree
pintar to paint
pintoresco picturesque
pintura painting
piscina swimming pool
pizarra chalkboard, blackboard
plata silver; money
platino platinum
playa beach, shore
plaza plaza, square; bull ring
población population
pobre poor; unfortunate; (*m.* or *f.*) poor
　　man, poor woman
pobreza poverty
poco little; **por** _____ almost; _____**-s**
　　few, a few, some
poder (ue) (*irreg.*) to be able
poderoso powerful
política policy; politics
pollo chicken
poner (*irreg.*) to put, place; _____ **un**
　　telegrama to send a telegram;

_____-se to put on (clothing); _____-se a + *inf.* to begin; _____-se + *adj.* to become (get)

por for, because of; on account of; for the sake of; by; per; through, throughout; along; around; in place of; in exchange for; during; _____ **favor** please

porteño resident of Buenos Aires

preferir (ie, i) to prefer

pregunta question; **hacer una** _____ to ask a question

preguntar to ask; _____ **por** to ask for, inquire about; _____-se to ask oneself, wonder

premio prize

prestar to lend; _____ **atención** to pay attention

prever (*irreg.*) to foresee

primer(o) first

primo (-a) cousin

príncipe *m.* prince

prisa hurry; **tener** _____ to be in a hurry

probar (ue) to prove; to taste (food); to try

prometer to promise

pronto soon; **de** _____ suddenly

propio one's own

propósito purpose; **a** _____ by the way

proteger to protect

próximo next

prueba proof; test

publicar to publish

pueblo town, village; people

puerta door

pues well, then; since (because)

puesto vendor's stand; post, job

Q

que that; which; who; whom; **el mismo** _____ the same as; **lo** _____ what (that which); **más (menos)** _____ more (less) than; **¿qué . . . ?** what (which) . . . ?; **¡qué . . . !** what (a) . . . !; **¡qué va!** go on! nonsense!

quedar(se) to remain, stay; to be (result of an action)

quejarse (de) to complain (about)

querer (ie) (*irreg.*) to wish, want; to love; _____**decir** to mean

querido dear, darling, beloved

quien who, whom; he (she, they) who, the one(s) who; **¿de quién?** whose?

quienquiera whoever

quinientos five hundred

quitar to take away, remove; to take off, take from; _____-se to take off (oneself)

quizá(s) perhaps, maybe

R

rancherita girl who lives or works on a ranch

rango rank

raro strange; rare

rato little while; short time; **al poco** _____ after a while

ratoncito mouse

rayo ray, lightning

razón *f.* reason; **tener** _____ to be right; **no tener** _____ to be wrong

realizar to realize, fulfill, accomplish

rebelde *m.* or *f.* rebel

recibir to receive

recibo receipt

recoger to pick (up), gather

recordar (ue) to remember

recto straight

recuerdo remembrance, souvenir

refresco soft drink, refreshment

regalar to give (a gift) (of)

regalo gift, present

reglamento rule, regulation

regresar to return, go (come) back

reina queen

reinado reign

reino kingdom

reír(se) (i, i) (de) to laugh (at)

reloj *m.* watch, clock

reñir (i, i) to scold; to quarrel; _____-se to quarrel

repartir to distribute

repente: de _____ suddenly

repetir (i, i) to repeat

repicar to tap

resbalar(se) to slip, slide; to skid

respuesta answer

resultar to turn out, result

reunir to gather, collect; _____-se to meet

revista magazine, review; _____ **musical** musical comedy

rey *m.* king; _____-es kings, king(s) and queen(s)

rico rich; delicious; (*m.*) rich man

riña quarrel

riqueza wealth
robar to steal
rodar (ue) to roll
rodilla knee; **de** ____-s on one's knees
rogar (ue) to beg, beseech
rojo red
romance Romance (derived from Latin); **lenguas** ____-s Romance languages
romper to break, tear
ropa clothing
roteño native of Rota
ruido noise
ruta route

S

sábado Saturday
saber (irreg.) to know, find out; ____ + inf. to know how to; ____ **a** to taste of (or like)
sacar to take out, pull out; to get, obtain (grades)
sacerdote m. priest
sal f. salt
sala living room
saleroso witty, lively, charming
salir (irreg.) to go out, leave; ____ **bien (mejor)** to do well (better); ____ **bien (mal) en un examen** to pass (fail) an exam; ____ **de casa** to leave the house
salón m. large room; classroom
salud f. health
saludar to greet
salvar to save
sed f. thirst; **tener** ____ to be thirsty
seguida: en ____ at once, immediately
seguir (i, i) to follow; to continue, keep on; to take (a course)
según according to
segundo second
seguro sure, certain; safe
semáforo traffic light
semana week; **la** ____ **que viene** next week
sentado seated, sitting down
sentarse (ie) to sit down
sentir (ie, i) to feel (something); to feel sorry, regret; ____-se to feel
señal f. sign
señalar to point out, indicate
señor m. Mr., sir; gentleman
señora Mrs., lady; madam
señorita Miss; young lady

ser (irreg.) to be; ____ **de** to become of, to happen to; to be made of; to come (be) from
servir (i, i) to serve; ____ **de** to serve as
si if; whether; **como** ____ as if
sí yes
siempre always; **para** ____ always, forever
siglo century
siguiente following, next; **al día** ____ (on) the following day
silueta silhouette
silla chair
simpático nice, likable, congenial
sin without
sino but, but rather
sinvergüenza m. or f. scoundrel
siquiera: ni ____ not even
sitio place
sobre about; over; on top of; on; (m.) envelope
sobrino (-a) nephew, niece
socio member; partner
sol m. sun; **hace (hay)** ____ it is sunny
soldado soldier
soler (ue) to be accustomed to, be in the habit of
solo alone, lone; simple
sólo only
soltar (ue) to let go; to loosen
soltero (-a) bachelor, spinster, unmarried person
sombrero hat
sonar (ue) to sound; to ring (a bell)
sonreír(se) (i, i) to smile
sonrisa smile
soñar (ue) (con) to dream (about)
sorprender to surprise
sortija ring
suceder to happen
sucio dirty
suegro (-a) father-in-law; mother-in-law
sueldo salary
suelo land, soil, ground
sueño dream; sleep; **tener** ____ to be sleepy
suerte f. luck; fate, destiny; **tener** ____ to be lucky, fortunate
sugerir (ie, i) to suggest
sumamente very, extremely
suntuoso sumptuous, lavish
supuesto: por ____ of course
suponer (irreg.) to suppose
surtido supply, assortment
sur m. south
suspirar to sigh

T

tacaño miserly, stingy

tachuela tack

tal such (a); **con** _____ **(de) que** provided that; _____ **vez** perhaps; **¿qué** _____ **?** how goes it?; **¿qué tal . . . ?** how . . . ?

talonario: libro _____ stub book

tallar to cut, carve; to deal (cards)

tallo stalk, stem

también also, too

tampoco neither, (not) either

tan as; so; _____ **. . . como** as . . . as

tanto so much, as much; _____ **peor** so much the worse; _____**-s** as many, so many; _____**(-s) como** as much (many) as; _____ **(-s) . . . como** as much (many) . . . as

tardar (en) to be late, delay; to take (a certain amount of time) to

tarde late; _f._ afternoon

tarea homework

taza cup

té _m._ tea

televisor _m._ television set

tema _m._ subject, theme

temer to fear, be afraid (of)

temprano early

tener _(irreg.)_ to have, possess; _____ **(tres) años** to be (three) years old; _____ **calor** to be warm; _____**celos** to be jealous; _____ **cuidado** to be careful; _____ **en cuenta** to bear in mind, take into account; _____ **éxito** to be successful; _____ **frío** to be cold; _____ **ganas (de)** to feel like (doing something); _____ **hambre** to be hungry; _____ **la culpa** to be guilty, be to blame; _____ **lugar** to take place; _____ **miedo** to be afraid; _____ **prisa** to be in a hurry; _____ **que** + _inf._ to have to, must; _____ **razón** to be right; **no** _____ **razón** to be wrong; _____ **sueño** to be sleepy; _____ **suerte** to be lucky; _____ **vergüenza** to be ashamed; **¿qué tiene Vd.? (él, ella)** what is the matter with you? (him, her); **¿qué edad tiene (Ana)?** how old is (Ana)?

teniente _m._ lieutenant

tercer(o) third

tiempo time; weather; **a** _____ in time, on time; **¿cuánto** _____ **hace . . .?** how long . . . ?

tienda store

tío (-a) uncle, aunt; _____**-s** uncles; aunt(s) and uncle(s)

tiranizar to tyrannize

tiza chalk, piece of chalk

tocadiscos _m._ record player

tocar to touch; play (a musical instrument); **me toca a mí** it belongs to me; it's my turn

todavía yet, still; _____**no** not yet

todo all; every; whole; _____ **el día** all day; **todos los días** every day

tomar to take; to drink

tonto foolish; _m._ fool

torear to fight bulls

torero bull fighter

trabajador hardworking

trabajar to work

trabajo work

traducir (zc) to translate

traer _(irreg.)_ to bring, carry

traje _m._ suit; dress; _____ **de baño** bathing suit

trama plot

trasladarse to move (one's home, office, etc.)

tratar to treat; _____ **de** to try to, to deal with

trato agreement; _____ **hecho** it's a deal

tren _m._ train

tribu _f._ tribe

triste sad

tristeza sadness

tropa troop

tropel _m._ crowd, mob; jumble, confusion

U

u or (before word beginning with **o** or **ho**)

último last

único unique; only

unir to unite, join

uña fingernail, toenail

uva grape

V

vacaciones _f. pl._: **estar de** _____ to be on vacation

vago lazy; vague

valer _(irreg.)_ to be worth, cost; _____ **la pena** to be worth while; **vale** o.k.

vals *m.* waltz
varios several
varón *m.* male child
vaso glass
vecino neighbor; resident
vela sail; **barco de** _____ sailboat
vencer to win, overcome, conquer
vendedor *m.* seller, vendor
vender to sell
venir *(irreg.)* to come; **(el año) que viene** next (year); **viene haciéndose** is (gradually) becoming
ventana window
ver *(irreg.)* to see; **tener que** _____ **con** to have to do with
verano summer
verdad *f.* truth; **¿verdad?** right? isn't that so? etc.
verde green
verduras vegetables, greens
vergüenza shame; **tener** _____ to be ashamed
vestido dress
vestir(se) (i, i) to dress (oneself)
vez *f.* time; **de** _____ **en cuando** from time to time; **otra** _____ again; **por primera** _____ for the first time; **tal** _____ perhaps; **una** _____ once, **dos veces,** twice, etc.
viajar to travel

viaje *m.* trip **¡buen** _____ **!** have a good trip; **hacer un** _____ to take a trip
vicio vice, bad habit
vida life
viejo old
viento wind; **hacer** _____ to be windy
viernes *m.* Friday
vino wine
virtud *f.* virtue
vivir to live
vivo lively; alive
volar (ue) to fly
volver (ue) to return; to turn; _____ **a +** *inf.* (to do something) again; _____ **en sí** to regain consciousness; _____ **loco** to drive crazy; _____**-se** to become, turn into; _____**-se loco** to go (become) crazy
voz *f.* voice

Y

y and
ya already; now; _____ **no** no longer

Z

zanahoria carrot
zapato shoe

English–Spanish

A

able: to be _____ poder (ue)
about de, acerca de; **to be** _____ **to** estar para, estar a punto de
accident accidente *m.*
acquainted: to be _____ **with** conocer (zc)
actress actriz *f.*
actor actor *m.*
advise aconsejar
afraid: to be _____ **(of)** tener miedo (de), temer
afterwards después, luego, más tarde
again otra vez, de nuevo; volver (ue) a + inf.
ago: (four months) _____ hace (cuatro meses)
agreement acuerdo; **to come to an** _____ ponerse de acuerdo

alcohol alcohol *m.*
allow dejar, permitir
almost casi; por poco + *pres.* tense
although aunque
always siempre
among entre
angry enfadado, enojado
animate animar
another otro
answer respuesta, contestación; *v.* _____ responder, contestar
any algún, alguno
anyone alguien; _____ **at all** cualquier(a)
anything algo; _____**at all** cualquier cosa; nada *(neg.)*
anywhere en cualquier parte; en ninguna parte *(neg.)*

apparently por lo visto, al parecer
arrive llegar (a)
ashamed avergonzado; **to be** _____ estar
  avergonzado, avergonzarse, tener
  vergüenza
ask preguntar **(question)**; _____ **a**
  question hacer una pregunta; _____
  for preguntar por; _____ **(for)**
  (request) pedir (i, i)
astonished atónito, asombrado
attention atención; **to pay** _____ prestar
  atención; hacer caso a (de) **(heed)**
attractive bello, hermoso, guapo
author autor(-a)

B

bad mal m.; _(adj.)_ mal(o); **from** _____ **to**
  worse de mal en peor
badly mal
bag maleta **(baggage)**
bank banco
baseball béisbol m.
be ser; estar; **to** _____ **from** ser de; **they**
  are to . . . han de . .
beach playa
bear: to _____ **in mind** tener en cuenta
beautiful hermoso, bello, lindo, bonito
beauty belleza
because porque; _____ **of** a causa de; por
bed cama; **to go to** _____ acostarse (ue)
beer cerveza
before antes (de); delante de
beg rogar (ue); suplicar
begin empezar (ie) (a), comenzar (ie) (a),
  ponerse a + _inf._
believe creer
best mejor; **the** _____ **part** lo mejor; **best-**
  looking (el) más guapo
better mejor; **it is** _____ es mejor, más
  vale; _____ **than ever** mejor que
  nunca
big grande
bird pájaro
birthday cumpleaños m.; _____ **party**
  fiesta de cumpleaños
black negro
blackboard pizarra
blame culpa; **to be to** _____ tener la
  culpa
blind ciego
blue azul
boat barco, bote m.
book libro
boring aburrido
born: to be _____ nacer (zc)

bother _(v.)_ molestar; doler (ue)
boyfriend novio
Brazil el Brasil
break _(v.)_ romper
bright inteligente, listo (smart)
broom escoba
brother hermano
building edificio
bullfight corrida (de toros)
busy ocupado
but pero; sino, sino que
buy comprar

C

candy bombón m., caramelo
car coche, carro
careful cuidadoso; **to be** _____ tener
  cuidado
cat gato
chair silla
change _(v.)_ cambiar
chapter capítulo
character personaje m.
Charles V Carlos Quinto
charming encantador
chemistry química
children niños; hijos
China la China
city ciudad
class clase f.
classroom sala (de clase), salón, aula
clean limpio; v. limpiar
close _(v.)_ cerrar(ie)
coffee café m.; _____ **pot** cafetera
cold frío; **it is** _____ hace frío; **to be**
  _____ tener frío
college universidad
come venir _(irreg.)_
company compañía
compassionate compasivo
complain quejarse (de)
complete completo
consent consentir (ie, i) (en)
consolation consuelo
contemporary contemporáneo
continue seguir (i, i), continuar
cook _(v.)_ cocer (ue), cocinar
copper cobre m.
correct _(v.)_ corregir (i, i)
cost _(v.)_ costar (ue)
count _(v.)_ contar (ue)
country país m. (nation); campo (opp. of
  city)

courage valor *m.*
court corte *f.*, tribunal *m.*
crazy loco; **to drive** _____ volver loco
create crear
crime crimen *m.*
crown corona
cry llorar
cup taza

D

dance baile *m.*; *v.* bailar
danger peligro
dangerous peligroso
dark oscuro; **to get** _____ anochecer
day día; **the** _____ **after tomorrow**
  pasado mañana
deal: a great _____ mucho
dear querido **(beloved)**; caro **(expensive)**
declare declarar
depend depender (de)
desk mesa
diamond diamante *m.*
die morir (ue, u)
difficult difícil
difficulty dificultad
divorce divorcio; **to get a** _____
  divorciarse
do hacer *(irreg.)*
doctor médico; doctor(-a)
dog perro
dollar dólar *m.*
door puerta
down abajo; _____ **the street** calle abajo
dozen docena
dress vestido; *v.* vestir(se) (i, i)
drink *v.* beber; tomar
drive *v.* conducir (zc), manejar

E

eagle (el) águila *f.*
early temprano
easy fácil
eat comer
either o
eldest mayor
end fin *m.*; final *m.*
engagement compromiso
England Inglaterra
English inglés, inglesa; _____**man**
  inglés *m.*

enjoy gozar de; _____**oneself** divertirse
  (ie, i)
enough bastante
establish establecer (zc), fundar
even though aunque
everyone todo el mundo
everything todo; todo lo que
evidently evidentemente
exam examen *m.*
expensive caro
extremely sumamente, extremadamente
eye ojo

F

fall caer(se); **to** _____ **in love (with)**
  enamorarse (de)
falling *(noun)* caída; el caer
fast rápido, ligero
fat gordo
fattening: is less _____ engorda menos
father padre
father-in-law suegro; _____ **and mother-
  in-law** suegros
favor favor *m.*; **to be in** _____ **of** estar
  por
favorite favorito, preferido
feed dar de comer
feel sentir (ie, i); sentirse
female hembra
fiancé(e) novio (-a)
figuratively en sentido figurado
film película
finally al fin, por fin, finalmente
finger dedo
first primer(o); **at** _____ al principio; **for
  the** _____ **time** por primera vez
fit caber *(irreg.)*
flower flor *f.*
follow seguir (i, i)
food comida
fool tonto
football fútbol (americano)
for por; para
forbid prohibir
foreign extranjero
forget olvidar, olvidarse (de)
fork tenedor
former aquél, *etc.*
France Francia
French francés, francesa; _____ **man**
  francés *m.*
Friday viernes *m.*

friend amigo, -a; **boy** _____ novio; **girl** _____ novia
frog rana
fruit fruta; _____ **tree** árbol frutal
fun: make _____ **of** burlarse (de)
future futuro

G

garden jardín _m._
generous generoso
German alemán, alemana; _m._ alemán
get recibir; conseguir; obtener; coger; **to** _____ **good grades** sacar buenas notas; **to** _____**up** levantarse; **to** _____**married** casarse
gift regalo
girl muchacha, chica
give dar _(irreg.)_
glad contento, alegre
go ir _(irreg.);_ **to** _____ **away** irse; **to** _____ **out** irse, salir _(irreg.);_ **to** _____ **to bed** acostarse (ue)
gold oro
grade nota
great gran(de)
green verde
guest huésped _m._; invitado

H

habit costumbre; **bad** _____ vicio
half medio; _f._ mitad
hand mano _f._; **on the other** _____ en cambio
handsome guapo
happiness felicidad
happy feliz, alegre
happily felizmente
hard duro; difícil
hasten apresurarse (a)
hat sombrero
have tener _(irreg.);_ **to** _____ **a good time** divertirse (ie, i)
hello hola
help _v._ ayudar
henceforth en adelante
Henry VIII Enrique Octavo
here aquí; acá; **right** _____ aquí mismo
high alto
history historia
hit _v._ pegar, golpear; chocar (con) **(collide)**

home casa; **at** _____ en casa
hope _v._ esperar
hot caliente; **it is** _____ hace (mucho) calor; **to be** _____ tener (mucho) calor
hour hora
house casa
how como; cómo; qué tal; lo . . . que; _____ **much?** ¿cuánto?; _____ **many?** ¿cuántos?
hungry (el) hambre _f._; **to be (very)** _____ tener (mucha) hambre
hurry prisa; **to be in a** _____ tener prisa
hurt hacer daño; doler(ue); **to get** _____ hacerse daño
husband marido, esposo

I

idea idea
ideal ideal
impede impedir (i, i)
important importante
impossible imposible
improve mejorar
incidentally a propósito
incredible increíble
independence independencia
insist insistir (en)
instead: _____ **of** en vez de
insurance seguro; _____ **policy** póliza de seguro
intelligent inteligente
interest _v._ interesar
Italian italiano; _m._ italiano
invisible invisible

J

jokester bromista; burlón, burlona
judge juez _m._ or _f._
just: to have _____ acabar de + _inf._

K

keep guardar; _____ **on** seguir (i, i) + _pres. part._
kids chicos
kilometer kilómetro
kind amable

king rey; **petty** _____ reyezuelo
kiss beso; v. besar; **little** _____ besito
knife cuchillo
know saber (irreg.); conocer (zc)

L

language lengua; idioma m.
last último; pasado; _____ **night** anoche;
  _____ **week** la semana pasada
late tarde; **it is getting** _____ se hace
  tarde
later más tarde, después
latter éste, etc.
laugh reír(se) (de)
lead conducir (zc); _____ **a life** llevar
  una vida
learn aprender
leave salir (de), irse; **to** _____ **(behind)**
  dejar, abandonar
left izquierdo; **to the** _____ a la
  izquierda
lend prestar
less menos; **the** _____ . . . **the** _____
  cuanto menos . . . tanto menos
letter carta
lesson lección
life vida
like como; v. querer; gustar; **I would**
  _____ quisiera, me gustaría
listen escuchar
little poco; pequeño; _____ **by** _____
  poco a poco
long largo; _____ **time** largo tiempo;
  how _____ ? ¿cuánto tiempo?
look mirar; parecer (zc); **to** _____ **for**
  buscar
Louis XIV Luis Catorce
love amor m.; amar, querer (irreg.); **to**
  fall in _____ **(with)** enamorarse (de)
lunch almuerzo; **to have** _____ almorzar
  (ue), tomar el almuerzo

M

maid criada
majority la mayor parte, mayoría
make hacer (irreg.)
male varón
man hombre
many muchos; **how** _____ ? ¿cuántos?
map mapa m.

market mercado; **super** _____
  supermercado
marry casar(se) (con)
marvelous maravilloso
mathematics matemáticas
matter asunto; cosa; **no** _____ **how little**
  (he studies) por poco que (estudia,
  estudie); **what's the** _____ ? ¿qué
  pasa? ¿qué tiene?
meal comida
mean v. querer decir, significar
meet encontrar (ue) **(run into)**; conocer
  (zc) **(make the acquaintance of)**
Mexico México
middle medio; **around the** _____ **of the**
  (month) a mediados del (mes)
midnight medianoche f.
milk leche f.
mind mente f.
miss echar de menos, extrañar
mom mamá
Monday lunes
money dinero
month mes m.
moon luna; **the** _____ **is out** hay luna
more más; **the** _____ . . . **the** _____
  cuanto más . . . tanto más
morning mañana; **in the** _____ por la
  mañana; (with hour) de la mañana
mother madre, mamá; _____ **-in-law**
  suegra
mouse ratón m., ratoncito
movies cine m.
much mucho; **too** _____ demasiado;
  very _____ muchísimo
murder matar; asesinar
must deber; **(obligation)** tener que +
  inf.; **(probability)** future or
  conditional or deber (de)
mysterious misterioso

N

napkin servilleta
necessary necesario; **it is** _____es
  necesario, es preciso, hay que
need necesitar; hacer falta
neither ni; _____ . . . **nor** ni . . . ni
nevertheless sin embargo
next próximo, siguiente
nice simpático
night noche; **at** _____ de noche; por la
  noche; **last** _____ anoche
nonsense tontería; _____ ! ¡qué va!

nor ni
not no; _____ **at all** de ninguna manera;
    de ningún modo; ¡qué va!
nothing nada; **to have** _____ **to do with**
    no tener nada que ver con
novel novela
novelist novelista m. or f.
now ahora
nowadays hoy (en) día
nurse enfermera **(for the sick)**

O

o'clock: it is one _____ es la una; **it is**
    two _____ son las dos
of course ¡por supuesto! ¡claro!
often a menudo, muchas veces
old viejo; _____**-er** más viejo; mayor;
    how _____ **is he?** ¿cuántos años
    tiene? ¿qué edad tiene?; **to be**
    (eight) years _____ tener (ocho)
    años
only solamente, sólo
open v. abrir
order v. mandar, ordenar; pedir; **in**
    _____ **to** para
other otro
owe deber

P

pack: _____ **one's bag(s)** hacer la(s)
    maleta(s)
package paquete m.
pale pálido
paper papel m.
parents padres m.
part parte f.; **the bad** _____ lo malo
party fiesta
pass v. pasar; _____ **an exam** salir bien
    en un examen
pay pagar; _____ **attention** prestar
    atención; **(heed)** hacer caso
peace paz f.; **to keep** _____ mantener la
    paz
peaceful tranquilo
pencil lápiz m.
perhaps acaso, quizá(s), tal vez
petty king reyezuelo
person persona
philosophy filosofía
piano piano

picture retrato; *(film)* película
pick v. escoger; _____ **up** recoger, coger
plate plato
play tocar *(an instrument)*; jugar (ue) a
    (a game)
pleasure gusto; placer m.; **with** _____
    con mucho gusto
policy póliza **(insurance)**; política
    (governmental); insurance _____
    póliza de seguro
poor pobre
popcorn rosetas de maíz
popular popular
Portuguese portugués m.; *(adj.)*
    portugués, portuguesa
possible posible
powerful poderoso
prefer preferir (ie, i)
president presidente m.
pretty lindo, bonito
prevent impedir (i, i)
price precio
problem problema m.
promise v. prometer
provided that con tal (de) que
put poner *(irreg.)*

Q

quality cualidad **(personal)**; calidad
    (material)
question pregunta; **to ask a** _____ hacer
    una pregunta
quiet callado **(silent)**; tranquilo; **to keep**
    _____ callarse

R

rain lluvia; *(v.)* llover (ue)
read leer
reality realidad
realize darse cuenta de; **(accomplish)**
    realizar
really realmente, verdaderamente, de
    veras
reason razón f.
recommend recomendar (ie)
record player tocadiscos m.
red rojo
reflect reflejar
refuse v. no querer, negarse (ie) a,
    rehusar

regret v. sentir (ie, i)
remain quedar(se)
repeat repetir (i, i)
reply v. contestar, responder
rest descansar
restaurant restaurante m., restorán m.
return volver (ue), regresar; **(give back)**
    devolver (ue)
rich rico
right derecho; **to be** _____ tener razón;
    _____ **now** ahora mismo
ring sortija, anillo
rise v. subir, levantarse; _____ **up**
    (rebel) levantarse

S

sake: for her _____ por ella
Saturday sábado
saucer platillo
say decir (irreg.); **that is to** _____ es
    decir
school escuela; **to have** _____ **(classes)**
    tener clase(s)
scoundrel sinvergüenza m. or f.
seat asiento
see ver (irreg.)
seem parecer (zc)
sell vender
send enviar, mandar
sentence frase f., oración
September se(p)tiembre
sharp agudo; afilado; **(with the hour)** en
    punto
shopping: to go _____ ir de compras
short corto; bajo; **after a** _____ **while** al
    poco rato
should deber
sick enfermo, malo
sign letrero, cartel m.
silver plata
since ya que, puesto que, como; desde
    (time)
sincerely sinceramente
sing cantar
sister hermana
sit (down) sentarse (ie)
sleep sueño; (v.) dormir (ue, u); **to be**
    _____-**y** tener sueño
slightest menor
slow despacio, lento; _____-**ly** despacio,
    lentamente
smart inteligente, listo
smoke v. fumar

snow nieve f.; (v.) nevar (ie)
so así; tan; _____ **much the better**
    (worse) tanto mejor (peor)
sociology sociología
something algo
sometimes algunas veces, a veces
son hijo
soon pronto; **as** _____ **as possible**
    cuanto antes, lo más pronto posible
sorry: to be _____ sentir (ie, i)
soul (el) alma f.
soup sopa
Spaniard español m.
Spanish español, española
speak hablar
spoon cuchara
stadium estadio
stand (up) levantarse
state estado
stay quedar(se)
still todavía; aún
stone piedra
stop v. detener(se), parar(se) **(pause)**;
    dejar de **(cease)**
story cuento, historia
street calle f.
strict severo, estricto
strike v. **(clock)** dar la hora
strong fuerte
student estudiante m. or f.
study estudiar
stupid estúpido, bruto
succeed lograr; conseguir; tener éxito
successful: to be _____ tener éxito
suddenly de repente, de pronto
sugar azúcar
summer verano
Sunday domingo
support (provide for) mantener (irreg.)
surprised sorprendido; **to be** _____
    sorprenderse, estar sorprendido
sweep v. barrer
swim v. nadar

T

tablecloth mantel m.
take tomar; llevar; _____ **for** tomar por;
    _____ **away** quitar; _____ **out** sacar
talk hablar
tall alto
tea té m.
teacher maestro (-a); profesor(a)
teaspoon cucharita

television televisión
tell decir *(irreg.)*
tennis tenis *m.*
terrible terrible
than que; del que, etc.
thanks gracias
that que; ese, etc.; eso; aquel, etc;
    aquello
then entonces; luego, después
there ahí, allí, allá; ____ is (are) hay;
    ____ was (were) había, hubo;
    ____ will be habrá
thief ladrón
thin delgado
thing cosa
think creer, pensar (ie)
this este, esta; esto
throw tirar, arrojar
Thursday jueves *m.*
time tiempo; hora; vez; at the same
    ____ al mismo tiempo, a la vez; at
    this ____ a estas horas; for the first
    ____ por primera vez; from ____
    to ____ de vez en cuando; it is
    ____ to es hora de; on ____ a
    tiempo; to have a good ____
    divertirse (ie, i); what ____ is it?
    ¿qué hora es?
tipsy borrachito
tired cansado
title título
today hoy
tomorrow mañana
too también; demasiado; ____ much
    demasiado
touch *v.* tocar
traffic tráfico
translate traducir (zc)
tree árbol *m.*
trip viaje *m.;* to take a ____ hacer un
    viaje
true verdadero; it is ____ es verdad
try tratar (de)
Tuesday martes *m.*
turn *v.* doblar

U

ugly feo
umbrella paraguas *m.*
uncle tío
understand entender (ie), comprender
unfortunate desafortunado

United States Estados Unidos
universal universal
university universidad
unless a menos que
until hasta; hasta que

V

vacation vacaciones *f. pl.*
visit *v.* visitar
vocabulary vocabulario

W

wait (for) esperar
wake up despertar(se) (ie)
walk *v.* andar *(irreg.),* caminar
want querer *(irreg.)*
warm caliente; it is ____ hace calor; to
    be ____ tener calor
watch reloj *m.;* mirar; ____ television
    mirar la televisión
water (el) agua *f.*
waste *v.* gastar; ____ time perder (el)
    tiempo
way camino; manera, modo; by the
    ____ a propósito
wealth riqueza
wear *v.* llevar
weather tiempo; the ____ is good (bad)
    hace buen (mal) tiempo
wedding boda
Wednesday miércoles *m.*
week semana
well bien
what qué; lo que; ¡qué! ____ is
    beautiful lo bello, lo hermoso
whatever cualquier cosa; lo que
when cuando
which que; el que, etc.; lo que; el cual,
    etc.; lo cual; ____ ? ¿qué? ¿cuál?;
    ____ one(s)? ¿cuál(-es)?
while mientras (que); rato; after a short
    ____ al poco rato
white blanco
who que, quien
whose cuyo; ____ ? ¿de quién?
wife mujer, esposa
window ventana
wine vino
winter invierno
wish querer *(irreg.);* ojalá . . .

with con; _____ **me** conmigo; _____ **you**
   (fam.) contigo
without sin (que)
woman mujer
work trabajar
world mundo
worse peor
worth valer *(irreg.);* _____ **while** valer la
   pena
would that . . . ojalá (que) . . .

write escribir
writer escritor (-a)

Y

year año
yellow amarillo
yesterday ayer
young joven; _____ **-er** más joven; menor

INDEX